Ausführliches Verzeichniß der

Guttentag'schen Sammlung

Deutscher Reichs- und Preußischer Gesetze,

Text-Ausgaben mit Anmerkungen — Taschenformat,

welches alle wichtigeren Gesetze in absolut zuverlässigen Gesetzestexten und in mustergiltiger Weise erläutert enthält, befindet sich hinter dem Sachregister.

Guttentag'sche Sammlung
Nr. 7. Deutscher Reichsgesetze. Nr. 7.
Text-Ausgaben mit Anmerkungen.

Die Deutsche

Post- und Telegraphen-Gesetzgebung.

Nebst dem Weltpostvertrag und dem Internationalen Telegraphenvertrag.

Text-Ausgabe mit Anmerkungen und Sachregister
von

Dr. P. D. Fischer,
Wirklicher Geheimer Rath.

Fortgeführt
von

Dr. jur. M. König,
Geheimer Postrath,
Vortragender Rath im Reichs-Postamt.

Fünfte Auflage.

Berlin 1902.
J. Guttentag, Verlagsbuchhandlung,
G. m. b. H.

Vorbemerkung.

Die Erweiterung, welche die Deutsche Post- und Telegraphengesetzgebung durch die Novellen zum Postgesetz und zum Posttax-Gesetz, durch das Telegraphenwege-Gesetz und die Fernsprechgebühren-Ordnung erfahren hat, der Abschluß eines neuen Weltpostvertrags und der Erlaß einer neuen Postordnung und einer neuen Telegraphenordnung haben das Erscheinen einer Neuauflage nothwendig gemacht. Ihre Bearbeitung habe ich auf Anregung des Herrn Verfassers der früheren Auflagen übernommen.

Berlin, den 24. Dezember 1901.

Dr. König.

Inhalt.

Abkürzungen.

Abs. = Absatz.
A.Bl. = Amtsblatt der Reichs-Post- und Telegraphen-Verwaltung.
A.D.Anw. = Allgemeine Dienstanweisung für Post und Telegraphie.
B.G. = Bundesgesetz.
B.G.Bl. = Bundes-Gesetzblatt.
B.V. = Verfassung des Norddeutschen Bundes.
C.Bl. = Central-Blatt für das Deutsche Reich.
F.G.O. = Fernsprechgebühren-Ordnung.
G. = Gesetz.
G.P.A. = General-Postamt.
G.P.M. = General-Postmeister.
H.G.B. = Deutsches Handelsgesetzbuch.
I.T.V. = Internationaler Telegraphenvertrag.
Post-G.N. = Postgesetz-Novelle.
P.O. = Postordnung.
Pr.G.S. = Preußische Gesetz-Sammlung.
R.G. = Reichsgesetz.
R.G.Bl. = Reichs-Gesetzblatt.
R.P.A. = Reichs-Postamt.
R.V. = Verfassung des Deutschen Reichs.
St.B. = Stenographische Berichte des Reichstages.
Str.G.B. = Deutsches Strafgesetzbuch.
Tel. = Telegraphie.
T.G. = Telegraphengesetz.
T.O. = Telegraphenordnung.
W.P.V. = Weltpostvertrag.

I.

Verfassung des Deutschen Reichs

vom 16. April 1871.

Abschnitt VIII. Post- und Telegraphenwesen.

R.G.Bl. S. 76—78.
Ausgegeben zu Berlin den 20. April 1871.
In Elsaß-Lothringen eingeführt durch Verordnung vom 14. Oktober 1871.
(G.Bl. für Elsaß-Lothringen S. 347).

Art. 48. Das Postwesen und das Telegraphenwesen werden für das gesammte Gebiet des Deutschen Reichs als einheitliche Staatsverkehrs-Anstalten eingerichtet und verwaltet.

Die im Artikel 4 vorgesehene Gesetzgebung des Reichs in Post- und Telegraphen-Angelegenheiten erstreckt sich nicht auf diejenigen Gegenstände, deren Regelung nach den in der Norddeutschen Post- und Telegraphen-Verwaltung maßgebend gewesenen Grundsätzen der reglementarischen Festsetzung oder administrativen Anordnung überlassen ist.

a. Das Post- und Telegraphenwesen unterliegt, nach Art. 4 Nr. 10 der R.V., der Beaufsichtigung und der Gesetzgebung des Reichs, jedoch in Bayern und Württemberg nach Maßgabe der Bestimmung im Art. 52.

b. Die Mitwirkung des Bundesrathes bei Ausübung der dem Reich bezüglich des Post- und Telegraphenwesens zustehenden Befugnisse regelt sich nach den allgemeinen Vorschriften in Art. 6—10 der R.V. Gemäß Art. 8 Nr. 5 besteht im Bundesrathe ein dauernder Ausschuß für Eisenbahnen, Post und Telegraphen.

c. Die Verwaltung des Reichs-Post- und Telegraphenwesens, welche kraft Erl. v. 18. Dezbr. 1867 (B.G.Bl. S. 328) unter Leitung des Reichskanzlers vom Kaiserlichen General-Postamt und von der Kaiserlichen General-Direktion der Telegraphen geführt wurde, ist durch Erl. v. 22. Dezbr. 1875 (R.G.Bl. S. 379) vom 1. Januar 1876 ab zu einem einheitlichen Ressort unter der Leitung des General-Postmeisters verbunden worden und führt laut Erl. v. 23. Febr. 1880 (R.G.Bl. S. 25) die Bezeichnung: „Reichs-Postamt.“ Der General-Postmeister führt nach diesem Erlaß den Titel: „Staatssekretär des Reichs-Postamts“.

Art. 49. Die Einnahmen des Post- und Telegraphenwesens sind für das ganze Reich gemeinschaftlich. Die Ausgaben werden aus den gemeinschaftlichen Einnahmen bestritten. Die Ueberschüsse fließen in die Reichskasse (Abschnitt XII).

Art. 50. Dem Kaiser gehört die obere Leitung der Post- und Telegraphenverwaltung an. Die von ihm bestellten Behörden haben die Pflicht und das Recht, dafür zu sorgen, daß Einheit in der Organisation der Verwaltung und im Betriebe des Dienstes, sowie in der Qualifikation der Beamten hergestellt und erhalten wird.

Dem Kaiser steht der Erlaß der reglementarischen Festsetzungen und allgemeinen administrativen Anordnungen, sowie die ausschließliche Wahrnehmung der Beziehungen zu anderen Post- und Telegraphenverwaltungen zu.

Sämmtliche Beamte der Post- und Telegraphenverwaltung sind verpflichtet, den Kaiserlichen Anordnungen Folge zu leisten. Diese Verpflichtung ist in den Diensteid aufzunehmen.

Die Anstellung der bei den Verwaltungsbehörden der Post und Telegraphie in den verschiedenen Bezirken erforderlichen oberen Beamten (z. B. der Direktoren, Räthe, Ober-Inspektoren), ferner die Anstellung der zur Wahrnehmung des Aufsichts- u. s. w. Dienstes in den einzelnen Bezirken als Organe der erwähnten Behörden fungirenden Post- und Telegraphenbeamten (z. B. Inspektoren, Kontroleure) geht für das ganze Gebiet des Deutschen Reichs vom Kaiser aus, welchem diese Beamten den Diensteid leisten. Den einzelnen Landesregierungen wird von den in Rede stehenden Ernennungen, soweit dieselben ihre Gebiete betreffen, Behufs der landesherrlichen Bestätigung und Publikation rechtzeitig Mittheilung gemacht werden.

Die anderen bei den Verwaltungsbehörden der Post und Telegraphie erforderlichen Beamten, sowie alle für den lokalen und technischen Betrieb bestimmten, mithin bei den eigentlichen Betriebsstellen fungirenden Beamten u. s. w. werden von den betreffenden Landesregierungen angestellt.

Wo eine selbstständige Landespost- resp. Telegraphenverwaltung nicht besteht, entscheiden die Bestimmungen der besonderen Verträge.

a. Vgl. Anm. c zu Art. 48. Sämmtliche Post- und Telegraphenbehörden sind Reichsbehörden und werden als Kaiserliche Post- bezw. Telegraphenbehörden bezeichnet. Erl. v. 3. August 1871 (R.G.Bl. S. 318).

b. Nach R.G. v. 31. März 1873, betr. die Rechtsverhältnisse der Reichsbeamten, § 2 sind die Post- und Telegraphenbeamten sämmtlich Reichsbeamte. Zur Herstellung der Einheit in der Qualifikation der Beamten dienen die Vorschriften über die Annahme und Anstellung von Anwärtern für die mittlere Laufbahn im Post- und Telegraphendienste v. 1. Januar 1900 nebst den Anweisungen für die Assistenten- u. Sekretärprüfung (A.Bl. 1900 S. 2 ff.). Die Vorschriften über die Ausbildung und Prüfung für den höheren Verwaltungsdienst unterliegen zur Zeit der Neubearbeitung.

c. Insoweit Postverträge mit fremden Staaten sich auf solche Gegenstände beziehen, die nach Art. 4 Nr. 10 u. Art. 48 Abs. 2 der R.V. in den Bereich der Reichsgesetzgebung gehören, ist nach Art. 11 zu ihrem Abschluß die Zustimmung des Bundesrathes und zu ihrer Gültigkeit die Genehmigung des Reichstages erforderlich. Vgl. Posttax-G. § 11, Anm. a u. b. Beim Abschluß der Telegraphenverträge findet gemäß Art. 48 R.V. eine Mitwirkung des Bundesrathes und des Reichstages nicht statt.

d. Der Diensteid aller Reichsbeamten, deren Anstellung vom Kaiser ausgeht, ist durch V. v. 29. Juni 1871 (R.G.Bl. S. 303) auf Grund des Art. 18 R.V. normirt worden. Für die Beamten in Elsaß-Lothringen schreibt das G., betr. die Vereidigung der Staatsbeamten, vom 20. Sept. 1871 (G.Bl. f. Elsaß-Lothringen 339) die Form des Diensteides vor.

e. Gemäß der im letzten Abs. gedachten Verträge übte Preußen das Postregal aus in Hessen, den Thüringischen

Staaten mit Ausnahme von Altenburg, in Anhalt, Waldeck und beiden Lippe; die Verwaltung des Postwesens in Altenburg stand der Krone Sachsen zu. — Die Ausübung der Telegraphie stand Preußen vertragsmäßig zu in Sachsen, Hessen, Braunschweig, Anhalt, den Fürstenthümern Schwarzburg, Waldeck, Lippe und Reuß ä. L. Von denjenigen Bundesstaaten, welche eine selbstständige Post- und Tel.-Verwaltung besaßen, hat Oldenburg das Anstellungsrecht aus Art. 50 an das Reich übertragen; in Sachsen, Baden, beiden Mecklenburg und Braunschweig ist die Ausübung dieses Rechts durch besondere Vereinbarungen geregelt; in Altenburg ist nach Aufhebung des mit Sachsen bestandenen Vertrages das Anstellungsrecht ebenfalls dem Reiche übertragen worden. In den Hansestädten werden auf Grund des Art. 51 V.V. alle Post- und Telegraphenbeamten vom Kaiser angestellt.

Art. 51. **Bei Ueberweisung des Ueberschusses der Postverwaltung für allgemeine Reichszwecke (Art. 49) soll, in Betracht der bisherigen Verschiedenheit der von den Landes-Postverwaltungen der einzelnen Gebiete erzielten Reineinnahmen, zum Zwecke einer entsprechenden Ausgleichung während der unten festgesetzten Uebergangszeit folgendes Verfahren beobachtet werden.**

Aus den Postüberschüssen, welche in den einzelnen Postbezirken während der fünf Jahre 1861 bis 1865 aufgekommen sind, wird ein durchschnittlicher Jahresüberschuß berechnet, und der Antheil, welchen jeder einzelne Postbezirk an dem für das gesammte Gebiet des Reichs sich darnach herausstellenden Postüberschusse gehabt hat, nach Prozenten festgestellt.

Nach Maßgabe des auf diese Weise festgestellten

Verhältnisses werden den einzelnen Staaten während der auf ihren Eintritt in die Reichs-Postverwaltung folgenden acht Jahre die sich für sie aus den im Reiche aufkommenden Postüberschüssen ergebenden Quoten auf ihre sonstigen Beiträge zu Reichszwecken zu Gute gerechnet.

Nach Ablauf der acht Jahre hört jene Unterscheidung auf, und fließen die Postüberschüsse in ungetheilter Aufrechnung nach dem im Artikel 49 enthaltenen Grundsatz der Reichskasse zu.

Von der während der vorgedachten acht Jahre für die Hansestädte sich herausstellenden Quote des Postüberschusses wird alljährlich vorweg die Hälfte dem Kaiser zur Disposition gestellt zu dem Zwecke, daraus zunächst die Kosten für die Herstellung normaler Posteinrichtungen in den Hansestädten zu bestreiten.

Die Uebergangsbestimmung des Art. 51 ist, nachdem die in der Nordd. Bundesverfassung angeordneten, mit dem 1. Januar 1868 begonnenen acht Jahre Ende 1875, für Baden 1879, abgelaufen waren, außer Kraft getreten.

Art. 52. Die Bestimmungen in den vorstehenden Artikeln 48 bis 51 finden auf Bayern und Württemberg keine Anwendung. An ihrer Stelle gelten für beide Bundesstaaten folgende Bestimmungen.

Dem Reiche ausschließlich steht die Gesetzgebung über die Vorrechte der Post und Telegraphie, über die rechtlichen Verhältnisse beider Anstalten zum Publikum, über die Portofreiheiten und das Posttaxwesen, jedoch ausschließlich der reglementarischen und Tarif-Bestimmungen für den internen Verkehr innerhalb Bayerns, beziehungsweise Württembergs, sowie, unter gleicher Beschränkung, die Feststellung der Gebühren für die telegraphische Korrespondenz zu.

Ebenso steht dem Reiche die Regelung des Post- und Telegraphenverkehrs mit dem Auslande zu, ausgenommen den eigenen unmittelbaren Verkehr Bayerns, beziehungsweise Württembergs mit seinen dem Reiche nicht angehörenden Nachbarstaaten, wegen dessen Regelung es bei der Bestimmung im Artikel 49 des Postvertrages vom 23. November 1867 bewendet.

An den zur Reichskasse fließenden Einnahmen des Post- und Telegraphenwesens haben Bayern und Württemberg keinen Theil.

a. Diese Sonderstellung beruht auf den Versailler Verträgen mit Bayern v. 23. Novbr. 1870 zu III § 4 (B.G.Bl. 1871 S. 9) und mit Württemberg v. 25. Novbr. 1870 Art. 2 Nr. 4 (B.G.Bl. 1870 S. 654).

b. Wegen Regelung des Verkehrs mit dem Auslande vgl. Art. 50 u. Anm. c daselbst.

c. Der Postvertr. zwischen dem Nordd. Bunde, Bayern, Württemberg u. Baden v. 23. Novbr. 1867 (B.G.Bl. 1868 S. 41) bestimmt im Art. 49 Abs. 2 ff.

„Bei dem Abschlusse von Postverträgen mit fremden Regierungen wird, wenn zwei oder mehrere der Theilnehmer des gegenwärtigen Vertrages mit einem und demselben ausländischen Staate in unmittelbarem Postverkehr stehen oder in solchen eintreten wollen, diejenige Postverwaltung, welche den Abschluß eines neuen Vertrages beabsichtigt, den anderen beim direkten Postverkehr mit dem betreffenden Lande betheiligten Postverwaltungen von ihrer Absicht Kenntniß geben zum Zwecke der Herbeiführung einer Verständigung über das in dem Verhältnisse zu dem fremden Lande einzuhaltende übereinstimmende Verfahren und der Geltendmachung der bezüglich des Deutschen Postwesens bestehenden gemeinsamen Interessen.

Insoweit als eine solche Verständigung stattgefunden hat, werden die dabei betheiligten Postverwaltungen sich bemühen, den Abschluß der neuen Verträge in Gemeinschaft zu bewirken, wobei eine Bevollmächtigung eines der kontrahirenden Theile durch den anderen nicht ausgeschlossen ist.

In allen Fällen wird durch die Verträge dahin Vorsorge getroffen werden, daß die Erleichterungen, welche dem Postverkehr des betreffenden Auslandes mit dem Gebiet der vertragschließenden Deutschen Verwaltung zu Theil werden, in gleicher Weise und unter denselben Bedingungen auch auf den durch diese Verwaltung stückweise vermittelten Korrespondenzverkehr anderer Deutscher Postgebiete mit dem betreffenden Auslande zur Anwendung gelangen.

Die Annahme der in den Verträgen mit dem Auslande vereinbarten Bestimmungen soll für alle Theilnehmer des gegenwärtigen Vertrages obligatorisch sein, sobald bei den Festsetzungen über den Portobezug nicht unter das interne Deutsche Porto herunter gegangen ist. Hat in besonderen Fällen ein niedrigeres Porto vereinbart werden müssen, so bleibt die Theilnahme an den Bestimmungen des bezüglichen Vertrages dem Ermessen der einzelnen Postverwaltungen anheimgestellt."

II.

Gesetz

über das Postwesen des Deutschen Reichs.

Vom 28. Oktober 1871.

R.G.Bl. S. 347—358.
Ausgegeben zu Berlin den 1. November 1871.
Gesetzeskraft mit dem 1. Januar 1872 (§ 52).
In Elsaß-Lothringen eingeführt durch G. v. 4. Novbr. 1871. (G.Bl. f. Elsaß-Lothringen S. 348—360), in Helgoland durch Verordnung vom 22. März 1891 (R.G.Bl. S. 21) am 1. April 1891.

Zum Gesetz über das Postwesen des Deutschen Reichs ist ein ausführlicher Kommentar von Dambach erschienen, in 6. Auflage herausgegeben von v. Grimm (Berlin 1901 bei Schoetz).

Vorläufer des Reichs-Postgesetzes sind das preuß. Postgesetz vom 5. Juni 1852 und das Gesetz über das Postwesen des Norddeutschen Bundes vom 2. Nov. 1867 (B.G.Bl. S. 61), das sich hauptsächlich an das Gesetz vom 5. Juni 1852 anlehnte, aber auch das Postgesetz für das Kgr. Sachsen vom 7. Juni 1859 und das Braunschweigische Postgesetz vom 1. Juli 1864 berücksichtigte.

Wir **Wilhelm**, von Gottes Gnaden Deutscher Kaiser, König von Preußen rc. verordnen im Namen des Deutschen Reichs, nach erfolgter Zustimmung des Bundesrathes und des Reichstages, was folgt:

Abschnitt I.

Grundsätzliche Rechte und Pflichten der Post.

§ 1. Die Beförderung

1) aller versiegelten, zugenähten oder sonst verschlossenen Briefe,
2) aller Zeitungen politischen Inhalts, welche öfter als einmal wöchentlich erscheinen,

gegen Bezahlung von Orten mit einer Postanstalt nach anderen Orten mit einer Postanstalt des In- oder Auslandes auf andere Weise, als durch die Post, ist verboten. Hinsichtlich der politischen Zeitungen erstreckt dieses Verbot sich nicht auf den zweimeiligen Umkreis ihres Ursprungsortes.

Wenn Briefe und Zeitungen (Nr. 1 und 2) vom Auslande eingehen und nach inländischen Orten mit einer Postanstalt bestimmt sind, oder durch das Gebiet des Deutschen Reichs transitiren sollen, so müssen sie bei der nächsten inländischen Postanstalt zur Weiterbeförderung eingeliefert werden.

Unverschlossene Briefe, welche in versiegelten, zugenähten oder sonst verschlossenen Packeten befördert werden, sind den verschlossenen Briefen gleich zu achten. Es ist jedoch gestattet, versiegelten, zugenähten oder sonst verschlossenen Packeten, welche auf andere Weise, als durch die Post befördert werden, solche unverschlossene Briefe, Fakturen, Preiskurante, Rechnungen und ähnliche Schriftstücke beizufügen, welche den Inhalt des Packets betreffen.

a. Wegen Anwendung des § 1 auf Ortsbriefe und gewerbsmäßiger Beförderung von unverschlossenen Briefen, Karten u. s. w. vgl. Art. 21 u. Art. 3 der Post-G.N. (Nr. VIII).

b. Vgl. Strafbestimmung im § 27 Nr. 1.

c. Die Postpflichtigkeit der Zeitungen, welche in Preußen anfänglich nach Post-G. v. 5. Juni 1852 § 5 Nr. 2 alle der Stempelsteuer unterliegenden Zeitungen und Anzeigeblätter umfaßte, dann durch G. v. 21. Mai 1860 § 3 auf politische Zeitungen beschränkt wurde, ist in dieser Beschränkung ins Nordd. Post-G. v. 2. Novbr. 1867 § 2 übergegangen und besteht jetzt nur für politische Zeitungen, welche öfter als einmal wöchentlich erscheinen. Der Antrag, daß diese Bestimmung auf Bayern und Württemberg keine Anwendung finden solle, wurde im Reichstage abgelehnt. St.B. 735.

§ 2. Die Beförderung von Briefen und politischen Zeitungen (§. 1) gegen Bezahlung durch expresse Boten oder Fuhren ist gestattet. Doch darf ein solcher Expresser nur von Einem Absender abgeschickt sein, und dem Postzwange unterliegende Gegenstände weder von Anderen mitnehmen, noch für Andere zurückbringen.

Vergl. Art. 2 II u. Art. 3 der Post-G.N. (Nr. VIII).

§ 3. Die Annahme und Beförderung von Postsendungen darf von der Post nicht verweigert werden, sofern die Bestimmungen dieses Gesetzes und des Reglements (§. 50) beobachtet sind. Auch darf keine im Gebiete des Deutschen Reichs erscheinende politische Zeitung vom Postdebit ausgeschlossen und ebensowenig darf bei der Normirung der Provision, welche für die Beförderung und Debitirung der im

Gebiete des Deutschen Reichs erscheinenden Zeitungen zu erheben ist, nach verschiedenen Grundsätzen verfahren werden. Die Post besorgt die Annahme der Pränumeration auf die Zeitungen, sowie den gesammten Debit derselben.

a. Die im 1. Satz ausgesprochene Pflicht der Post beschränkt sich nicht auf postzwangspflichtige Gegenstände. — Vgl. auch § 15 und P.O. § 5 V u. T.G. § 5.

b. Ueber die Beschaffenheit der einzelnen Arten von Postsendungen, insbesondere über Adresse, Aufschrift, Verpackung und Verschluß derselben, sowie über Ort und Zeit ihrer Einlieferung zur Post setzt P.O. §§ 1—30 das Nähere fest.

c. Ein Verbot von Zeitungen findet nach dem Reichs-Preß-G. v. 7. Mai 1874 § 14 (R.G.Bl. 67) nur bei im Auslande erscheinenden periodischen Druckschriften statt. Ueber die Beschlagnahme von Zeitungen vgl. daselbst §§ 23—29.

d. Die Zeitungsprovision ist gesetzlich festgesetzt durch Art. 1 III der Post-G.N. (Nr. VIII).

e. Ueber die Beförderung außergewöhnlicher Zeitungs-Beilagen durch die Post vgl. P.O. § 8 XIV ff.

§ 4. Hinsichts der Eisenbahn-Unternehmungen verbleibt es bei den besonderen gesetzlichen Vorschriften. Für die Verbindlichkeit der bereits konzessionirten Eisenbahngesellschaften zum unentgeltlichen Transport von Postsendungen bewendet es bei den Bestimmungen der Konzessionsurkunden, und bleiben insbesondere in dieser Beziehung die bisherigen Gesetze über den Umfang des Postzwanges und über die Verbindlichkeit der Eisenbahnen zu Leistungen im Interesse der Post maßgebend.

Wenn eine bereits konzessionirte Eisenbahngesellschaft ihr Unternehmen durch den Bau neuer Eisenbahnen erweitert, so sind dieselben zu gleichen Leistungen im Interesse der Post verpflichtet, wie solche der ursprünglichen Bahn obliegen, falls nicht in der bereits ertheilten Konzessionsurkunde eine ausdrückliche Ausnahme in dieser Beziehung enthalten ist.

Der Kaiser wird die erforderlichen Anordnungen treffen, damit bei neu zu konzessionirenden Eisenbahn-Unternehmungen die den Eisenbahnen im Interesse der Post aufzuerlegenden Verpflichtungen gleichmäßig bemessen werden. Diese Verpflichtungen sollen nicht über das Maß derjenigen Verbindlichkeiten hinausgehen, welche den neu zu erbauenden Eisenbahnen nach den bisher in den älteren östlichen Landestheilen Preußens geltenden Gesetzen obliegen.

Die vorstehenden Bestimmungen finden auf Bayern und Württemberg keine Anwendung.

An Stelle des § 4 ist seit dem 1. Januar 1876 das Eisenbahn-Post-G. vom 20. Dezbr. 1875 (R.G.Bl. 318) getreten. Vgl. unten Nr. III.

§ 5. Das Briefgeheimniß ist unverletzlich. Die bei strafgerichtlichen Untersuchungen und in Konkurs- und civilprozessualischen Fällen nothwendigen Ausnahmen sind durch ein Reichsgesetz festzustellen. **Bis zu dem Erlaß eines Reichsgesetzes werden jene Ausnahmen durch die Landesgesetze bestimmt.**

a. Die reichsgesetzliche Regelung ist durch die Reichsjustizgesetze erfolgt. Vgl. Strafprozeßordnung §§ 99, 100,

Konkursordnung § 121 (Fassung vom 20. Mai 1898 R.G.Bl. 612 ff.), T.G. § 8.

b. Unbefugte Eröffnung von Briefen wird nach Str.G.B. § 299, gesetzwidrige Eröffnung und Unterdrückung von der Post anvertrauten Briefen durch Postbeamte nach §§ 354 u. 358 das. bestraft.

c. Vgl. P.O. §§ 35, 46 III.

Abschnitt II.

Garantie.

§ 6. Die Postverwaltung leistet dem Absender im Falle reglementsmäßig erfolgter Einlieferung Ersatz:

I. für den Verlust und die Beschädigung
 1) der Briefe mit Werthangabe,
 2) der Packete mit oder ohne Werthangabe,

II. für den Verlust der rekommandirten Sendungen, **denen in dieser Beziehung Sendungen gleichgestellt werden, welche zur Beförderung durch Estafette eingeliefert sind.**

Für einen durch verzögerte Beförderung oder Bestellung der unter I. bezeichneten Gegenstände entstandenen Schaden leistet die Postverwaltung nur dann Ersatz, wenn die Sache durch die verzögerte Beförderung oder Bestellung verdorben ist, oder ihren Werth bleibend ganz oder theilweise verloren hat. Auf eine Veränderung des Kurses oder marktgängigen Preises wird jedoch hierbei keine Rücksicht genommen.

Die Verbindlichkeit der Postverwaltung zur Ersatzleistung bleibt ausgeschlossen, wenn der Verlust, die Beschädigung oder die verzögerte Beförderung oder Bestellung

a) durch die eigene Fahrlässigkeit des Absenders, oder

b) durch die unabwendbaren Folgen eines Naturereignisses, oder durch die natürliche Beschaffenheit des Gutes herbeigeführt worden ist, oder

c) auf einer auswärtigen Beförderungsanstalt sich ereignet hat, für welche die Postverwaltung nicht durch Konvention die Ersatzleistung ausdrücklich übernommen hat; ist jedoch in diesem Falle die Einlieferung bei einer deutschen Postanstalt erfolgt, und will der Absender seine Ansprüche gegen die auswärtige Beförderungsanstalt geltend machen, so hat die Postverwaltung ihm Beistand zu leisten.

Für die auf Postanweisungen eingezahlten Beträge leistet die Postverwaltung Garantie.

Für andere, als die vorstehend bezeichneten Gegenstände, insbesondere für gewöhnliche Briefe, wird weder im Falle eines Verlustes oder einer Beschädigung, noch im Falle einer verzögerten Beförderung oder Bestellung Ersatz geleistet.

a. Die Vorschriften des Handelsgesetzbuchs über das Frachtgeschäft und die Seebeförderung finden auf die Post keine Anwendung. Vgl. §§ 452 u. 663 H.G.B.

b. Der Ersatzanspruch steht dem Absender zu, weil dieser durch die Einlieferung der Sendung einen Vertrag mit der Postverwaltung eingeht (§ 50). Der Absender kann den Anspruch jedoch an den Adressaten abtreten.

c. Da die Ersatzverbindlichkeit der Post durch die reglementsmäßig erfolgte Einlieferung bedingt ist, so hat der Absender alle Nachtheile selbst zu vertreten, welche erweislich aus der postordnungswidrigen Adressirung, Aufschrift, Verpackung und Verschließung der Sendung (P.O. § 27 III) oder sonstigen ordnungswidrigen Beschaffenheit derselben (z. B. P.O. §§ 5, 6) hervorgegangen sind.

d. Wegen der Höhe der Ersatzleistung vgl. §§. 8, 9, 12. Für mittelbaren Schaden oder entgangenen Gewinn leistet die Post keinen Ersatz.

e. Estafettendienst findet seit 1. Juli 1892 nicht mehr statt.

f. Die Garantie für die auf Postanweisungen eingezahlten Beträge ist ebenfalls dadurch bedingt, daß die Postanweisung ordnungsmäßig eingeliefert ist. P.O. §§ 20, 21.

§ 7. Wenn der Verschluß und die Verpackung der zur Post gegebenen Gegenstände bei der Aushändigung an den Empfänger äußerlich unverletzt und zugleich das Gewicht mit dem bei der Einlieferung ermittelten übereinstimmend befunden wird, so darf dasjenige, was bei der Eröffnung an dem angegebenen Inhalte fehlt, von der Postverwaltung nicht vertreten werden. Die ohne Erinnerung geschehene Annahme einer Sendung begründet die Vermuthung, daß bei der Aushändigung Verschluß und Verpackung unverletzt und das Gewicht mit dem bei der Einlieferung ermittelten übereinstimmend befunden worden ist.

a. Die Ersatzleistung für Beschädigungen des Inhalts ohne äußerliche Verletzung und ohne Gewichtsverminderung der Sendungen (z. B. durch Eindringen von Flüssigkeiten) wird durch diese Vorschrift nicht berührt.

b. Diese Vermuthung (Satz 2) kann nur durch vollständigen vom Absender zu erbringenden Beweis des Gegentheils beseitigt werden.

§ 8. Wenn eine Werthangabe geschehen ist, so wird dieselbe bei der Feststellung des Betrages des von der Postverwaltung zu leistenden Schadenersatzes zum Grunde gelegt. Beweist jedoch die Postverwaltung, daß der angegebene Werth den gemeinen Werth der Sache übersteigt, so hat sie nur diesen zu ersetzen.

Ist in betrüglicher Absicht zu hoch deklarirt worden, so verliert der Absender nicht nur jeden Anspruch auf Schadenersatz, sondern ist auch nach den Vorschriften der Strafgesetze zu bestrafen.

a. Die Werthangabe muß ordnungsmäßig bewirkt sein, P.O. § 14.

b. Vgl. Str.G.B. §§ 263, 267, 268.

§ 9. Wenn bei Packeten die Angabe des Werthes unterblieben ist, so vergütet die Postverwaltung im Falle eines Verlustes oder einer Beschädigung den wirklich erlittenen Schaden, jedoch niemals mehr, als Einen Thaler für jedes Pfund (= 500 Gramme) der ganzen Sendung. Packete, welche weniger als Ein Pfund wiegen, werden den

Packeten zum Gewicht von Einem Pfunde gleichgestellt und überschießende Pfundtheile für Ein Pfund gerechnet.

Bei Verlust oder Beschädigung eines Theils der Sendung wird der wirkliche Schaden bis zum Betrage von 3 Mark für jedes Pfund der ganzen Sendung ersetzt.

§ 10. Für eine rekommandirte Sendung, **sowie für eine zur Beförderung durch Estafette eingelieferte Sendung (§. 6II)** wird dem Absender im Falle des Verlustes, ohne Rücksicht auf den Werth der Sendung, ein Ersatz von vierzehn Thalern gezahlt.

a. Rekommandirte Sendungen heißen jetzt Einschreibsendungen. P.O. § 13.

b. Die Ersatzleistung tritt nur bei völligem Verlust der Sendung ein. Für theilweisen Verlust und für Beschädigung, sowie für Schaden durch verzögerte Beförderung oder Bestellung wird bei Einschreibsendungen kein Ersatz geleistet, vgl. §§ 6 und 12. Für Beschädigung 2c. eingeschriebener Packete wird wie für Packete ohne Werthangabe (§ 9) gehaftet.

c. Estafettendienst findet nicht mehr statt, vgl. P.G. § 6 e.

§ 11. Bei Reisen mit den ordentlichen Posten leistet die Postverwaltung Ersatz:

1) für den Verlust oder die Beschädigung des reglementsmäßig eingelieferten Passagierguts nach Maßgabe der §§. 8 und 9, und

2) für die erforderlichen Kur- und Verpflegungskosten im Falle der körperlichen Beschädigung eines Reisenden, wenn dieselbe nicht erweislich durch höhere Gewalt oder durch eigene Fahrlässigkeit des Reisenden herbeigeführt ist.

Bei der Extrapostbeförderung wird weder für den Verlust oder die Beschädigung an Sachen, welche der Reisende bei sich führt, noch bei einer körperlichen Beschädigung des Reisenden Entschädigung von der Postverwaltung geleistet.

a. Zu den ordentlichen Posten gehören auch die Güter- und Kariolposten, nicht aber die Fuhrwerke der Landbriefträger.

b. Zu 1) P.O. §§ 58—60.

c. Zu 2) vgl. R.G. v. 7. Juni 1871, betr. die Verbindlichkeit zum Schadenersatz für die beim Betriebe von Eisenbahnen &c. herbeigeführten Tödtungen und Körperverletzungen. Die Ersatzpflicht der Post ist erheblich beschränkter.

d. Ueber die Extrapostbeförderung vgl. P.O. §§ 63 ff.

§ 12. Eine weitere, als die in den §§. 8, 9, 10 und 11 nach Verschiedenheit der Fälle bestimmte Entschädigung wird von der Postverwaltung nicht geleistet; insbesondere findet gegen dieselbe ein Anspruch wegen eines durch den Verlust oder die Beschädigung einer Sendung entstandenen mittelbaren Schadens oder entgangenen Gewinnes nicht statt.

Für gewöhnliche Postnachnahmebriefe (P.O. § 19) leistet die Post keine Garantie, für gewöhnliche Packete mit Postnachnahme haftet sie lediglich nach § 9; für eingelöste Nachnahmebeträge wird wie für Einzahlungen auf Postanweisungen gehaftet. — Bei Postaufträgen (P.O. § 18 XX) wird für Beförderung der Postauftragsbriefe wie für eingeschriebene Briefe, für die eingezogenen Beträge wie für die Einzahlungen auf Postanweisungen gehaftet.

§ 13. Der Anspruch auf Schadloshaltung gegen die Postverwaltung muß in allen Fällen gegen die Ober-Postdirektion, beziehungsweise gegen die mit deren Funktionen beauftragte Postbehörde gerichtet werden, in deren Bezirk der Ort der Einlieferung der Sendung oder der Ort der Einschreibung des Reisenden liegt.

In Bayern werden die Funktionen der Ober-Postdirektionen wahrgenommen durch die Ober-Postämter in Augsburg, Bamberg, München, Nürnberg, Regensburg, Speyer, Würzburg; in Württemberg durch die General-Direktion der Posten und Telegraphen.

§ 14. Der Anspruch auf Entschädigung an die Postverwaltung erlischt mit Ablauf von sechs Monaten, vom Tage der Einlieferung der Sendung oder vom Tage der Beschädigung des Reisenden an gerechnet. Diese Verjährung wird **nicht allein durch Anmeldung der Klage, sondern auch** durch Anbringung der Reklamation bei der kompetenten Postbehörde (§ 13) unterbrochen. Ergeht hierauf eine abschlägige Bescheidung, so beginnt vom Empfange derselben eine neue Verjährung, welche durch eine Reklamation gegen jenen Bescheid nicht unterbrochen wird.

a. Im Weltpostverkehr verjährt der Anspruch auf Entschädigung für den Verlust von Einschreibsendungen erst in einem Jahre. (W.P.V. Art. 8).

b. Die fett gedruckten Worte sind durch § 13 des Einführungsges. zur Civilprozeßordnung aufgehoben, da die Klageanmeldung in das System der Reichs-Justizgesetze nicht aufgenommen worden ist.

c. Reklamationen bezw. Klage gegen eine nicht zuständige Postbehörde unterbrechen die Verjährung nicht.

§ 15. In Fällen des Krieges und gemeiner Gefahr ist die Postverwaltung befugt, durch öffentliche Bekanntmachung jede Vertretung abzulehnen und Briefe, sowie andere Sachen, nur auf Gefahr des Absenders zur Beförderung zu übernehmen. In solchem Falle steht jedoch dem Absender frei, sich ohne Rücksicht auf die Bestimmungen des § 1 jeder anderen Beförderungsgelegenheit zu bedienen.

Macht die Post von dieser Befugniß keinen Gebrauch, so wird ihre Haftpflicht auch während des Krieges nur durch die im § 6 a—c angegebenen Umstände ausgeschlossen.

Abschnitt III.

Besondere Vorrechte der Posten.

Außer den im Abschn. III aufgeführten besonderen Vorrechten hat die Post vermöge ihrer Stellung als einheitliche Staatsverkehrsanstalt (R.V. Art. 48) Anspruch auf die allgemeinen Vorrechte, welche den Staatsbehörden der einzelnen Bundesstaaten nach Maßgabe der Landesgesetze zustehen.

§ 16. Die ordentlichen Posten nebst deren Beiwagen, die auf Kosten des Staates beförderten Kuriere und Estafetten, die von Postbeförderungen ledig zurückkommenden Postfuhrwerke und Postpferde, die Briefträger und die Postboten sind von Entrichtung der Chausseegelder und anderen Kommunikationsabgaben befreit. Dasselbe gilt von Personenfuhrwerken, welche durch Privatunternehmer eingerichtet und als Ersatz für ordentliche Posten ausschließlich zur Beförderung von Reisenden und deren Effekten und von Postsendungen benutzt werden.

Diese Befreiung findet auch, jedoch unbeschadet wohlerworbener Rechte, gegen die zur Erhebung solcher Abgaben berechtigten Korporationen, Gemeinden oder Privatpersonen statt.

a. Extraposten haben auf die Befreiung aus § 16 keinen Anspruch. — Die Befreiung der in Abs. 1 Satz 2 bezeichneten Privat-Personenfuhrwerke ist neu eingeführt, um die Benutzung solcher Fuhrwerke zu Postzwecken und dadurch die Vermehrung der Verbindungen zu erleichtern. St.B. 685 f.

b. Fahrende Landbriefträger sind als Briefträger von den im § 16 bezeichneten Abgaben befreit.

c. Kurier- und Estafettendienst findet seit 1. Juli 1892 nicht mehr statt.

§ 17. In besonderen Fällen, in denen die gewöhnlichen Postwege gar nicht oder schwer zu passiren sind, können die ordentlichen Posten, die Extraposten, Kuriere und Estafetten sich der Neben- und Feldwege, sowie der ungehegten Wiesen und Aecker bedienen, unbeschadet jedoch des Rechtes der Eigenthümer auf Schadenersatz.

Vgl. § 16 Anm. c.

§ 18. Gegen die ordentlichen Posten, Extraposten, Kuriere und Estafetten ist keine Pfändung erlaubt; auch darf dieselbe gegen einen Postillon nicht geübt werden, welcher mit dem ledigen Gespann zurückkehrt. Bei Zuwiderhandlungen ist eine Geldstrafe von zehn Silbergroschen bis zu zwanzig Thalern verwirkt.

a. Die in §§ 18, 19 und 23 mit Strafe bedrohten Uebertretungen gehören zur Kompetenz der Gerichte und sind von denselben nach Maßgabe der Reichsstrafprozeßordnung zu verfolgen. Die Vorschriften im Abschn. V des G. finden darauf keine Anwendung.

b. Vgl. § 16 Anm. c.

§ 19. Jedes Fuhrwerk muß den ordentlichen Posten, sowie den Extraposten, Kurieren und Estafetten auf das übliche Signal ausweichen. Bei Zuwiderhandlungen ist eine Geldstrafe von zehn Silbergroschen bis zu zehn Thalern verwirkt.

Vgl. § 16 Anm. c.

§ 20. Das Inventarium der Posthaltereien darf im Wege des Arrestes oder der Exekution nicht mit Beschlag belegt werden.

Im Konkurse kommt diese Beschränkung jetzt nicht mehr zur Anwendung. Konkurs-Ordn. § 1 Abs. 2 (Fassung v. 20. Mai 1898 R.G.Bl. 612).

§ 21. Wenn den ordentlichen Posten, Extraposten, Kurieren oder Estafetten unterwegs ein Unfall begegnet, so sind die Anwohner der Straße verbunden, denselben die zu ihrem Weiterkommen erforderliche Hülfe gegen vollständige Entschädigung schleunigst zu gewähren.

Vgl. § 16 Anm. c.

§ 22. Die vorschriftsmäßig zu haltenden Postpferde und Postillone dürfen zu den behufs der Staats- und Kommunalbedürfnisse zu leistenden Spanndiensten nicht herangezogen werden.

Vgl. auch R.G. über die Naturalleistungen im Frieden vom 13. Februar 1875 § 3 Nr. 5 und über die Kriegsleistungen vom 13. Juni 1873 § 25 Nr. 4.

§ 23. Die Thorwachen, Thor-, Brücken- und Barrierebeamten sind verbunden, die Thore und Schlagbäume schleunigst zu öffnen, sobald der Postillon das übliche Signal giebt. Ebenso müssen auf dasselbe die Fährleute die Ueberfahrt unverzüglich bewirken. Bei Zuwiderhandlungen ist eine Geldstrafe von zehn Silbergroschen bis zu zehn Thalern verwirkt.

§ 24. Auf Requisition der Postbehörden haben die Polizei- und Steuerbeamten und deren Organe zur Verhütung und Entdeckung von Postübertretungen mitzuwirken.

§ 25. Die Postanstalten sind berechtigt, unbezahlt gebliebene Beträge an Personengeld, Porto und Gebühren nach den für die Beitreibung öffentlicher Abgaben bestehenden Vorschriften exekutivisch einziehen zu lassen.

Die mit Beitreibung exekutionsreifer Forderungen im Allgemeinen betrauten Organe sind verpflichtet, die von den Post-Anstalten angemeldeten rückständigen Beträge an Personengeld, Porto und Gebühren im Wege der Hülfsvollstreckung einzuheben.

Dem Exequirten steht jedoch die Betretung des Rechtsweges offen.

a. Vgl. Posttax-G. §§ 6 und 7, P.O. § 50.

b. Die Berechtigung der Postanstalten zur Beitreibung

von Postgefällen ohne vorgängigen gerichtlichen Vollstreckungstitel ist auf Auslagen, wie z. B. Postnachnahmebeträge, Steuern, Zeitungsbezugsgelder, nicht auszudehnen. Dagegen erstreckt sie sich auch auf die Telegraphengebühren einschließlich der Fernsprechgebühren. Vgl. F.G.O. (Nr. XVI) § 8.

c. Die administrative Beitreibung wird in Preußen entweder durch besonders dazu vereidigte Postunterbeamte oder durch Organe anderer Verwaltungsbehörden bewirkt. Das Verfahren ist für Preußen durch die Allerhöchste Verordnung vom 15. Novbr. 1899 (Pr. G.S. 545) und die ministerielle Ausführungsanweisung vom 28. Nov. 1899 geregelt. (Verordnung und Anweisung sind enthalten in einer besonderen amtlichen Ausgabe, Berlin, v. Deckers Verlag).

§ 26. Die Beträge, welche in einer Sendung enthalten sind, die weder an den Adressaten bestellt, noch an den Absender zurückgegeben werden kann, oder welche aus dem Verkaufe der vorgefundenen Gegenstände gelöst werden, fließen nach Abzug des Portos und der sonstigen Kosten zur Postarmen- oder Unterstützungskasse. Meldet sich der Absender oder der Adressat später, so zahlt ihm die Postarmen- oder Unterstützungskasse die ihr zugeflossenen Summen, jedoch ohne Zinsen, zurück.

Nach gleichen Grundsätzen ist mit Beträgen, welche auf Postsendungen eingezahlt sind, und mit zurückgelassenen Passagier-Effekten zu verfahren.

a. Vgl. P.O. § 46 IV—VII.

b. Die Postarmen- oder Unterstützungskasse führt jetzt die Bezeichnung „Post-Unterstützungskasse".

Abschnitt IV.

Strafbestimmungen bei Post- und Porto-Defraudationen.

Die Bestimmungen des Nordd. Post-G. über Zusammentreffen, Versuch und Theilnahme (§ 36), sowie über Verjährung (§ 37) der Post- und Porto-Defraudationen sind mit Rücksicht auf die zur Anwendung kommenden allgemeinen Vorschriften des Str.G.B. in das gegenwärtige G. nicht aufgenommen. Post- und Porto-Uebertretungen verjähren daher jetzt allgemein in drei Jahren, nach § 7 des Einführ.-G. zum Str.G.B.

§ 27. Mit dem vierfachen Betrage des defraudirten Portos, jedoch niemals unter einer Geldstrafe von Einem Thaler, wird bestraft:

1) wer Briefe oder politische Zeitungen, den Bestimmungen der §§. 1 und 2 zuwider, auf andere Weise, als durch die Post, gegen Bezahlung befördert oder verschickt; erfolgt die Beförderung in versiegelten, zugenähten oder sonst verschlossenen Packeten, so trifft die Strafe den Beförderer nur dann, wenn er den verbotwidrigen Inhalt des Packets zu erkennen vermochte;

Vgl. Post-G.N. (Nr. VIII), Art. 2 I.

2) wer sich zu einer portopflichtigen Sendung einer, von der Entrichtung des Portos befreienden Bezeichnung bedient oder eine solche Sendung in eine andere verpackt, welche bei Anwendung einer vorgeschriebenen Bezeichnung portofrei befördert wird;

3) wer Postwerthzeichen nach ihrer Entwerthung zur Frankirung einer Sendung benutzt; inwiefern in diesem Falle wegen hinzugetretener Vertilgung des Entwerthungszeichens eine härtere Strafe verwirkt ist, wird nach den allgemeinen Strafgesetzen beurtheilt;

4) wer Briefe oder andere Sachen zur Umgehung der Portogefälle einem Postbeamten oder Postillon zur Mitnahme übergiebt.

In den unter Nr. 2 und 3 bestimmten Fällen ist die Strafe mit der Einlieferung der Sendung zur Post verwirkt.

a. Vgl. §§ 30, 31.

b. Zu 1): Der Beförderer, der nach Nordd. Post-G. § 27 Nr. 2 mit Geldstrafe von 5—50 Thlr. bestraft wurde, ist jetzt dem Versender gleichgestellt.

c. Zu 2): Diese Strafbestimmung trifft auch die unbefugte Anwendung einer Bezeichnung, welche eine Porto-Ermäßigung zur Folge hat.

d. Zu 3): Postwerthzeichen sind: Freimarken, gestempelte Kartenbriefe, Postkarten und Postanweisungen; P.O. § 49. — Der wissentliche Gebrauch falscher oder gefälschter Postwerthzeichen, sowie die Anfertigung unechter und die Fälschung echter Postwerthzeichen werden nach Str.G.B. § 275, die wissentliche Verwendung bereits entwertheter Postwerthzeichen nach gänzlicher oder theilweiser Entfernung des Entwerthungszeichens nach Str.G.B. § 276 Abs. 2 bestraft. (R.G. vom 13. Mai 1891, R.G.Bl. S. 107.)

e. Zu 4): Andere Sachen; auch solche, die nicht dem Postzwange unterliegen. — Abweichend von den übrigen Fällen des § 27 ist es bei der Zuwiderhandlung zu 4 nothwendig, daß die strafbare Absicht, die Postgefälle zu umgehen, festgestellt werde.

f. Zum Schlußabs. vgl. P.O. §§ 29, 30.

§ 28. Im ersten Rückfalle wird die Strafe (§. 27) verdoppelt und bei ferneren Rückfällen auf das Vierfache erhöht.

Im Rückfalle befindet sich derjenige, welcher, nachdem er wegen einer der im §. 27 bezeichneten Defraudationen vom Gerichte oder im Verwaltungswege (§§. 34. 35) bestraft worden, abermals eine dieser Defraudationen begeht.

Die Straferhöhung wegen Rückfalls tritt auch ein, wenn die frühere Strafe nur theilweise verbüßt, oder ganz oder theilweise erlassen ist, bleibt jedoch ausgeschlossen, wenn seit der Verbüßung oder dem Erlasse der letzten Strafe bis zur Begehung der neuen Defraudation drei Jahre verflossen sind.

a. Vgl. Post-G.N. (Nr. VIII), Art. 2 I.

b. Vgl. Str.G.B. § 245.

c. Wegen welcher der im § 27 vorgesehenen Uebertretungen die Vorbestrafung erfolgt ist, bezw. ob letztere vor oder nach Geltung dieses G. eingetreten ist, kommt für die Frage, ob Rückfall vorliegt, nicht in Betracht.

d. Der erste Rückfall ist mit dem achtfachen Betrage des defraudirten Portos, jedoch nicht unter 6 Mk., der fernere Rückfall mit dem sechzehnfachen Portobetrage, jedoch nicht unter 12 Mk. zu bestrafen.

§ 29. Wer wissentlich, um der Postkasse das Personengeld zu entziehen, uneingeschrieben mit der Post reist, wird mit dem vierfachen Betrage des defraudirten Personengeldes, jedoch niemals unter einer Geldstrafe von Einem Thaler, bestraft.

a. Vgl. § 30 und P.O. §§ 53, 54.

b. Die Absicht, der Postkasse das Personengeld zu entziehen, muß bei dieser Uebertretung festgestellt werden. Straferhöhung wegen Rückfalls tritt nicht ein.

§ 30. Außer der Strafe muß in den Fällen des §. 27 das Porto, welches für die Beförderung der Gegenstände der Post zu entrichten gewesen wäre, und in dem Falle des §. 29 das defraudirte Personengeld gezahlt werden. In dem Falle des §. 27 unter Nr. 1 haften der Absender und der Beförderer für das Porto solidarisch.

a. Vgl. Post-G.N. (Nr. VIII), Art. 2 I.

b. Es kommt hierbei nicht in Betracht, ob die Gegenstände wirklich befördert worden sind oder nicht.

§ 31. Die Dauer der Haft, welche an die Stelle einer nicht beizutreibenden Geldstrafe tritt, ist vom Richter festzusetzen und darf sechs Wochen nicht übersteigen.

a. Vgl. Post-G.N. (Nr. VIII), Art. 2 I.

b. Str.G.B. §§ 18, 19, 28, 29, 78. — Die Geldstrafe wird immer in Haft, nie in Gefängniß umgewandelt. Die Dauer der Haft ist auf sechs Wochen beschränkt, auch wenn sonst nach §§ 29, 78 Str.G.B. Freiheitsstrafe von längerer Dauer einzutreten hätte.

§ 32. Die Postbehörden und Postbeamten, welche eine Defraudation entdecken, sind befugt, die dabei vorgefundenen Briefe oder anderen Sachen, welche

Gegenstand der Uebertretung sind, in Beschlag zu nehmen und so lange ganz oder theilweise zurückzuhalten, bis entweder die defraudirten Postgefälle, die Geldstrafe und die Kosten gezahlt oder durch Kaution sicher gestellt sind.

a. Vgl. Post-G.R. (Nr. VIII), Art. 2 I.

b. Wegen der Kosten vgl. § 45.

§ 33. Die in den §§. 27 bis 29 bestimmten Geldstrafen fließen zur Postarmen- oder Unterstützungskasse.

a. Vgl. Post-G.R. (Nr. VIII), Art. 2 I.

b. Dies ist auch bei gerichtlich festgesetzten oder beigetriebenen Geldstrafen der Fall. Die Kasse führt jetzt die Bezeichnung „Post-Unterstützungskasse".

Abschnitt V.

Strafverfahren bei Post- und Porto-Defraudationen.

Um dem Angeschuldigten die Möglichkeit zu gewähren, die Sache einfach durch Zahlung der verwirkten Geldstrafe zu erledigen, ist nach dem Vorbilde des früheren Post-G. für das Königreich Sachsen eine Straffestsetzung mittelst Verfügung eingeführt, wobei es der Vernehmung des Angeschuldigten und der Abfassung eines förmlichen Strafbescheides nicht bedarf. — Die Vorschriften dieses Abschnittes sind übrigens, gemäß Einf.G. zur Str.Proz.Ordn. § 5, durch die abweichenden Vorschriften der Strafprozeßordnung nicht berührt worden.

§ 34. Wenn eine Post- oder Porto-Defraudation entdeckt wird, so eröffnet die Ober-Postdirektion oder die mit den Funktionen der Ober-Postdirektion beauftragte Postbehörde mittelst besonderer Verfügung vor Einleitung eines förmlichen Verfahrens dem Angeschuldigten, welche Geldstrafe für von ihm verwirkt zu erachten sei, und stellt ihm hierbei frei, das fernere Verfahren und die Ertheilung eines Strafbescheides durch Bezahlung der Strafe und Kosten innerhalb einer präklusivischen Frist von zehn Tagen zu vermeiden Leistet der Angeschuldigte hierauf die Zahlung ohne Einrede, so gilt die Verfügung als rechtskräftiger Strafbescheid; entgegengesetzten Falles erfolgt die Untersuchung und Entscheidung nach Maßgabe der §§. 35 bis 46.

a. Das Straffestsetzungsverfahren ist obligatorisch und findet auf sämmtliche Post- und Porto-Defraudationen, auch auf die in § 27 Nr. 4 und § 29 vorgesehenen, Anwendung.

b. In der Verfügung ist außer der verwirkten Geldstrafe auch der Betrag der defraudirten Postgefälle (§ 30) einzufordern.

c. Wegen der zuständigen Postbehörden vgl. § 13 Anm.

§ 35. Die Untersuchung wird summarisch von den Postanstalten oder von den Bezirksaufsichtsbeamten geführt und darauf im Verwaltungswege von den Ober-Postdirektionen ꝛc. entschieden. Diese können jedoch, so lange noch kein Strafbescheid erlassen worden ist, die Verweisung der Sache zum gerichtlichen Verfahren verfügen und ebenso kann der Angeschuldigte während der Untersuchung bei der Postbehörde, und binnen zehn Tagen präklusivischer

Frist, nach Eröffnung des von letzterer abgefaßten Strafbescheides, auf rechtliches Gehör antragen. Dieser Antrag ist an die Postbehörde zu richten. Der Strafbescheid wird alsdann als nicht ergangen angesehen.

Einer ausdrücklichen Anmeldung der Berufung auf rechtliches Gehör wird es gleich geachtet, wenn der Angeschuldigte auf die Vorladung der Postbehörde nicht erscheint oder die Auslassung vor derselben verweigert.

a. Für das Strafverfahren im Verwaltungswege ist Mündlichkeit, mit Ausnahme des § 36, und Oeffentlichkeit nicht vorgeschrieben.

b. Die Untersuchung wird von derjenigen Postanstalt geführt, in deren Bezirk die Uebertretung verübt ist.

c. Die Verweisung zum gerichtlichen Verfahren ist erforderlich, wenn es zur Ermittelung des Thäters oder zur Feststellung des Thatbestandes eidlicher Zeugenvernehmungen oder anderer nur im gerichtlichen Verfahren zulässiger Beweisaufnahmen bedarf.

d. Tritt auf Veranlassung der Postbehörde oder des Angeschuldigten das gerichtliche Strafverfahren ein, so kommen die Vorschriften der Strafprozeßordnung §§ 400 ff. zur Anwendung. Die Zuständigkeit der Gerichte regelt sich nach dem Gerichtsverfassungs-G. §§ 27, 75.

§ 36. Bei den Untersuchungen im Verwaltungswege werden die Betheiligten mündlich verhört und ihre Aussagen zu Protokoll genommen.

§ 37. Die Zustellungen und die Vorladungen geschehen durch die Beamten oder Unterbeamten der

Postanstalten, oder auf deren Requisition nach den für gerichtliche Insinuationen bestehenden Vorschriften.

Das Postzustellungsverfahren ist durch V. v. 26. Okt. 1899 (A.Bl. S. 347) geregelt. Vgl. P.O. §§ 25, 40.

§ 38. Die Zeugen sind verbunden, den an sie von den Postbehörden ergehenden Vorladungen Folge zu leisten. Wer sich dessen weigert, wird dazu auf Requisition der Postbehörden durch das Gericht in gleicher Art, wie bei gerichtlichen Vorladungen, angehalten.

Die Postbehörden sind nicht berechtigt, Zeugen eidlich oder an Eidesstatt zu vernehmen oder die Gerichte um eidliche Vernehmung von Zeugen zu ersuchen. Anm. c zu § 35.

§ 39. In Sachen, wo die zu verhängende Geldstrafe den Betrag von fünfzig Thalern übersteigt, muß dem Angeschuldigten auf Verlangen eine Frist von acht Tagen bis vier Wochen zur Einreichung einer schriftlichen Vertheidigung gestattet werden.

§ 40. Findet die Ober-Postdirektion ꝛc. die Anwendung einer Strafe nicht begründet, so verfügt sie die Zurücklegung der Akten und benachrichtigt hiervon den Angeschuldigten.

§ 41. Dem Strafbescheide müssen die Entscheidungsgründe beigefügt sein. Auch ist darin der Angeschuldigte sowohl mit den ihm dagegen zustehenden Rechtsmitteln (§. 42), als auch mit der Straferhöhung, welche er beim Rückfalle (§. 28) zu erwarten hat, bekannt zu machen.

Der Strafbescheid ist durch die Postanstalt dem Angeschuldigten entweder zu Protokoll zu publiziren oder in der für die Vorladung vorgeschriebenen Form zu insinuiren.

a. Der Abfassung des Strafbescheides braucht eine mündliche Verhandlung nicht voranzugehen.

b. Wegen des Rückfalls vgl. § 28.

§ 42. Der Angeschuldigte kann, wenn er von der Befugniß zur Berufung auf richterliche Entscheidung keinen Gebrauch machen will, gegen den Strafbescheid den Rekurs an die der Ober-Postdirektion 2c. vorgesetzte Behörde ergreifen. Dies muß jedoch binnen zehn Tagen präklusivischer Frist nach der Eröffnung des Strafbescheides geschehen und schließt fernerhin jedes gerichtliche Verfahren aus. Der Rekurs ist durch Anmeldung bei einer Postbehörde gewahrt.

Wenn mit der Anmeldung des Rekurses nicht zugleich dessen Rechtfertigung verbunden ist, so wird der Angeschuldigte durch die Postanstalt aufgefordert, die Ausführung seiner weiteren Vertheidigung in einem nicht über vier Wochen hinaus anzusetzenden Termine zu Protokoll zu geben oder bis dahin schriftlich einzureichen.

Die der Ober-Postdirektion 2c. vorgesetzte Behörde ist in dem Reichs-Postgebiet das Reichs-Postamt in Berlin; in Bayern die Generaldirektion der Königl. Bayer. Posten und Telegraphen in München; in Württemberg das Ministerium der auswärtigen Angelegenheiten in Stuttgart.

§ 43. Die Verhandlungen werden hiernächst zur Abfassung des Rekursresoluts an die kompetente Behörde eingesandt. Hat jedoch der Angeschuldigte zur Rechtfertigung des Rekurses neue Thatsachen oder Beweismittel, deren Aufnahme erheblich befunden wird, angeführt, so wird mit der Instruktion nach den für die erste Instanz gegebenen Bestimmungen verfahren.

§ 44. Das Rekursresolut, welchem die Entscheidungsgründe beizufügen sind, wird an die betreffende Postbehörde befördert und nach erfolgter Publikation oder Insinuation vollstreckt.

§ 45. Mit der Verurtheilung des Angeschuldigten zu einer Strafe, durch Strafbescheid oder Rekursresolut, ist zugleich die Verurtheilung desselben in die baaren Auslagen des Verfahrens auszusprechen.

Bei der Untersuchung im Verwaltungswege kommen, außer den baaren Auslagen an Porto, Stempel, Zeugengebühren ꝛc., keine Kosten zum Ansatz.

Der Angeschuldigte, welcher wegen Post- oder Porto-Defraudation zu einer Strafe gerichtlich verurtheilt wird, hat auch die durch das Verfahren im Verwaltungswege entstandenen Kosten zu tragen.

Vgl. § 35.

§ 46. Die Vollstreckung der rechtskräftigen Erkenntnisse geschieht nach den für die Vollstreckung strafgerichtlicher Erkenntnisse im Allgemeinen bestehenden Vorschriften, die Vollstreckung der Strafbescheide oder der Resolute aber von der Postbehörde; letztere hat dabei nach denjenigen Vorschriften zu verfahren, welche für die Exekution der im Verwaltungswege festgesetzten Geldstrafen ertheilt sind.

Statt der früheren Vorschrift des Nordd. Post-G. § 53, wonach der Verurtheilte sich von der bereits in Vollzug gesetzten Freiheitsstrafe nur durch Erlegung der vollen Geldstrafe befreien konnte, gilt jetzt auch für Post- und Porto-Defraudationsstrafen die Bestimmung des Str.G.B. § 28 Abs. 4: der Verurtheilte kann sich durch Erlegung des Strafbetrages, soweit dieser durch die erstandene Freiheitsstrafe nicht getilgt ist, von der letzteren freimachen.

Abschnitt VI.

Allgemeine Bestimmungen.

§ 47. Was ein Briefträger oder Postbote über die von ihm geschehene Bestellung auf seinen Dienst-eid anzeigt, ist so lange für wahr und richtig anzunehmen, bis das Gegentheil überzeugend nachgewiesen wird.

a. Ueber die Bestellung der Postsendungen vgl. P.O. §§ 36, 38—40.

b. Ein Beamter, der wissentlich eine falsche amtliche Versicherung unter Berufung auf seinen Diensteid abgiebt, wird wegen Meineids bestraft. Str.G.B. §§ 154, 155 Nr. 3.

§ 48. Die Postverwaltung ist für die richtige Bestellung nicht verantwortlich, wenn der Adressat erklärt hat, die an ihn eingehenden Postsendungen selbst abzuholen oder abholen zu lassen. Auch liegt in diesem Falle der Postanstalt eine Prüfung der Legitimation desjenigen, welcher sich zur Abholung meldet, nicht ob, sofern nicht auf den Antrag des Adressaten zwischen diesem und der Postanstalt ein desfallsiges besonderes Abkommen getroffen worden ist.

Vgl. P.O. § 42.

§ 49. Die Postverwaltung ist, nachdem sie das Formular zum Ablieferungsscheine dem Adressaten reglementsmäßig hat ausliefern lassen, nicht verpflichtet, die Aechtheit der Unterschrift und des etwa hinzugefügten Siegels unter dem mit dem Namen des Empfangsberechtigten unterschriebenen und beziehungsweise untersiegelten Ablieferungsscheine zu untersuchen. Ebensowenig braucht sie die Legitimation desjenigen zu prüfen, welcher unter Vorlegung des vollzogenen Ablieferungsscheines, oder bei Packeten ohne Werthangabe unter Vorlegung des reglementsmäßig ausgelieferten Begleitbriefes, die Aushändigung der Sendung verlangt.

a. Liegt eine Abholungserklärung vor (§ 48), so wird der Ablieferungsschein dem Abholer verabfolgt. P.O. § 42 V, § 43.

b. In den übrigen Fällen muß der Ablieferungsschein dem Adressaten oder an dessen legitimirten Bevollmächtigten (P.O. § 39 I) bestellt werden. Wegen der Bestellung von Postsendungen an Bewohner von Schlössern regierender Fürsten, an Militärpersonen oder an Zöglinge von Erziehungsanstalten ꝛc. vgl. P.O. § 39 XI.

§ 50. Durch ein von dem Reichskanzler zu erlassendes Reglement, welches mittelst der für die

Publikation amtlicher Bekanntmachungen bestimmten Blätter zu veröffentlichen ist, werden die weiteren bei Benutzung der Postanstalt zu beobachtenden Vorschriften getroffen.

Diese Vorschriften gelten als Bestandtheil des Vertrages zwischen der Postanstalt und dem Absender, beziehungsweise Reisenden.

Das Reglement hat zu enthalten:

1) die Bedingungen für die Annahme aller behufs der Beförderung durch die Post eingelieferten Gegenstände;
2) das Maximalgewicht der Briefe und Packete;
3) die Bedingungen der Rückforderung von Seite des Absenders und die Vorschriften über die Behandlung unbestellbarer Sendungen;
4) die Bestimmungen wegen schließlicher Verfügung über die unanbringlichen Sendungen;
5) die Bezeichnung der für Beförderung durch die Post unzulässigen Gegenstände;
6) die Gebühren für Postanweisungen, Vorschußsendungen und sonstige Geldübermittelungen durch die Post, für Sendungen von Drucksachen, Waarenproben und Mustern, Korrespondenzkarten, rekommandirte Sendungen, für Zustellung von Sendungen mit Behändigungsscheinen, für Laufschreiben wegen Postsendungen und Ueberweisung der Zeitungen;
7) Anordnungen über die Art der Bestellung der durch die Post beförderten Gegenstände und

die hierfür zu erhebenden Gebühren, insbesondere die Gebühren für Bestellung der Expreßsendungen, der Stadtbriefe und Packete, der Werthsendungen, ferner die Vorschriften über Estafettenbeförderung;

8) die Bedingungen für die Beförderung der Reisenden mit den ordentlichen Posten oder mit Extrapost, die Bestimmung des Personengeldes und der Gebühr für Beförderung von Passagiergut;

9) die näheren Anordnungen über Kontirung und Kreditirung von Porto, sowie die dafür zu entrichtenden Gebühren;

10) Anordnungen zur Aufrechthaltung der Ordnung, der Sicherheit und des Anstandes auf den Posten, in den Postlokalen und Passagierstuben.

Die unter Ziffer 2. 4. und 6. bezeichneten Anordnungen unterliegen der Beschlußfassung des Bundesrathes.

Für den inneren Postverkehr der Königreiche Bayern und Württemberg werden die reglementairen Anordnungen von den zuständigen Behörden dieser Staaten erlassen.

a. In Ausführung dieser Vorschrift ist die Postordnung (Nr. XI) erlassen.

b. Indem die Anordnungen zu Punkt 2, 4 u. 6 der Beschlußfassung des Bundesrathes unterstellt sind, ist Bayern und Württemberg die Mitwirkung bei Erlaß derjenigen Anordnungen, welche nicht technischer oder lokaler Natur sind, gewahrt.

c. In Bayern und Württemberg gilt die P.O. für den Wechselverkehr dieser Staaten unter sich und mit dem übrigen Deutschen Reiche, nicht aber im innern Verkehr. Vgl. R.V. (Nr. I) Art. 52.

§ 51. Alle bisherigen allgemeinen und besonderen Bestimmungen über Gegenstände, worüber das gegenwärtige Gesetz verfügt, soweit jene Bestimmungen nicht auf den mit dem Auslande abgeschlossenen Staatsverträgen oder Konventionen beruhen, werden hierdurch aufgehoben.

Vgl. Posttax-G. (Nr. V) § 11 Anm. a u. b.

§ 52. Das gegenwärtige Gesetz tritt mit dem 1. Januar 1872 in Kraft.

Urkundlich unter Unserer Höchsteigenhändigen Unterschrift und beigedrucktem Kaiserlichen Insiegel.

Gegeben Berlin, den 28. Oktober 1871.

(L. S.) **Wilhelm.**

Fürst v. Bismarck.

III.

Gesetz, betreffend die Abänderung des §. 4 des Gesetzes über das Postwesen des Deutschen Reichs vom 28. Oktober 1871.

(Eisenbahn-Postgesetz.)

Vom 20. Dezember 1875.

R.G.Bl. S. 318—322.

Ausgegeben zu Berlin den 22. Dezember 1875.

Gesetzeskraft im Reichs-Postgebiet mit dem 1. Januar 1876.

---

a. Das Rechtsverhältniß der Post zu den Eisenbahnen war durch § 4 des Post-G. nur in Betreff der Privatbahnen auf der Grundlage des Preuß. Eisenbahn-G. vom 3. Novbr. 1838 § 36 gesetzlich geregelt. Die Leistungen der Staatsbahnen für Postzwecke bestimmten sich nach dem Regl. v. 1. Januar 1868, dessen Geltung auf die Dauer der Uebergangszeit des Art. 51 R.V. beschränkt war. Vom 1. Januar 1876 ab sind die Beziehungen der Post zu den Reichs-, Staats- und Privatbahnen durch das nachstehende Gesetz und die gemäß Art. 10 dazu erlassenen Vollzugsbestimmungen (Nr. IV) innerhalb des Reichs-Postgebiets gleichmäßig geordnet, soweit nicht die Konzessionsurkunden der bestehenden Privatbahnen abweichende Vorschriften enthalten.

b. Die Anwendung des G. auf Bayern und Württemberg ist gemäß R.V. Art. 52, Post-G. § 4 und Art. 13 ausgeschlossen.

Wir Wilhelm, von Gottes Gnaden Deutscher Kaiser, König von Preußen ꝛc.

verordnen im Namen des Deutschen Reichs, nach erfolgter Zustimmung des Bundesraths und des Reichstags, was folgt:

Einziger Paragraph.

An die Stelle des §. 4 des Gesetzes über das Postwesen des Deutschen Reichs vom 28. Oktober 1871 (Reichs-Gesetzbl. S. 347) treten die nachfolgenden Bestimmungen:

Art. 1. Der Eisenbahnbetrieb ist, soweit es die Natur und die Erfordernisse desselben gestatten, in die nothwendige Uebereinstimmung mit den Bedürfnissen des Postdienstes zu bringen.

Die Einlegung besonderer Züge für die Zwecke des Postdienstes kann jedoch von der Postverwaltung nicht beansprucht werden.

Bei Meinungsverschiedenheiten zwischen der Postverwaltung und den Eisenbahnverwaltungen über die Bedürfnisse des Postdienstes, die Natur und die Erfordernisse des Eisenbahnbetriebes entscheidet, soweit die Postverwaltung sich bei dem Ausspruche der Landes-Aufsichtsbehörde nicht beruhigt, der Bundesrath, nach Anhörung der Reichs-Postverwaltung und des Reichs-Eisenbahn-Amts.

a. Vgl. Preuß. Eisenbahn-G. v. 3. Novbr. 1838 § 36 Nr. 1 und Vollzugsbest. I.

b. Ueber die Befugnisse des Reichs-Eisenbahn-Amts vgl. R.G. v. 27. Juni 1873 (R.G.Bl. 164).

c. Die Entscheidung des Bundesrathes kann nicht blos in den im G. und in den Vollzugsbest. (VI, 1 u. 9) besonders bezeichneten Fällen, sondern auch bei allen Meinungsverschiedenheiten über die Bedürfnisse des Postdienstes, die Natur und die Erfordernisse des Eisenbahnbetriebes angerufen werden, soweit die Postverwaltung sich bei dem Ausspruche der Landes-Aufsichtsbehörde nicht beruhigt. Vgl. Art. 2 Anm. c.

Art. 2. Mit jedem für den regelmäßigen Beförderungsdienst der Bahn bestimmten Zuge ist auf Verlangen der Postverwaltung Ein von dieser gestellter Postwagen unentgeltlich zu befördern. Diese unentgeltliche Beförderung umfaßt:

a) die Briefpostsendungen, Zeitungen, Gelder mit Einschluß des ungemünzten Goldes und Silbers, Juwelen und Pretiosen ohne Unterschied des Gewichts, ferner sonstige Poststücke bis zum Einzelngewichte von 10 Kilogramm einschließlich,

b) die zur Begleitung der Postsendungen, sowie zur Verrichtung des Dienstes unterwegs erforderlichen Postbeamten, auch wenn dieselben vom Dienste zurückkehren,

c) die Geräthschaften, deren die Postbeamten unterwegs bedürfen.

Für Poststücke, welche nicht unentgeltlich zu befördern sind, hat die Postverwaltung eine Frachtvergütung zu zahlen, welche nach der Gesammtmenge der auf der betreffenden Eisenbahn sich bewegenden zahlungspflichtigen Poststücke für den Achskilometer berechnet wird.

Die Mitbeförderung solcher Päckereien, welche nicht zu den Brief- und Zeitungspacketen gehören, soll bei Zügen, deren Fahrzeit besonders kurz bemessen ist, beschränkt oder ausgeschlossen werden, wenn dies von der Eisenbahn-Aufsichtsbehörde zur Wahrung der pünktlichen und sicheren Beförderung der betreffenden Züge für nothwendig erachtet wird, und andere zur Mitnahme der Päckereien geeignete Züge auf der betreffenden Bahn eingerichtet sind.

a. Vgl. Vollzugsbest. II.

b. Güterzüge sind von der Benutzung zur Postbeförderung nicht grundsätzlich ausgeschlossen. Vollzugsbest. I.

c. Die Beschränkung oder die Ausschließung der Post-Packetbeförderung bei den im letzten Absatz bezeichneten Zügen ist davon abhängig, daß: 1. die Fahrzeit dieser Züge thatsächlich besonders kurz bemessen ist (die bloße Bezeichnung reicht nicht aus); 2. die Eisenbahn-Aufsichtsbehörde die Beschränkung oder Ausschließung zur Wahrung der pünktlichen und sicheren Beförderung der betreffenden Züge für nothwendig erachtet; 3. andere zur Mitnahme der Päckereien geeignete Züge auf der betreffenden Bahn eingerichtet sind. Ob die Erfordernisse zu 1 und 3 vorhanden sind, unterliegt der Verständigung der Postverwaltung und der Eisenbahnverwaltung und erforderlichen Falls der Entscheidung des Bundesraths. Art. 1.

Art. 3. Auf Grund vorangegangener Verständigung kann an Stelle eines besonderen Postwagens eine Abtheilung eines Eisenbahnwagens gegen Erstattung der für Herstellung und Wiederbeseitigung der für die Zwecke des Postdienstes erforderlichen Einrichtungen von der Eisenbahnverwaltung aufgewendeten Selbstkosten, sowie gegen Zahlung einer Miethe für Hergabe und Unterhaltung benutzt werden, welche nach Artikel 6 Absatz 5 zu berechnen ist.

Die Beförderung der Wagenabtheilungen erfolgt ebenso wie die des Postwagens (Art. 2) unentgeltlich. Wegen der Miethe für Hergabe und Unterhaltung vgl. Vollzugsbest. III, 3.

Art. 4. Bei solchen für den regelmäßigen Beförderungsdienst der Bahn bestimmten Zügen, welche nicht in der in den Artikeln 2 und 3 bezeichneten Weise zur Postbeförderung benutzt werden, kann die Postverwaltung entweder, insoweit dies nach dem Ermessen der Eisenbahnverwaltung zulässig ist, der letzteren Briefbeutel, sowie Brief- und Zeitungspackete zur unentgeltlichen Beförderung durch das Zugpersonal überweisen, oder die Beförderung von Briefbeuteln, sowie Brief- und Zeitungspacketen durch einen Postbeamten besorgen lassen, welchem der erforderliche Platz in einem Eisenbahnwagen unentgeltlich einzuräumen ist.

Vgl. Art. 2 Anm. b.

Art. 5. Reicht der eine Postwagen (Art. 2) oder die an dessen Stelle für Postzwecke bestimmte Wagenabtheilung (Art. 3) für die Bedürfnisse des

Postdienstes nicht aus, so sind die Eisenbahnverwaltungen auf rechtzeitige Anmeldung oder Bestellung gehalten, nach Wahl der Postverwaltung

mehrere Postwagen zur Beförderung zuzulassen,

oder der Postverwaltung zur Befriedigung des Mehrbedürfnisses geeignete Güterwagen oder einzelne geeignete Abtheilungen solcher Personenwagen, deren übrige Abtheilungen in dem betreffenden Zuge für Eisenbahnzwecke verwendbar sind, zu gestellen,

oder endlich die ihnen von der Postverwaltung überwiesenen Postsendungen zur eigenen Beförderung zu übernehmen.

Bei Zügen, auf denen die Beförderung von Postpäckereien ausgeschlossen oder beschränkt ist (Art. 2 Abs. 3), darf die Gestellung außerordentlicher Transportmittel seitens der Postverwaltung nicht beansprucht werden. Die Ueberweisung von Postsendungen an die Eisenbahnverwaltungen ist nur insoweit zulässig, als letztere sich bei dem betreffenden Zuge mit der Beförderung von Gütern (Eil- oder Frachtgütern) befaßt und die zu überweisenden Poststücke nicht in Geld- oder Werthsendungen bestehen.

Für die Beförderung eines zweiten oder mehrerer Postwagen, sowie für die Gestellung und Beförderung der erforderlichen Eisenbahn-Transportmittel ist von der Postverwaltung eine für den Achskilometer zu berechnende Vergütung, für die

Beförderung der überwiesenen Poststücke aber die tarifmäßige Eisenbahn-Eilfrachtgebühr zu zahlen. Für die Mitbeförderung des etwa erforderlichen Postbegleitungspersonals und der Geräthschaften für den Dienst wird eine Vergütung nicht gezahlt.

a. Bei welchen Zügen die Gestellung außerordentlicher Transportmittel von der Postverwaltung nicht beansprucht werden darf, bestimmt sich nach Art. 2 Anm. c.

b. Wegen der Vergütung für außerordentliche Transportmittel vgl. Vollzugsbest. IV, 2.

Art. 6. Die für den regelmäßigen Dienst erforderlichen Eisenbahn-Postwagen werden für Rechnung der Postverwaltung beschafft.

Die Eisenbahnverwaltungen sind verbunden, die Unterhaltung, äußere Reinigung, das Schmieren und das Ein- und Ausrangiren dieser Wagen gegen eine den Selbstkosten entsprechende Vergütung zu bewirken.

Wenn die im regelmäßigen Dienst befindlichen Eisenbahn-Postwagen während des Stilllagers auf den Bahnhöfen der Endstationen im Freien stehen bleiben, so ist dafür eine Vergütung nicht zu zahlen. Letzteres gilt auch für die Plätze auf den Bahnhöfen, welche der Postverwaltung zur Aufbewahrung der Perronwagen und sonstigen Geräthschaften für das Verladungsgeschäft angewiesen werden.

Unbeladene Postwagen sind gegen Erstattung der für Eisenbahn-Güterwagen tarifmäßig zu entrichtenden Frachtgebühr zu befördern. Für die Beförderung zur Eisenbahn-Reparaturwerkstatt und zurück findet eine Vergütung nicht statt.

Wenn Eisenbahn-Postwagen beschädigt oder lauf-unfähig werden, so sind die Eisenbahnverwaltungen gehalten, der Postverwaltung geeignete Güterwagen zur Aushülfe zu überlassen. Für diese Güterwagen hat die Postverwaltung die nämliche Miethe zu bezahlen, welche die betreffende Eisenbahnverwaltung im Verkehr mit benachbarten Bahnen für Benutzung fremder Wagen von gleicher Beschaffenheit entrichtet.

Desgleichen sind die theilweise von der Post benutzten Eisenbahnwagen (Art. 3), wenn sie laufunfähig werden, von den Eisenbahnverwaltungen auf ihre Kosten durch andere zu ersetzen.

Vgl. Vollzugsbest. V.

Art. 7. Bei Errichtung neuer Bahnhöfe oder Stationsgebäude sind auf Verlangen der Postverwaltung die durch den Eisenbahnbetrieb bedingten, für die Zwecke des Postdienstes erforderlichen Diensträume mit den für den Postdienst etwa erforderlichen besonderen baulichen Anlagen von der Eisenbahnverwaltung gegen Miethsentschädigung zu beschaffen und zu unterhalten.

Dasselbe gilt bei dem Um- oder Erweiterungsbau bestehender Stationsgebäude, insofern durch die den Bau veranlassenden Verhältnisse eine Erweiterung oder Veränderung der Postdiensträume bedingt wird.

Bei dem Mangel geeigneter Privatwohnungen

in der Nähe der Bahnhöfe sind die Eisenbahnverwaltungen gehalten, bei Aufstellung von Bauplänen zu Bahnhofsanlagen und bei dem Um- oder Erweiterungsbau von Stationsgebäuden auf die Beschaffung von Dienstwohnungsräumen für die Postbeamten, welche zur Verrichtung des durch den Eisenbahnbetrieb bedingten Postdienstes erforderlich sind, Rücksicht zu nehmen. Ueber den Umfang dieser Dienstwohnungsräume wird sich die Postverwaltung mit der Eisenbahnverwaltung und erforderlichen Falls mit der Landes-Aufsichtsbehörde in jedem einzelnen Falle verständigen. Für die Beschaffung und Unterhaltung der Dienstwohnungsräume hat die Postverwaltung eine Miethsentschädigung nach gleichen Grundsätzen wie für die Diensträume auf den Bahnhöfen zu entrichten.

Das Miethsverhältniß bezüglich der der Postverwaltung überwiesenen Dienst- und Dienstwohnungsräume auf den Bahnhöfen kann nur durch das Einverständniß beider Verwaltungen aufgelöst werden.

Werden bei Errichtung neuer Bahnhofsanlagen, sowie bei dem Um- oder Erweiterungsbau bestehender Stationsgebäude zur Unterbringung von Dienst- oder Dienstwohnungsräumen auf Verlangen der Postbehörde besondere Gebäude auf den Bahnhöfen hergestellt, so ist der erforderliche Bauplatz von den Eisenbahnverwaltungen gegen Erstattung der Selbstkosten zu beschaffen, der Bau und die Unterhaltung derartiger Gebäude aber aus der Postkasse zu bestreiten.

a. Vollzugsbest. VI.

b. Die Verpflichtung der Eisenbahnen zur Beschaffung von Postlokalen auf den Bahnhöfen gegen die in den Vollzugsbest. VI, 4 festgesetzte Miethe beschränkt sich auf die durch den Eisenbahnbetrieb bedingten Diensträume und, sofern die im Abs. 3 bestimmten Voraussetzungen vorliegen, auf Dienstwohnungsräume für die zur Verrichtung des Eisenbahn-Postdienstes erforderlichen Postbeamten. Die Hergabe von Dienst- und Dienstwohnungsräumen für anderweite Postdienstzwecke, sowie die dafür zu entrichtende Miethe unterliegt der freien Vereinbarung zwischen der Post- und der Eisenbahn-Verwaltung.

c. Gemäß Abs. 5 steht der Postverwaltung die Wahl zu, ob die durch den Eisenbahnbetrieb bedingten Postdienst- oder Dienstwohnungsräume von der Eisenbahn miethsweise zu beschaffen oder in besonderen, auf Postrechnung zu erbauenden Gebäuden unterzubringen sind.

Art. 8. Wenn bei dem Betriebe einer Eisenbahn ein im Dienst befindlicher Postbeamter getödtet oder körperlich verletzt worden ist, und die Eisenbahnverwaltung den nach den Gesetzen ihr obliegenden Schadensersatz dafür geleistet hat, so ist die Postverwaltung verpflichtet, derselben das Geleistete zu ersetzen, falls nicht der Tod oder die Körperverletzung durch ein Verschulden des Eisenbahnbetriebs-Unternehmers oder einer der im Eisenbahnbetrieb verwendeten Personen herbeigeführt worden ist.

a. Haftpflicht-G. v. 7. Juni 1871 (R.G.Bl. S. 207) § 1: „Wenn bei dem Betriebe einer Eisenbahn ein Mensch getödtet oder körperlich verletzt wird, so haftet der Betriebs-

Unternehmer für den dadurch entstandenen Schaden, sofern er nicht beweist, daß der Unfall durch höhere Gewalt oder durch eigenes Verschulden des Getödteten oder Verletzten verursacht ist." Vgl. auch Unfallfürsorgegesetz für Beamte rc. v. 18. Juni 1901, § 12 (R.G.Bl. S. 211). Den Postbeamten gegenüber ist die aus diesen Gesetzen sich ergebende Verbindlichkeit der Eisenbahn und die ihr obliegende Beweislast nicht alterirt. Dagegen ist der Eisenbahn in Betreff der im Bahnbetriebe sich ereignenden Tödtungen oder Verletzungen von Postbeamten das Recht beigelegt worden, wegen des Schadensersatzes an die Postverwaltung Regreß zu nehmen, sofern letztere nicht beweist, daß der Tod oder die Körperverletzung durch ein Verschulden des Eisenbahnbetriebs-Unternehmers oder einer der im Eisenbahnbetrieb verwendeten Personen herbeigeführt worden ist.

Art. 9. Der Reichskanzler ist ermächtigt, für Eisenbahnen mit schmalerer als der Normalspur, und für Eisenbahnen, bei welchen wegen ihrer untergeordneten Bedeutung das Bahnpolizei-Reglement für die Eisenbahnen Deutschlands nicht für anwendbar erachtet ist, die vorstehenden Verpflichtungen für die Zwecke des Postdienstes zu ermäßigen oder ganz zu erlassen.

Vgl. die vom Reichskanzler unterm 28. Mai 1879 erlassenen Bestimmungen, betreffend die Verpflichtungen der Eisenbahnen untergeordneter Bedeutung zu Leistungen für die Zwecke des Postdienstes (C.Bl. S. 380). — Für Kleinbahnen, d. h. dem öffentlichen Verkehr dienende Eisenbahnen, welche wegen ihrer geringen Bedeutung für den allgemeinen Eisenbahnverkehr dem Eisenbahn-G. vom 3. Nov. 1838 nicht unterliegen, sind in Preußen durch G. v. 28. Juli 1892 § 42 (Pr.G.S. S. 225 ff.) die Verpflichtungen gegenüber der Postverwaltung besonders festgesetzt worden.

Art. 10. Durch die von dem Reichskanzler nach Anhörung der Reichs-Postverwaltung und des Reichs-Eisenbahn-Amts, unter Zustimmung des Bundesraths zu erlassenden Vollzugsbestimmungen werden die näheren Anordnungen über die Ausführung der vorstehenden Leistungen, sowie über die Festsetzung und die Berechnung der Vergütung für die gegen Entgelt zu gewährenden Leistungen getroffen.

Die unterm 9. Februar 1876 erlassenen Vollzugsbestimmungen sind in der Fassung, welche sie bei den unter VIII, 8 vorgesehenen Revisionen erhalten haben, nachfolgend (Nr. IV) abgedruckt.

Art. 11. Auf die bei Erlaß dieses Gesetzes bereits konzessionirten Eisenbahngesellschaften und deren zukünftig konzessionirte Erweiterungen durch Neubauten finden die vorstehenden Vorschriften insoweit Anwendung, als dies nach den Konzessionsurkunden zulässig ist. Im Uebrigen bewendet es für die Verbindlichkeiten der bereits konzessionirten Eisenbahngesellschaften bei den Bestimmungen der Konzessionsurkunden, und bleiben insbesondere in dieser Beziehung die bis dahin zur Anwendung gekommenen Vorschriften über den Umfang des Postzwanges und über die Verbindlichkeiten der Eisenbahnverwaltungen zu Leistungen für die Zwecke des Postdienstes maßgebend.

Die bereits konzessionirten Eisenbahngesellschaften sind jedoch berechtigt, an Stelle der ihnen konzessionsmäßig obliegenden Verpflichtungen für die Zwecke des Postdienstes die durch das gegenwärtige Gesetz angeordneten Leistungen zu übernehmen.

a. Vgl. Post-G. § 4 und Preuß. Eisenbahn-G. vom 3. Novbr. 1838 § 36.

b. Ueber Konzessionirung der Eisenbahn-Gesellschaften vgl. R.V. Art. 41.

c. Macht eine Eisenbahn-Gesellschaft von der Berechtigung im Abs. 2 Gebrauch, so treten die durch das G. vom 20. Dezbr. 1875 angeordneten und durch die Vollzugsbestimmungen v. 9. Febr. 1876 näher festgesetzten Leistungen in ihrer Gesammtheit an die Stelle der konzessionsmäßigen Verpflichtungen für die Zwecke des Postdienstes. Die Eisenbahn-Gesellschaft ist dagegen nicht berechtigt, nur die ihr günstigeren Vorschriften des G. an Stelle der Konzessionsbedingungen zu übernehmen.

Art. 12. **Die vertragsmäßige Vergütung, welche an das Großherzogthum Baden für Leistungen seiner Staatsbahnen zu den Zwecken des Postdienstes zu entrichten ist, wird, sofern nicht eine anderweite Vereinbarung erfolgt, bis zum Ablauf des Jahres 1879 weiter gezahlt. Bis dahin bleiben für die Leistungen der badischen Staatsbahnen zu Zwecken des Postdienstes die Bestimmungen des Reglements über die Verhältnisse der Post zu den Staatseisenbahnen vom 1. Jannar 1868 maßgebend.**

Im Uebrigen kommen die Vorschriften dieses Gesetzes auf die im Eigenthum des Reichs oder eines Bundesstaates befindlichen, sowie auf die in das

Eigenthum des Reichs oder eines Bundesstaates übergehenden Eisenbahnen mit dem Inkrafttreten dieses Gesetzes zur Anwendung.

a. Für Baden hatte die Uebergangszeit des Art. 51 R.V. erst mit seinem Zutritt zur Reichspost, 1. Januar 1872, begonnen. Bis zum Ablaufe dieser acht Jahre empfing Baden, kraft des Vorbehalts im Protokoll vom 15. Novbr. 1870 zu 5 (B.G.Bl. S. 652), eine besondere Vergütung für die seinen Staatsbahnen durch das Regl. v. 1. Januar 1868 auferlegten Leistungen zu Zwecken des Postdienstes. Mit dem Ablaufe der Uebergangszeit, 1. Januar 1880, ist das Eisenbahn-Postgesetz mit den Vollzugsbestimmungen auch für die Leistungen der badischen Staatsbahnen zu Zwecken des Postdienstes maßgebend.

b. Gemäß Abs. 2 findet das G. auch auf solche Reichs- oder Staatsbahnen Anwendung, deren Betrieb einem Privat-Unternehmer überlassen ist. Dagegen unterliegen Privatbahnen, welche vom Reich oder von einem Bundesstaat verwaltet werden, den Vorschriften des Art. 11.

c. Auf die verstaatlichten Privatbahnen findet das Eisenbahn-Postgesetz mit dem Uebergang des Eigenthums an den Staat Anwendung.

Art. 13. Dieses Gesetz tritt mit dem 1. Januar 1876 in Kraft. Dasselbe findet auf Bayern und Württemberg keine Anwendung.

Vgl. Anm. b zum Eingange des Gesetzes.

Urkundlich unter Unserer Höchsteigenhändigen Unterschrift und beigedrucktem Kaiserlichen Insiegel.

Gegeben Berlin, den 20. Dezember 1875.

(L. S.) **Wilhelm.**

Fürst v. Bismarck.

IV.

Vollzugsbestimmungen

zum

Eisenbahn-Postgesetze vom 20. Dezember 1875.

Vom 9. Februar 1876.

(C.Bl. S. 87—93.)

Die unter VIII, 8 vorgesehene zweimalige Revision der Bestimmungen zu II, 4 hat 1878 und 1881, die Revision der Bestimmungen zu III, 2 und 3, IV, 2 und V, 5 im Jahre 1881 stattgefunden. Erlasse des Reichskanzlers v. 9. Mai 1878 (C.Bl. S. 261) und 24. Dezbr. 1881 (C.Bl. 1882 S. 4). Die vorgenommenen Aenderungen betreffen die Bestimmungen zu II, 4 und III, 2, welche nachstehend in der jetzt gültigen Fassung abgedruckt sind.

Auf Grund der Vorschrift im Artikel 10 des Gesetzes vom 20. Dezember 1875, betreffend die Abänderung des §. 4 des Gesetzes über das Postwesen des Deutschen Reichs vom 28. Oktober 1871, werden nach erfolgter Anhörung der Reichs-Postverwaltung und des Reichs-Eisenbahn-Amts, unter Zustimmung des Bundesraths nachstehende Vollzugsbestimmungen

I. Zu Artikel 1 des Gesetzes.

Die Entwürfe zu den Eisenbahnfahrplänen für die Personenbeförderung, sowie für diejenigen Güterzüge, welche nach Verständigung zwischen der Postverwaltung und der Eisenbahnverwaltung zur Beförderung von Postpäckereien benutzt werden sollen, sind der ersteren zur Wahrung ihrer Interessen rechtzeitig mitzutheilen. Die Feststellung der Fahrpläne geschieht unter Mitwirkung der Postverwaltung.

Die festgestellten Fahrpläne sind von den Eisenbahnverwaltungen ohne Verzug der Postverwaltung mitzutheilen, welche diejenigen einzelnen Züge bezeichnet, die sie zur Postbeförderung benutzen wird.

Güterzüge können, soweit sie für den regelmäßigen Beförderungsdienst der Bahn bestimmt sind, zur Postbeförderung benutzt werden. G. Art. 2.

II. Zu Artikel 2.

1. Die Bezeichnung eines Zuges als Eil-, Schnell- oder Kurierzug reicht an sich nicht aus, um die Postpäckereien von der Beförderung mit demselben völlig auszuschließen.

Vgl. G. Art. 2 Anm. c.

2. Die Zahl der Postbeamten, welche zur Begleitung der Postsendungen sowie zur Verrichtung des Dienstes unterwegs bei jedem Zuge regelmäßig mitgehen sollen, wird von der Postverwaltung bestimmt und der Eisenbahnverwaltung mitgetheilt. Muß diese Zahl in einzelnen Fällen überschritten

werden, so sind die außergewöhnlich mitreisenden Postbeamten seitens der Postverwaltung mit besonderen, auf die einzelnen Fahrten lautenden Legitimationskarten zu versehen.

Zu den außergewöhnlich mitreisenden Postbeamten sind auch solche Postbeamte zu zählen, welche behufs Erlernung des Bahnpostdienstes als Begleiter mitzufahren haben.

3. Außer dem unter Nr. 2 gedachten Postbegleitungspersonal dürfen nur der jedesmalige Vorsteher desjenigen Postamts, welchem der Betrieb auf der Route zugewiesen ist, ferner die Post-Aufsichtsbeamten und solche Personen zur Mitbeförderung in den Postwagen oder Wagenabtheilungen zugelassen werden, welche aus postdienstlichen Gründen vom Postamts-Vorsteher des Kurses oder von dessen vorgesetzter Behörde hierzu mit Erlaubnißscheinen versehen sind. Personen, welche außer dem Postbegleitungspersonal (Nr. 2) in den Postwagen oder Postwagenabtheilungen mitreisen, müssen das Personengeld für die zweite Wagenklasse des betreffenden Zuges, und sofern dieser nur Wagen erster Klasse führt, das Fahrgeld erster Klasse entrichten. Die Eisenbahnverwaltung ist befugt, darüber zu wachen, daß eine mißbräuchliche Personenbeförderung in den Postwagen und Wagenabtheilungen nicht stattfinde.

4. Die Fracht für die Beförderung zahlungspflichtiger Postsendungen wird, wie folgt, berechnet:

Für einen Zeitraum von vierzehn Tagen wird

ermittelt, wie viele Poststücke (mit Ausnahme der Briefpostsendungen, Zeitungen und Gelder) im Einzelgewicht von mehr als 10 kg mit jedem Zuge von jeder Station bis zur nächstfolgenden befördert worden sind, und wieviel das Gewicht dieser zahlungspflichtigen Poststücke von Station zu Station betragen hat. Diese Ermittelung wird durch die Postverwaltung bewirkt, und zwar abwechselnd für die ersten und für die letzten vierzehn Tage des Monats Mai jeden Jahres. Der Eisenbahnverwaltung steht die Mitwirkung bei der Ermittelung frei.

Die ermittelte Gesammt-Gewichtssumme der zahlungspflichtigen Postsendungen, welche zwischen je zwei Stationen befördert worden sind, wird mit der Kilometerzahl der Stationsentfernung vervielfältigt, und die gefundenen Summen werden zur Gewinnung einer Gewichtszahl in Kilogrammen für das Kilometer der Bahnlänge zusammengerechnet.

Die so gewonnene Gewichtssumme wird auf Achskilometer zurückgeführt, indem je 1000 Kilogramm-Kilometer auf das Achskilometer gerechnet, überschießende Gewichtsbeträge bis zu 500 Kilogramm-Kilometern außer Ansatz gelassen, größere Beträge aber je als eine volle Achse angesetzt werden.

Die Frachtvergütung wird nach dem Satze von 0,20 *M.* für das Achskilometer berechnet. Durch Vervielfältigung der hiernach gefundenen Vergütungssumme mit der Zahl 26 ergiebt sich die von der

Post- an die Eisenbahnverwaltung in monatlichen Theilbeträgen zu zahlende Frachtvergütung für das laufende Rechnungsjahr.

Für die Stationslänge kommt die wirklich ausgemessene Entfernung (nicht die zu Tarifzwecken abgerundete Kilometerzahl) mit der Maßgabe zur Anwendung, daß Entfernungen unter 0,50 Kilometer nicht in Rechnung gesetzt, Entfernungen von 0,50 bis 0,99 Kilometer dagegen für ein volles Kilometer gerechnet werden.

Anderweite Festsetzungen der Frachtvergütungen können im Laufe eines Rechnungsjahres nur dann verlangt werden, wenn in der Benutzung der Bahn zu Zwecken des Postdienstes erhebliche Veränderungen eingetreten sind.

Bei Eröffnung neuer Strecken schon bestehender Bahnen kann die Ermittelung im beiderseitigen Einverständnisse in der Art bewirkt werden, daß nur für die neueröffnete Strecke die Zahl der Kilogramm-Kilometer berechnet, diese Zahl der Zahl der Kilogramm-Kilometer für die übrigen Bahnstrecken hinzugerechnet und solchergestalt die Zahl der zu vergütenden Achskilometer neu berechnet wird.

Bei neu angelegten Bahnen wird sich die Postverwaltung mit der Eisenbahnverwaltung über den Zeitpunkt der Ermittelung für das Rechnungsjahr, in welchem die Betriebseröffnung erfolgt, in jedem einzelnen Falle verständigen.

III. Zu Artikel 3.

1. Der Einstellung vereinigter Post- und Eisenbahnwagen muß eine Verständigung zwischen der Post- und Eisenbahnverwaltung über die Größe und die Einrichtung der für die Post zu bestimmenden Räume, sowie über die Zahl und Gattung von Eisenbahnwagen, in welchen diese Räume herzustellen sind, vorhergehen.

2. Sofern die innere Ausstattung der für Postzwecke bestimmten Abtheilung und deren demnächstige Wiederentfernung in einer Werkstatt der betreffenden Eisenbahnverwaltung erfolgt, können

a) die verwendeten Materialien mit dem Selbstkostenpreise und

b) die Arbeitslöhne mit dem wirklich aufgewendeten Betrage

in Rechnung gestellt werden. Außer Ansatz bleiben Brennmaterialien, Nägel, kleine Schrauben und sonstige geringfügige Artikel, sowie Ausgaben für die in den Werkstätten zu allgemeinen Verrichtungen verwendeten Bediensteten und Arbeiter. Für die hiernach nicht liquidirten Leistungen soll

c) ein Aufschlag von 100 Prozent der berechneten Arbeitslöhne (unter b)

zum Ansatz kommen.

3. Für die Benutzung der fraglichen Räume zahlt die Postverwaltung eine Miethe, welche, so lange das seit dem 1. Mai 1875 gültige Regulativ für die

gegenseitige Wagenbenutzung im Bereiche der deutschen Eisenbahnen Anwendung behält, bei Verwendung von Güter- oder Gepäckwagen an Laufmiethe 0,01 ℳ. für den Kilometer und an Zeitmiethe 1 ℳ. für den Tag, bei Verwendung von Personenwagen aber an Laufmiethe 0,02 ℳ. für den Kilometer und an Zeitmiethe 2 ℳ. für den Tag mit der Maßgabe beträgt, daß die hiernach für den ganzen Wagen zu berechnende Vergütung auf die Postabtheilung nach dem Verhältniß der Länge derselben zur Wagenlänge berechnet wird. Die Zeitmiethe wird für so viele Wagen, einschließlich der erforderlichen Reservewagen entrichtet, als nach der zwischen der Post- und Eisenbahnverwaltung gemäß Nr. 1 getroffenen Verabredung für den regelmäßigen Postverkehr auf den Strecken der Eisenbahnverwaltung wirklich eingerichtet sind.

In dieser Miethe sind die Kosten für die Unterhaltung, für das jedesmalige Ein- und Ausrangiren der betreffenden Wagen in die Züge und aus den Zügen, für die äußere Reinigung und für das Schmieren mitbegriffen. Für die innere Reinigung, sowie für die etwaige Heizung und innere Erleuchtung hat die Postverwaltung für eigene Rechnung zu sorgen.

Soweit die Wagen auf den Bahnen verschiedener Eisenbahnverwaltungen durchbenutzt werden, tritt die Postverwaltung über die zu zahlende Miethe nur mit Einer Eisenbahnverwaltung in Abrechnung.

Die nämlichen Sätze an Wagenmiethen werden für Eisenbahnwagen-Abtheilungen (Personen-Abtheilungen 3. Klasse 2c.) gewährt, welche, ohne für den Postdienst besonders eingerichtet zu sein, auf bestimmten Strecken und in bestimmten Zügen regelmäßig zur Beförderung von Postsendungen benutzt werden; in solchen Fällen sind außerdem die für Heizung, Erleuchtung und innere Reinigung der von der Post benutzten Wagenabtheilungen etwa entstehenden Kosten an die Bahnverwaltung zu erstatten.

IV. Zu Artikel 5.

1. Die außergewöhnlichen Transportmittel sind bei der Eisenbahnverwaltung schriftlich zu bestellen. Die Bestellung muß möglichst zeitig vor der bestimmten Abfahrtszeit der Züge geschehen.

2. Die für die Hergabe und Beförderung außerordentlicher Transportmittel von der Postverwaltung zu zahlenden Vergütungen betragen für den Achskilometer:

a) für Postwagen . . . . 0,08 ℳ.

b) für Güterwagen oder Abtheilungen von Personenwagen . . . . 0,10 „

In den vorstehenden Sätzen sind die Vergütungen für das Ein- und Ausrangiren der betreffenden Wagen in die Züge und aus denselben, ferner die Vergütungen für Reinigung und Schmieren der Wagen, sowie für die Zurückschaffung der der Eisenbahnverwaltung gehörigen außerordentlichen Transportmittel mitbegriffen.

Für die etwaige Heizung und innere Erleuchtung der gestellten Wagenräume sorgt die Postverwaltung für eigene Rechnung.

3. Die Postverwaltung darf verlangen, daß ihr die Benutzung der für sie auf einer Eisenbahn gestellten außerordentlichen Transportmittel, namentlich der Eisenbahn-Güter- und der Postwagen, auch über den Bereich dieser Bahn hinaus, und zwar insoweit gestattet werde, als im Eisenbahndienste selbst eine Durchbenutzung der Wagen auf anschließenden Bahnen stattfinden kann, und als außerdem eine Umladung der Postgüter an den Uebergangspunkten nicht ohne Beeinträchtigung des regelmäßigen Ganges der Postgüter zu bewirken sein würde.

Die Zahlung der Hergabe- und Beförderungsvergütungen findet der Regel nach an jede Eisenbahnverwaltung, auf deren Bahn außerordentliche Transportmittel benutzt worden sind, zum vollen Betrage und ohne Rücksicht darauf statt, ob die benutzten Wagen erst auf der betreffenden Bahn eingestellt, oder schon von weiterher durchgenommen worden sind. Jede Eisenbahnverwaltung, deren Wagen über den Bereich ihrer Bahn hinaus benutzt werden, hat sich daher wegen der ihr für die Weiterbeförderung zustehenden Miethe mit denjenigen Verwaltungen unmittelbar zu berechnen, auf deren Bahnen die Wagen weitergegangen sind.

4. Die Ueberweisung von Postsendungen an die

Eisenbahnverwaltung soll sich vorzugsweise auf Poststücke von größerem Umfange und Gewicht beschränken. Die Ueberweisung geschieht mittelst doppelt ausgefertigter Versendungsscheine, von denen die Eisenbahnverwaltung ein Exemplar mit der Quittung über den Empfang der einzeln verzeichneten Stücke zurückgiebt, während sie das andere Exemplar zurückbehält.

Für jede Ablieferungsstation müssen besondere Versendungsscheine vorhanden sein. Die Ueberweisung muß so frühzeitig erfolgen, daß die Verladung in die Eisenbahnwagen vor Abgang des Zuges mit Ordnung bewirkt werden kann. Ist zur Verladung genügende Zeit vorhanden, worüber der Eisenbahn-Stationsvorsteher in Differenzfällen entscheidet, so darf seitens der Eisenbahn die Mitbeförderung mit dem betreffenden Zuge nicht versagt werden. Bei der Ablieferungsstation ist es Sache der Post, die Gegenstände von der Eisenbahnverwaltung wieder abzufordern. Dabei wird von der Post in dem, in den Händen der Eisenbahnbeamten befindlichen Exemplare des Versendungsscheins Gegenquittung geleistet. Auf Grund des Versendungsscheins zahlt die Postverwaltung die tarifmäßige Eilfrachtgebühr nach dem von der Eisenbahnverwaltung ermittelten Gesammtgewichte, wobei die Sendungen nach jeder Ablieferungsstation besonders tarifirt werden.

V. Zu Artikel 6.

1. Den Bau der Postwagen vermittelt bei den Staatsbahnen die betreffende Eisenbahndirektion, bei Privatbahnen die zunächst die Aufsicht führende Behörde.

2. Die zum Gebrauche auf einer Eisenbahn bestimmten Postwagen werden der Eisenbahnverwaltung überwiesen. Letztere hat die Verpflichtung, für den fortgesetzt betriebsfähigen Zustand der überwiesenen Postwagen und überhaupt dafür, daß dieselben in guter Beschaffenheit bleiben, in gleichem Maße und in gleicher Weise zu sorgen, wie ihr diese Sorge hinsichtlich der eigenen Wagen obliegt. Auch die Beschaffung der erforderlichen Reservestücke zu den Eisenbahn-Postwagen wird von der betreffenden Eisenbahnverwaltung für Rechnung der Postverwaltung besorgt. Uebersteigt jedoch der Kostenaufwand für neue Reservestücke im Einzelfalle den Betrag von 1500 Mark, so ist zuvor eine Verständigung mit der Postverwaltung erforderlich. Die Eisenbahnverwaltung sorgt ferner für das Einrangiren der Postwagen in die einzelnen Züge, sowie dafür, daß die Postverwaltung in jedem Zuge, bei welchem ein Postwagen mitgehen muß, solchen rechtzeitig vorfinde. Dagegen kann sie verlangen, daß ihr eine so große Anzahl von Postwagen überwiesen werde, als nach den für den Eisenbahnbetrieb bestehenden Grundsätzen zur Deckung des Bedarfs erforderlich ist.

3. Sind Postwagen zum durchlaufenden Gebrauch auf mehreren, unmittelbar aneinander schließenden Eisenbahnen zugleich bestimmt, so werden dieselben der Verwaltung einer dieser Bahnen überwiesen. Letztere übernimmt alsdann, was die Unterhaltung der Postwagen in Reparatur betrifft, die vorstehende Verpflichtung für die Ausdehnung des Kurses, und hat sich über die Art und Weise, in der die Verwaltungen der übrigen Bahnen hierbei mitzuwirken haben, mit diesen zu verständigen. Für das Einrangiren der Postwagen in die Züge, sowie für die Unterstellung der Reservewagen, und für die Auf- und Unterstellung der im regelmäßigen Gebrauch befindlichen Wagen an den Endstationen hat jede Verwaltung an ihrem Theile zu sorgen.

4. Die Eisenbahnverwaltung läßt die nothwendig werdenden Revisionen der ihr überwiesenen Eisenbahn-Postwagen und die an den Eisenbahn-Postwagen auszuführenden Reparaturen in ihren eigenen oder sonst dazu geeigneten Werkstätten besorgen und empfängt dafür von der Postverwaltung die Selbstkosten zurück, welche nach den Grundsätzen der Vollzugsbestimmungen zu Artikel 3 berechnet werden können.

Die betreffenden Liquidationen müssen mit Attesten über die Nothwendigkeit und zweckmäßige Ausführung der Revisionen und Reparaturen und über die Angemessenheit der Preise versehen sein. Das bei Reparatur der Eisenbahn-Postwagen etwa entbehrlich gewordene alte Material wird von der Eisenbahnverwaltung entweder nach dem Gebrauchswerthe vergütet, oder in der Weise in Rechnung gestellt, daß der Erlös aus dem Verkaufe von dem Betrage der Liquidation abgezogen wird. In beiden Fällen genügt zur Begründung des Betrages die einfache Bescheinigung der Eisenbahnverwaltung.

5. Die für die äußere Reinigung und das Schmieren der Postwagen nach Maßgabe der Selbstkosten zu bemessende Entschädigung wird in einer Gesammtvergütung entrichtet, welche für den laufenden Achskilometer 0,20 Pfennig beträgt.

Für die Reinigung im Innern der Wagen, sowie für deren innere Erleuchtung und Heizung sorgt die Postverwaltung auf ihre eigene Rechnung.

Für die Aufstellung der nicht im regelmäßigen Dienst befindlichen Postwagen auf den Bahnhöfen im Freien hat die Postverwaltung eine Vergütung von 0,11 ℳ. für den Tag und den Wagen, für die etwaige Unterstellung von Postwagen in gedeckten Räumen eine Vergütung von 0,55 ℳ. für den Tag und den Wagen zu entrichten.

Für jedes durch den Betrieb bedingte Ein- und Ausrangiren von Postwagen oder Umstellen von im Zuge verbleibenden Postwagen hat die Postverwaltung als den Selbstkosten entsprechend den Betrag von 1 ℳ. zu entrichten.

Verschiebungen der Postwagen mit dem Zuge, sowie das Umsetzen von Postwagen, welche sich in auf der Fahrt begriffenen Zügen befinden, werden als zu vergütende Rangirbewegungen nicht betrachtet.

6. Die im regelmäßigen Gebrauche befindlichen Postwagen können während des Stilllagers an den Endstationen im Freien stehen bleiben, sofern nicht Gelegenheit zur Unterstellung vorhanden ist, oder die vorhandene Gelegenheit für Eisenbahnwagen nicht benutzt wird. Reserve-Postwagen müssen für die Zeit des Nichtgebrauchs, soweit thunlich, in Remisen trocken untergestellt werden.

7. Für die Beförderung von zu Postdienstzwecken nicht benutzten zurückgehenden Postwagen wird eine Frachtgebühr nicht gezahlt, wenn die Eisenbahnverwaltung dieselben, was ihr freisteht, für ihre Zwecke benutzt.

8. Die im Gesetz Artikel 6 Absatz 5 bestimmte Vergütung tritt auch in allen denjenigen Fällen ein, wo ausnahmsweise an Stelle der regelmäßig mitgehenden Postwagen Eisenbahnwagen hergegeben werden.

VI. Zu Artikel 7.

1. Bei Aufstellung der Bauprojekte zu den im Artikel 7 bezeichneten Neu-Anlagen oder Veränderungen ist der Postverwaltung rechtzeitig Gelegenheit zu geben, ihr Bedürfniß an Dienst- und Dienstwohnungsräumen anzumelden.

Die Genehmigung des Bauplans steht der Eisenbahn-Aufsichtsbehörde zu. In Ermangelung einer Verständigung zwischen Post- und Eisenbahnverwaltung darüber, ob die von der Post verlangten Diensträume oder besonderen baulichen Anlagen durch den Eisenbahnbetrieb bedingt sind, und ob die Eisenbahnverwaltung zur miethsweisen Beschaffung von Dienstwohnungsräumen anzuhalten ist, sowie endlich über die Lage und Einrichtung der Postdiensträume entscheidet der Bundesrath nach Maßgabe der Bestimmungen im Artikel 1 des Gesetzes.

Vgl. G. Art. 7 Anm. b.

2. Die von der Eisenbahnverwaltung beschafften Postdienst- bezw. Dienstwohnungsräume sind der Postverwaltung in einem zur beabsichtigten Verwendung geeigneten, gebrauchsfähigen Zustande zu übergeben.

3. Die bauliche Unterhaltung der der Post überwiesenen Räumlichkeiten geschieht von Seiten und für Rechnung der Eisenbahnverwaltung. Zur baulichen Unterhaltung ist hierbei jedoch die Ausführung solcher Reparaturen 2c. nicht zu rechnen, welche nach den in dem betreffenden Staate geltenden Bestimmungen über die Unterhaltung von Dienstwohnungen der Staatsbeamten, für Rechnung der Inhaber auszuführen sind. Zwar hat die Eisenbahnverwaltung auch bei Reparaturen dieser Art auf Verlangen der Postverwaltung die Vermittelung zu übernehmen; die Kosten sind aber der Postverwaltung in Rechnung zu stellen.

4. Für die Beschaffung und Unterhaltung der Postdienst- bezw. Dienstwohnungsräume zahlt die Postverwaltung an die Eisenbahnverwaltung eine jährliche Miethsvergütung von sieben Prozent des Baukapitals.

Als Baukapital gilt der Betrag der Herstellungskosten einschließlich des Preises für den Grund und Boden.

Bei Gebäuden, welche ausschließlich von der Postverwaltung benutzt werden, wird das Baukapital ungetheilt zur Berechnung gezogen.

Bei solchen Gebäuden dagegen, in denen die Postverwaltung nur einen Theil der vorhandenen Räumlichkeiten benutzt, wird derjenige Theil des Baukapitals des ganzen Gebäudes in Ansatz gebracht, welcher auf die von der Postverwaltung benutzten Räumlichkeiten nach dem Verhältniß des Raumes derselben zu dem Raume des ganzen Gebäudes entfällt und ist dabei der Bauwerth der gemeinschaftlich benutzten Flure, Treppen und Bodenräume auf die Eisenbahn- und auf die Postverwaltung nach dem Verhältniß des von jeder Verwaltung benutzten Raumes zu vertheilen. Unter dem Ausdrucke „Raum des ganzen Gebäudes" ist die Summe des quadratischen Inhalts der lichten Räume sämmtlicher Etagen, unter Hinzurechnung des Bodenraumes zu verstehen. Von dieser Gesammtsumme ist vorweg die Summe der auf die gemeinschaftlich benutzten Flur-, Treppen- und Bodenräume fallenden

Quadratmeter in Abzug zu bringen, so daß es also in Bezug auf jene gemeinschaftlich benutzten Räume einer besonderen Repartition nicht bedarf.

5. Die Reinigung, Erleuchtung und Heizung der zu dienstlichen Zwecken benutzten Räume liegt derjenigen Verwaltung ob, welche die Räume benutzt. Die Reinigung, Erleuchtung und Heizung der gemeinschaftlich zu dienstlichen Zwecken benutzten Räume besorgt die Eisenbahnverwaltung gegen Erstattung der Hälfte eines zu berechnenden Kosten-Pauschquantums.

Für die Reinigung und Erleuchtung der für Dienstzwecke gemeinschaftlich benutzten Flure und Treppen werden nur die im Interesse des Postdienstes etwa entstehenden besonderen Aufwendungen von der Postverwaltung erstattet.

Die Reinigung und Erleuchtung der Flure und Treppen der Dienstwohnungsräume der Postbeamten liegt der Eisenbahnverwaltung nicht ob.

6. Die für die Eisenbahnreisenden bestimmten Wartesäle können auch von den Postreisenden benutzt werden, und zwar unter denjenigen Bedingungen bezüglich des Aufenthalts in denselben, welche für die Benutzung der Wartesäle durch die Eisenbahnreisenden allgemein vorgeschrieben sind. Soweit den Eisenbahnen durch die Aufnahme der Postreisenden in den Wartesälen der Eisenbahn nachweisliche Mehrkosten entstehen, sind dieselben von der Postverwaltung zu erstatten.

Betriebsordnung f. d. Haupteisenbahnen §§ 53 ff. und Eisenbahn-Verkehrsordnung v. 26. Oktbr. 1899 § 15.

7. Die Stellen, wo Postschilder und Briefkasten anzubringen sind, werden von der Postverwaltung nach vorheriger Verständigung mit der Eisenbahnverwaltung bestimmt.

8. Ueber die Baupläne für die besonderen Postgebäude auf den Bahnhöfen, sowie darüber, ob die Ausführung des Baues für Rechnung der Postkasse von der Eisenbahnverwaltung zu übernehmen ist, werden sich die Postverwaltung und die Eisenbahnverwaltung in jedem Einzelfall verständigen.

9. Wenn die Eisenbahnverwaltung Veränderungen der Bahnhofsanlage vornehmen will, durch welche die zweckentsprechende Benutzung der Postlokalitäten unthunlich gemacht wird, so ist die Postverwaltung berechtigt, die letzteren zurückzugeben und nach Maßgabe der Festsetzungen im Artikel 7 die Zuweisung anderer zweckentsprechender Räumlichkeiten in Anspruch zu nehmen. Meinungsverschiedenheiten darüber, ob ein solcher Fall vorliegt, werden auf dem im Artikel 1 des Gesetzes vorgeschriebenen Wege erledigt.

VII. Zu Artikel 8.

Ersatzansprüche, welche wegen einer bei dem Betriebe einer Eisenbahn erfolgten Tödtung oder Verletzung eines im Dienst befindlichen Postbeamten erhoben werden, wird die betreffende Eisenbahnverwaltung alsbald zur Kenntniß der Postverwaltung bringen.

Werden solche Ersatzansprüche im Wege des Prozesses verfolgt, so wird die Eisenbahnverwaltung nach Zustellung der Klage eine Abschrift derselben der Postverwaltung mittheilen.

Die Mittheilung erfolgt in beiden Fällen an diejenige Kaiserliche Ober-Postdirektion, in deren Bezirk der Unfall sich ereignet hat.

VIII. Zu Artikel 10.

Allgemeine Bestimmungen.

1. Die Beamten der beiderseitigen Verwaltungen sind verpflichtet, bei Wahrnehmung ihres Dienstes dergestalt Hand in Hand zu gehen, daß das Interesse beider Verwaltungen nach Möglichkeit gefördert, Nachtheil für die eine oder die andere Verwaltung aber vermieden wird. Soweit solches mit den Interessen der eigenen Verwaltung verträglich erscheint, müssen die Beamten in allen Vorkommnissen des Dienstes den Wünschen der Beamten der anderen Verwaltung sich willfährig beweisen.

2. Den Anordnungen, welche zur Aufrechthaltung der Ordnung auf den Bahnhöfen, der Regelmäßigkeit und Sicherheit im Gange der Eisenbahnzüge, sowie auf Grund bahnpolizeilicher Vorschriften von der Eisenbahnverwaltung oder von den mit der Ausübung der Bahnpolizei betrauten Eisenbahn-

beamten getroffen werden, sind auch die Postbeamten nachzukommen verbunden.

Betriebsordnung f. d. Haupteisenbahnen §§ 53 ff.

Bei Erlaß der bezüglichen Anordnungen ist eine Beschränkung und Erschwerung des Postverkehrs thunlichst zu vermeiden. Insbesondere ist zu jeder Zeit, wo solches im Postinteresse nothwendig erscheint, der Zugang zu den auf den Bahnhöfen befindlichen Postbüreaus offen zu erhalten; auch muß zur Zeit der Ankunft, der Abfahrt und des Durchganges der Züge den dienstthuenden Postbeamten der Zutritt zu den Perrons gestattet werden, imgleichen auch dem die Briefkasten an den Postwagen benutzenden Publikum, insofern nicht die Eisenbahnverwaltung aus besonderen Gründen das Betreten des Perrons zu beschränken genöthigt ist und diese Gründe von der Eisenbahn-Aufsichtsbehörde gebilligt werden. Den anschließenden Posten ist das Aufstellen an den Bahnhöfen an geeigneten Stellen, soweit solche vorhanden sind, zu gestatten.

Die Plätze, wo das Ein- und Ausladen der Postgüter in die und aus den Eisenbahn-Postwagen zu geschehen hat, sind mit Rücksicht auf die Stelle, die der Postwagen im Zuge einnimmt, möglichst ein- für allemal zu bestimmen. Die Plätze sind, wo dies thunlich erscheint, so zu wählen, daß sie dem Andrange des Publikums nicht ausgesetzt sind. Müssen dieselben im ausschließlichen Interesse des

Postdienstes Nachts erleuchtet werden, so trägt die Postverwaltnng die Kosten.

3. Die Postbeamten sind verbunden, alle Vorsicht anzuwenden, um Unglücksfälle unterwegs zu vermeiden. Es bezieht sich dieses nicht allein auf das Umgehen mit Feuer und Licht, auf das Schließen und Oeffnen der Wagenthüren ꝛc., sondern ganz besonders auch auf die Art des Verladens der Postgüter. Die einzelnen Achsen der Postwagen müssen möglichst gleichmäßig belastet, jede Ueberlastung aber muß sorgfältig vermieden werden. Nimmt der Eisenbahn-Stationsvorsteher eine Ueberlastung des ganzen Wagens oder eines Theiles desselben wahr, so ist er berechtigt und verpflichtet, sofortige Beseitigung dieses Uebelstandes zu verlangen.

Sobald die Postbeamten, von welchen Eisenbahn-Posttransporte begleitet werden, unterwegs eine Schadhaftigkeit an den Postwagen wahrnehmen, haben sie davon in geeigneter Art den Eisenbahnbeamten Nachricht zu geben.

4. Werden an Eisenbahnhaltestellen, wo besondere Postanstalten sich nicht befinden, von der Postverwaltung Briefkasten aufgestellt, so wird die Eisenbahnverwaltung, soweit dies ohne Beeinträchtigung der Sicherheit des Betriebes zulässig ist, nach Verständigung mit der Postverwaltung den Eisenbahnbeamten, welchem die Wahrnehmung des Dienstes an der Haltestelle obliegt, verpflichten, sich der Beaufsichtigung des Briefkastens zu unterziehen, den-

selben kurz vor Durchgang jedes Zuges zu eröffnen und die darin befindlichen Briefe den Postbeamten, welche die Züge begleiten, während des Anhaltens derselben zu übergeben.

Unter den gleichen Voraussetzungen wird die Eisenbahnverwaltung den Eisenbahnbeamten einer solchen Haltestelle auch beauftragen, die Auswechselung verschlossener Brieftaschen oder Briefpackete zwischen Postanstalten und solchen Personen, welche in der Nähe der Haltestelle wohnen, zu vermitteln.

5. Die Eisenbahn-Stationsvorsteher sind verpflichtet, den Vorstehern der Orts-Postanstalten von allen Störungen im Eisenbahnbetriebe, welche auf den Postdienst von Einfluß sein können, sowie von der erfolgten Beseitigung solcher Störungen, unverzüglich Mittheilung zu machen.

6. Bei Betriebsstörungen, welche die Weiterbeförderung des Postwagens nicht gestatten, sind die Briefpost und die Zeitungen, soweit der Fortschaffung derselben nicht unüberwindliche Hindernisse entgegenstehen, mit dem nächsten abgehenden Zuge weiter zu befördern. Bei gänzlicher Hemmung der Passage auf der Eisenbahn ist es Sache der Postverwaltung, für die Beförderung der Postsendungen durch Postbetriebsmittel zu sorgen.

7. Jede Eisenbahnverwaltung tritt in Bezug auf ihre gesammten Forderungen an die Postverwaltung in der Regel mit nur einer Ober-Postdirektion, und

zwar mit derjenigen in Abrechnung, in deren Bezirk der Ort belegen ist, an welchem die Eisenbahnverwaltung ihren Sitz hat. Die Abrechnungen sind vierteljährlich von der Eisenbahnverwaltung aufzustellen. Die Zahlung der Beträge erfolgt, sobald die Abrechnung von der Ober-Postdirektion geprüft und festgestellt worden ist, kostenfrei aus der Ober-Postkasse.

8. Die Bestimmungen unter II. Ziffer 4 sind nach Ablauf von zwei Jahren und demnächst mit den Bestimmungen unter III. Ziffer 2 und 3, unter IV. Ziffer 2 und unter V. Ziffer 5 nach Ablauf von fünf Jahren nach Maßgabe der inzwischen gemachten Erfahrungen einer Revision zu unterziehen.

Durch die stattgefundenen Revisionen ist vorstehende Bestimmung erledigt.

Berlin, den 9. Februar 1876.

Der Reichskanzler.
v. Bismarck.

V.

Gesetz
über das Posttaxwesen im Gebiete des Deutschen Reichs.

Vom 28. Oktober 1871.

R.G.Bl. S. 358—362.

Ausgegeben zu Berlin den 1. November 1871.

Gesetzeskraft im Reichspostgebiet mit d. 1. Jan. 1872 (§ 14).

a. Das Posttax=G. ist theilweise abgeändert durch die Gesetze v. 17. Mai 1873 (Nr. VI), 3. November 1874 (Nr. VII), 20. Dezember 1899 (Nr. VIII) und 11. März 1901 (Nr. IX).

b. Neben diesem G. sind die auf Grund des Post=G. § 50 erlassenen Tarifbestimmungen der Postordnung zu beachten.

Wir Wilhelm, von Gottes Gnaden Deutscher Kaiser, König von Preußen ꝛc. verordnen im Namen des Deutschen Reichs, nach erfolgter Zustimmung des Bundesrathes und des Reichstages, was folgt:

§ 1. Porto für Briefe.

§ 1. ist durch G. vom 20. Dezember 1899 (Nr. VIII) Art. 1 I aufgehoben.

§ 2. Packetporto.

Das Packetporto wird nach der Entfernung und nach dem Gewicht der Sendung erhoben.

Die Entfernungen werden nach geographischen Meilen, zu 15 auf einen Aequatorgrad, bestimmt. Das Postgebiet wird in quadratische Taxfelder von höchstens 2 Meilen Seitenlänge eingetheilt. Der direkte Abstand des Diagonalkreuzpunktes des einen Quadrats von dem des anderen Quadrats bildet die Entfernungsstufe, welche für die Taxirung der Sendungen von den Postanstalten des einen nach denen des anderen Quadrats maßgebend ist. Die bei den Entfernungsstufen sich ergebenden Bruchmeilen bleiben unberücksichtigt.

. . . .

Für die etwaige Begleitadresse kommt besonderes Porto nicht in Ansatz.

Wenn mehrere Packete zu derselben Begleitadresse gehören, wird für jedes einzelne Packet die Taxe selbstständig berechnet.

a. Die hier weggelassenen Absätze 3—5 dieses Paragraphen sind durch § 1 des G. v. 17. Mai 1873 (Nr. VI) aufgehoben.

b. Die geographische Meile ist als Entfernungsmaß für das Packetporto beibehalten, weil die Umrechnung der Taxquadrate in Metermeilen unverhältnißmäßige Arbeit verursacht haben würde. St.B. 556.

c. Mehr als drei Packete dürfen nicht zu einer Begleitadresse gehören. P.O. § 12.

§ 3. Porto und Versicherungsgebühr für Sendungen mit Werthangabe.

. . . .

Wenn mehrere Packete mit Werthangabe zu einer

Begleitadresse gehören, wird für jedes Packet die Versicherungsgebühr selbstständig berechnet.

Die hier weggelassenen Absätze 1—3 sind durch G. v. 17. Mai 1873 (Nr. VI) § 2 aufgehoben.

§ 4. Abrundung und Umrechnung.

Die bei der Berechnung des Portos sich ergebenden Bruchtheile eines Silbergroschens werden auf 1/4, 1/2, 3/4 oder ganze Silbergroschen abgerundet.

In den Gebieten mit anderer als derjenigen Währung, welche den vorstehenden Tarifsätzen zum Grunde liegt, sind die aus obigem Tarif sich ergebenden Portobeträge in die landesübliche Münzwährung möglichst genau umzurechnen. Stellen sich hierbei Bruchtheile heraus, so erfolgt die Erhebung mit dem nächst höheren darstellbaren Betrage. Dem Portosatze von 1 Sgr. wird bei einfachen frankirten Briefen in den Gebieten mit Guldenwährung der Betrag von 3 Kreuzern gegenübergestellt.

§ 4 hat durch die am 1. Januar 1875 im gesammten Reichspostgebiete erfolgte Einführung der Reichsmarkrechnung und die am 1. Januar 1876 im gesammten Reichsgebiete erfolgte Einführung der Reichswährung verschiedene Abänderungen erfahren:

1. Der Schlußsatz des Abs. 2 ist förmlich aufgehoben durch G. v. 3. Novbr. 1874 (Nr. VII).
2. Der erste Satz des Abs. 2 ist durch die Einführung der Reichswährung im gesammten Reichsgebiete, V. v. 22. Septbr. 1875 (R.G.Bl. 303), thatsächlich weggefallen.
3. Die vom 1. Januar 1874 eingeführten Packet- und Werth-Portosätze (Nr. VI) schließen sämmtlich mit

Beträgen ab, welche in Pfennigen durch Fünf theilbar sind. Die Abrundung der durch die Postordnung festgesetzten Gebühren ist an den betr. Stellen besonders geregelt.

§ 5. Kuvertiren an die Postanstalten.

Werden Briefe oder andere Gegenstände vom Absender an eine Postanstalt zum Vertheilen kuvertirt, so kommt für jede im Kuvert enthaltene Sendung das tarifmäßige Porto in Ansatz.

§ 6. Termin der Zahlung.

Die Postanstalten dürfen Briefe, Scheine, Sachen ꝛc. an die Adressaten erst dann aushändigen, wenn die Zahlung der Postgefälle erfolgt ist; es sei denn, daß eine terminweise Abrechnung darüber zwischen der Postanstalt und dem Adressaten verabredet wäre.

Für Stundung des Portos wird eine monatliche Gebühr von 5 Pf. für jede Mark, mindestens aber 50 Pf. erhoben. P.O. § 50 VII.

§ 7. Nachforderung von Porto.

Nachforderung an zu wenig bezahltem Porto ist der Korrespondent nur dann zu berichtigen verbunden, wenn solche innerhalb eines Jahres nach der Aufgabe der Sendung angemeldet wird.

Vgl. P.O. § 50 III, IV, VI, Post-G. § 25.

§ 8. Abschaffung von Nebengebühren.

Für die Abtragung der mit den Posten von weiterher gekommenen Briefe ohne Werthangabe, Korrespondenzkarten, gegen ermäßigtes Porto beförderten Drucksachen, Waarenproben oder Waarenmuster, rekommandirten Sendungen, Begleitadressen zu Packeten, Postanweisungen und Formulare zu Ablieferungsscheinen wird eine Bestellgebühr nicht erhoben.

Gebühren für Postscheine über die Einlieferung von Sendungen zur Post und Gefachgebühren für abzuholende Briefe oder sonstige Gegenstände, desgleichen Packkammergeld, kommen nicht zur Erhebung.

a. Die Gebühren für Bestellung von Postsendungen aus dem Orte der Postanstalt nach dem Landbestellbezirke, sowie die Gebühren für Bestellung anderer als der oben bezeichneten Sendungen sind durch P.O. § 36 III—X u. § 37 festgesetzt. — Die Abschaffung des Landbriefbestellgeldes bezieht sich nur auf die von weiterher gekommenen Postsendungen der im § 8 bezeichneten Art.

b. Wegen der Nebengebühr für Einsammlung von Postsendungen durch die Landbriefträger vgl. P.O. § 29 VI.

c. Abs. 2 ist abgeändert durch G. v. 11. März 1901 (Nr. IX).

§ 9. Verkauf von Postwerthzeichen durch die Postanstalten.

Die Postanstalten haben, nach näherer Anordnung der Reichs-Postverwaltung, Freimarken zur Frankirung der Postsendungen bereitzuhalten und zu demselben Betrage abzulassen, welcher durch den Frankostempel bezeichnet ist. Die Postanstalten sollen ermächtigt sein, auch mit dem Absatz von Frankokuverts und von gestempelten Streifbändern, Postanweisungen und Korrespondenzkarten sich zu befassen, für welche, außer dem durch den Frankostempel bezeichneten Werthbetrage, eine den Herstellungskosten entsprechende Entschädigung eingehoben werden kann.

a. Ueber den Verkauf von Postwerthzeichen durch die Postanstalten vgl. P.O. § 49.

b. Ein Absatz von gestempelten Briefumschlägen und gestempelten Streifbändern durch die Postanstalten findet nicht mehr statt. Dagegen werden gestempelte Kartenbriefe verkauft.

c. Der Antrag, Postwerthzeichen auch durch Privatpersonen gegen Rabatt bis zu 2 Prozent verkaufen zu lassen, wurde vom Reichstag abgelehnt. St.B. 697 ff.

§ 10. Provision für Zeitungen.

§ 10 ist aufgehoben durch P.G.N. (Nr. VIII) Art. 1 III.

§ 11. Tarife für den Verkehr mit anderen Postgebieten.

Die Tarife für den Verkehr mit anderen Postgebieten richten sich nach den betreffenden Postverträgen.

a. Durch den Weltpostvertrag (Nr. XII) ist das Porto für Briefe, Postkarten, Drucksachen, Geschäftspapiere und Waarenproben einheitlich geregelt. Im Anschluß an den Weltpostvertrag sind durch besondere Uebereinkommen auch für den internationalen Austausch von Briefen und Kästchen mit Werthangabe, Postanweisungen, Postpacketen, Postaufträgen und Zeitungen zwischen den betheiligten Staaten einheitliche Bestimmungen angebahnt worden (vgl. Vorbem. a zu Nr. XII).

b. Sämmtliche auf den Postverkehr mit dem Auslande bezügliche Tarifsätze und sonstigen Bestimmungen sind in den amtlichen Ausgaben des Briefposttarifs und des Packetposttarifs (Berlin, Reichsdruckerei) zusammengestellt, ebenso in abgekürzter Form in dem Postblatt, das vierteljährlich als Beilage zum Deutschen Reichsanzeiger erscheint u. durch

Vermittelung der Reichs-Postanstalten gegen Vorausbezahlung von 40 Pf. jährlich, sowie zum Preise von 10 Pf. für die Nr. bezogen werden kann.

§ 12. Aufhebung bisheriger Bestimmungen.

Alle bisherigen allgemeinen und besonderen Bestimmungen über Gegenstände, worüber das gegenwärtige Gesetz verfügt, werden hierdurch aufgehoben.

§ 13. Innerer Postverkehr in Bayern und Württemberg.

Die Bestimmungen dieses Gesetzes finden nicht Anwendung auf den inneren Postverkehr in Bayern und Württemberg.

Vgl. R.V. Art. 52.

§ 14. Anfangstermin.

Das gegenwärtige Gesetz tritt mit dem 1. Januar 1872 in Kraft.

Urkundlich unter Unserer Höchsteigenhändigen Unterschrift und beigedrucktem Kaiserlichen Insiegel.

Gegeben Berlin, den 28. Oktober 1871.

(L. S.) **Wilhelm.**

Fürst v. Bismarck.

VI.

Gesetz, betreffend einige Abänderungen des Gesetzes über das Posttaxwesen im Gebiete des Deutschen Reichs vom 28. Oktober 1871.

Vom 17. Mai 1873.

(Posttax-Novelle.)

R.G.Bl. S. 107—108.

Ausgegeben zu Berlin den 23. Mai 1873.

Gesetzeskraft mit dem 1. Januar 1874 (§ 4).

Wie das Posttax-G., so findet auch die Posttax-Novelle auf den innern Postverkehr in Bayern und in Württemberg gemäß R.V. Art. 52 keine Anwendung. Dagegen gilt sie für den Wechselverkehr beider Königreiche unter einander und mit dem Reichspostgebiet.

Wir **Wilhelm**, von Gottes Gnaden Deutscher Kaiser, König von Preußen rc. verordnen im Namen des Deutschen Reichs, nach erfolgter Zustimmung des Bundesrathes und des Reichstages, was folgt:

§ 1. Packetporto.

Das Porto für Packete beträgt:

1. bis zum Gewichte von 5 Kilogrammen

a) auf Entfernungen bis 10 Meilen einschließlich . . . . $2^1/_2$ Sgr.,
b) auf alle weiteren Entfernungen . 5 "

Für unfrankirte Packete wird ein Portozuschlag von 1 Sgr. erhoben.

II. beim Gewichte über 5 Kilogramme

a) für die ersten 5 Kilogramme die Sätze wie vorstehend unter I.,
b) für jedes weitere Kilogramm oder den überschießenden Theil eines Kilogramms

	bis	10 Meilen	. . .	$^1/_2$	Sgr.
über 10	=	20 =	. . .	1	=
= 20	=	50 =	. . .	2	=
= 50	=	100 =	. . .	3	=
= 100	=	150 =	. . .	4	=
= 150 Meilen			. . . . . .	5	=

Der Postverwaltung bleibt überlassen, für sperriges Gut einen Zuschlag zu nehmen; derselbe darf jedoch 50 Prozent der obigen Taxe nicht übersteigen.

a. Wegen Berechnung der Entfernungen vgl. Posttax-G. § 2.

b. Der Portozuschlag zu I wird nur bei unfrankirten Packeten bis zum Gewicht von 5 Kilogrammen erhoben, nicht aber für unzureichend frankirte Packete und für Packete von höherem Gewichte.

c. Der Zuschlag für Sperrgut beträgt die Hälfte des Portos. Als Sperrgut gelten Packete, welche a. in irgend einer Dimension $1^1/_2$ Meter überschreiten, b. in einer Dimension 1 Meter, in einer anderen $^1/_2$ Meter überschreiten und dabei weniger als 10 Kilogramm wiegen, c. bei der Verladung einen unverhältnißmäßigen Raum in Anspruch nehmen oder eine besonders sorgsame Behandlung erfordern, wie z. B. Körbe mit Pflanzen und Gesträuchen, Käfige, Hutschachteln in Holzgestellen, Möbel, Korbgeflechte, Kinderwagen u. dgl. Verf. des G.P.Amts v. 4. Novbr. 1873, A.Bl. 455 ff.

d. Wegen des Packetverkehrs mit dem Auslande vgl. Posttax-G. § 11 und die Anm.

§ 2. Porto und Versicherungsgebühr für Sendungen mit Werthangabe.

Für Sendungen mit Werthangabe wird erhoben:

a) Porto und zwar

1) für Briefe ohne Unterschied des Gewichts, auf Entfernungen bis 10 Meilen einschließlich . . . . 2 Sgr., auf alle weiteren Entfernungen . 4 „

Für unfrankirte Sendungen wird ein Portozuschlag von 1 Sgr. erhoben.

2) für Packete und die dazu gehörige Begleitadresse: der nach § 1 sich ergebende Betrag; und

b) Versicherungsgebühr ohne Unterschied der Entfernung und zu jeder Höhe der Werthangabe gleichmäßig ½ Sgr. für je 100 Thaler oder einen Theil von 100 Thalern, mindestens jedoch 1 Sgr.

Vgl. Posttax-G. § 3. Wegen Werthsendungen nach dem Auslande ebend. § 11 und die Anm.

§ 3.

Das in den §§. 1 und 2 vorgesehene Zuschlagporto wird bei portopflichtigen Dienstsendungen (§. 1

des Gesetzes über das Posttaxwesen vom 28. Oktober 1871) nicht erhoben.

Vgl. Post-G.N. (Nr. VIII) Art. 1 I.

§ 4.

Das gegenwärtige Gesetz tritt mit dem 1. Januar 1874 in Kraft.

Urkundlich unter Unserer Höchsteigenhändigen Unterschrift und beigedrucktem Kaiserlichen Insiegel.

Gegeben Berlin, den 17. Mai 1873.

(L. S.) **Wilhelm.**

Fürst v. Bismarck.

VII.

Gesetz, betreffend Abänderung des Gesetzes über das Post-Taxwesen.

Vom 3. November 1874.

R.G.Bl. S. 127.

Ausgegeben zu Berlin den 9. November 1874.

Gesetzeskraft mit dem 23. November 1874.

Wir **Wilhelm**, von Gottes Gnaden Deutscher Kaiser, König von Preußen rc. verordnen im Namen des Deutschen Reichs, nach erfolgter Zustimmung des Bundesraths und des Reichstags, was folgt:

Einziger Artikel.

Der im §. 1 des Gesetzes über das Post-Taxwesen im Gebiete des Deutschen Reichs vom 28. Oktober 1871 (Reichs-Gesetzbl. S. 358 ff.) festgesetzte Portosatz von 1 Silbergroschen, gleich 10 Pfennigen Reichsmünze, für den frankirten gewöhnlichen Brief bis zum Gewichte von 15 Grammen einschließlich tritt in den Gebieten der süddeutschen Währung an dem Tage in Wirksamkeit, an welchem in diesen Gebieten in Gemäßheit des §. 1 des Münzgesetzes vom 9. Juli 1873 (Reichs-Gesetzbl. S. 233) die Reichsmarkrechnung eingeführt wird.

a. Zum Text vergl. R.G.Bl. 1874 S. 134 Berichtigung.

b. Die Reichsmarkrechnung ist eingeführt: im gesammten Reichspostgebiete am 1. Januar 1875, in Württemberg am 1. Juli 1875. Zufolge V. v. 22. Septbr. 1875 (R.G.Bl. 303) ist mit dem 1. Januar 1876 die Reichswährung im gesammten Reichsgebiete eingeführt.

Urkundlich unter Unserer Höchsteigenhändigen Unterschrift und beigedrucktem Kaiserlichen Insiegel.

Gegeben Berlin, den 3. November 1874.

(L. S.) Wilhelm.

Fürst v. Bismarck.

VIII.

Gesetz, betreffend einige Aenderungen von Bestimmungen über das Postwesen.

Vom 20. Dezember 1899.

(Postgesetz-Novelle.)

R.G.Bl. S. 715—719.

Begr. zu dem Entwurf des G., Drucksachen des Deutschen Reichstags, 10. Legislatur-Periode, I Session 1898/1900 Nr. 116, Kommissionsbericht ebenda Nr. 314.

Wir **Wilhelm**, von Gottes Gnaden Deutscher Kaiser, König von Preußen ꝛc. verordnen im Namen des Reichs, nach erfolgter Zustimmung des Bundesraths und des Reichstags, was folgt:

Artikel 1.

Das Gesetz über das Posttaxwesen im Gebiete des Deutschen Reichs vom 28. Oktober 1871 (Reichs-Gesetzbl. S. 358) wird dahin geändert:

I. An die Stelle des §. 1 treten folgende Vorschriften:

Porto für Briefe.

Das Porto beträgt für den frankirten gewöhnlichen Brief

bis zum Gewichte von 20 Gramm
einschließlich . . . . 10 Pfennig,
bei größerem Gewichte . . . 20 „ .

Bei unfrankirten Briefen tritt ein Zuschlagporto von 10 Pfennig, ohne Unterschied des Gewichts des Briefes, hinzu. Dasselbe Zuschlagporto wird bei unzureichend frankirten Briefen neben dem Ergänzungsporto erhoben.

Portopflichtige Dienstbriefe werden mit Zuschlagporto nicht belegt, wenn ihre Eigenschaft als Dienstsache durch eine von der Reichs-Postverwaltung festzustellende Bezeichnung auf dem Umschlage vor der Postaufgabe erkennbar gemacht worden ist.

a. Art. 1 I in Kraft getreten am 1. April 1900.

b. Die Gebühr für Ortssendungen und für Sendungen im Nachbarortsverkehr, Art. 1 II, ist gemäß Post-G. § 50 Nr. 7 durch P.O. § 37 festgesetzt.

c. Im Weltpostverkehr beträgt das Meistgewicht für einfache Briefe 15 Gr. W.P.V. Art. 5. Während jedoch im inneren Verkehr und im Wechselverkehr zwischen Deutschland und Oesterreich-Ungarn das Porto für Briefe über 20 Gr. bis zum Meistgewicht von 250 Gr. (P.O. § 2) gleichmäßig 20 Pf. beträgt, wird im Weltpostverkehr das Porto von 20 Pf. für je 15 Gr. oder einen Theil von 15 Gr. erhoben.

d. Mit dem Zuschlagporto werden nicht belegt Briefe im inneren Verkehr Deutschlands, mit Ausschluß des inneren Verkehrs in Bayern bezw. Württemberg, welche von öffentlichen Behörden, Beamten und Geistlichen in Ausübung dienstlicher Funktionen abgesandt und vor der Postaufgabe

a. auf der Adresse mit dem Vermerk „portopflichtige Dienstsache“ versehen,
b. mit öffentlichem Siegel oder Stempel verschlossen werden.

Besitzt der Absender kein Dienstsiegel, so ist „die Ermangelung eines Dienstsiegels“ auf der Adresse mit Unterschrift des Namens und Beisetzung des Amtscharakters zu bescheinigen. Diese Vermerke sind oben links in der Ecke auf der Adreßseite anzubringen. Milde Stiftungen, Privatvereine und Gesellschaften sind zur Anwendung der Bezeichnung „Portopflichtige Dienstsache“ nicht berechtigt. Verf. des G.P.Amts vom 28. Novbr. 1871, A.Bl. 537.

c. Für die portopflichtige Korrespondenz zwischen Behörden verschiedener Bundesstaaten gelten im Reichspostgebiet zufolge Bekanntmachung des Reichskanzlers vom 29. Aug. 1870 (B.G.Bl. S. 514) und 17. April 1872 (R.G.Bl. S. 108) folgende Grundsätze: 1. Portopflichtige Sendungen sind stets von der absendenden Behörde zu frankiren. 2. Bei Korrespondenz zwischen Behörden in Parteisachen entrichtet die absendende Stelle das Porto auch in solchen Fällen, in welchen die Pflicht zur Portozahlung einer im Gebiet der empfangenden Stelle befindlichen Partei obliegt. 3. Die empfangende Stelle ist zwar befugt, den Portobetrag von der Partei einzuziehen, jedoch soll von einer Erstattung desselben an die absendende Behörde des andern Staates Abstand genommen werden.

II. Als § 1a wird folgende Vorschrift eingestellt:

Nachbarortsverkehr.

Der Reichskanzler ist ermächtigt, den Geltungsbereich der Ortstaxe (§. 50,7 des Gesetzes über das Postwesen des Deutschen Reichs vom 28. Oktober 1871) auf Nachbarorte auszudehnen.

a. Art. 1 II in Kraft getreten am 1. April 1900.
b. Vgl. P.O. § 37 II.

III. An die Stelle des §. 10 treten folgende Vorschriften:

Die Zeitungsgebühr beträgt:

a) 2 Pfennig für jeden Monat der Bezugszeit,

b) 15 Pfennig jährlich für das wöchentlich einmalige oder seltenere Erscheinen sowie 15 Pfennig jährlich mehr für jede weitere Ausgabe in der Woche,

c) 10 Pfennig jährlich für jedes Kilogramm des Jahresgewichts unter Gewährung eines Freigewichts von je 1 Kilogramm jährlich für soviel Ausgaben, wie der Gebühr zu b unterliegen.

Das Jahresgewicht wird für jedes Kalenderjahr nach dem thatsächlichen Gewichte der Zeitungsnummern des voraufgegangenen Rechnungsjahrs festgestellt. Bei neuen Zeitungen erfolgt bis zur Anwendbarkeit dieser Bestimmung die Gewichtsberechnung vierteljährlich nach dem Gewichte der erschienenen Nummern.

Der Verleger hat zum Zwecke der Gewichtsberechnung der ihm bezeichneten Postdienststelle ein vollständiges Pflichtexemplar von jeder Zeitungsnummer beim Erscheinen zu liefern.

Die Selbstverpackung ist auf Antrag des Verlegers zu gestatten.

a. Art. 1 III Abs. 1, 2, 4 in Kraft getreten am 1. Januar 1901, Abs. 3 am 1. Januar 1900.

b. Post-G. § 3.

c. Wegen Beförderung außergewöhnlicher Zeitungsbeilagen vgl. P.O. § 8 XIV ff.

d. Zeitungsbestellgeld: P.O. § 36 X. Ueberweisungsgebühr: P.O. § 44 IV.

Artikel 2.

Das Gesetz über das Postwesen des Deutschen Reichs vom 28. Oktober 1871 (Reichs-Gesetzbl. S. 347) wird dahin geändert:

I. Als §. 1a wird folgende Vorschrift eingestellt:

Die §§. 1, 27, 28, 30 bis 33 dieses Gesetzes finden auch Anwendung auf verschlossene und solchen gleichzuachtende Briefe, die innerhalb der Gemeindegrenzen ihres mit einer Postanstalt versehenen Ursprungsorts verbleiben.

II. Als §. 2a werden folgende Vorschriften eingestellt:

Die Beförderung von verschlossenen Briefen im Ursprungsorte (§. 1a) gegen Bezahlung durch Boten, welche weder die Einsammlung von Briefen, Karten, Drucksachen, Zeitungen und Zeitschriften oder Waarenproben gewerbsmäßig betreiben, noch im Dienste einer Privatbeförderungsanstalt stehen, ist ohne die im §. 2 vorgeschriebenen Einschränkungen gestattet.

Privatbeförderungsanstalten dürfen in eigener Angelegenheit verschlossene Briefe auch durch ihre Bediensteten befördern lassen.

Art. 2 in Kraft getreten am 1. April 1900.

Artikel 3.

Anstalten zur gewerbsmäßigen Einsammlung, Beförderung oder Vertheilung von unverschlossenen Briefen, Karten, Drucksachen und Waarenproben, die mit der Aufschrift bestimmter Empfänger versehen sind, dürfen vom 1. April 1900 ab nicht betrieben werden.

Zuwiderhandlungen werden mit Geldstrafe bis zu eintausendfünfhundert Mark oder mit Haft oder mit Gefängniß bis zu sechs Monaten bestraft.

Abgesehen von den bezeichneten Anstalten ist die gewerbsmäßige oder nicht gewerbsmäßige Beförderung von unverschlossenen politischen Zeitungen innerhalb der Gemeindegrenzen eines Ortes, insbesondere auch wenn sie durch die Post oder durch Expreßboten dorthin befördert wurden, Jedermann gestattet, auch an Sonn- und Feiertagen während der Stunden, in denen die Kaiserliche Post bestellt.

Artikel 4.

Den vor dem 1. April 1898 eingerichteten und seitdem bis zur Verkündigung dieses Gesetzes ohne Unterbrechung betriebenen Privat-Briefbeförderungsanstalten und ihren Bediensteten, die in Folge dieses Gesetzes Schaden erleiden, sind Entschädigungen nach den folgenden Bestimmungen zu gewähren:

A. Der den Anstalten zu ersetzende Schaden umfaßt auch den entgangenen Gewinn. Die Feststellung des entgangenen Gewinns richtet sich nach §. 252 des Bürgerlichen Gesetzbuchs. Jedoch soll die Entschädigung für den entgangenen Gewinn in keinem Falle mehr als das Zehnfache des jährlichen Reingewinns betragen, den die Anstalt im Durchschnitte der vor dem 1. April 1898 liegenden drei letzten Geschäftsjahre erzielt hat. Das erste Geschäftsjahr nach Errichtung oder Erwerbung der Anstalt wird hierbei nicht in Betracht gezogen. Hat die Anstalt bis zum 1. April 1898 noch nicht vier Jahre bestanden, so wird der durchschnittliche Jahresbetrag des Reingewinns in der Weise gebildet, daß der im Durchschnitte für den Monat nach Ablauf des ersten Geschäftsjahrs erzielte Reingewinn mit zwölf vervielfältigt wird. Als Reingewinn gilt die Roheinnahme aus der Beförderung der ihrem Betrieb auf Grund dieses Gesetzes entzogenen Gegenstände nach Abzug des dem Verhältnisse dieser Einnahme zur Roheinnahme aus dem gesammten Beförderungsgeschäft entsprechenden Theiles der Geschäftskosten. Zu den Geschäftskosten werden auch gerechnet die Abnutzung der der Anstalt gehörenden Gebäude und Betriebsmittel, soweit sie dem Beförderungsgeschäfte dienen, und vierprozentige Zinsen des Anlage- und Betriebskapitals.

B. Die Bediensteten, die in Folge des Eingehens oder der Beschränkung des Betriebs der Anstalten aus der Beschäftigung austreten oder entlassen werden und mindestens drei Monate lang, vom

Tage der Verkündigung dieses Gesetzes rückwärts gerechnet, im Dienste der Anstalten gestanden sowie ihren Erwerb ausschließlich oder überwiegend aus dieser Beschäftigung gezogen und vor dem Tage der Verkündigung dieses Gesetzes das achtzehnte Lebensjahr vollendet haben, erhalten, wenn die Beschäftigung gedauert hat:

	3	Monate	bis	einschl.	6	Monate	1/12,
mehr als	6	„	„	„	1	Jahr	2/12,
„ „	1	Jahr	„	„	1 1/2	„	3/12,
„ „	1 1/2	„	„	„	2	Jahre	4/12,
„ „	2	Jahre	„	„	3	„	6/12,
„ „	3	„	„	„	4	„	9/12,
„ „	4	„	„	„	5	„	11/12,
„ „	5	„	„	„	6	„	14/12,
„ „	6	„	„	„	7	„	17/12,
„ „	7	„	„	„	8	„	20/12,
„ „	8	„	„	„	9	„	23/12,
„ „	9	„	„	„	10	„	26/12,
„ „	10	„	„	„	11	„	29/12,
„ „	11	„	„	„	12	„	32/12

u. s. w. für jedes weitere Beschäftigungsjahr mehr 3/12 des innerhalb der letzten zwölf Monate bezogenen Gehalts oder Arbeitsverdienstes als einmalige Entschädigung.

Gehälter oder Arbeitsverdienste, welche mehr als 5000 Mark pro Jahr betragen haben, dürfen nur mit 5000 Mark bei der Feststellung der Entschädigung angerechnet werden.

Besteht das Gehalt oder der Arbeitsverdienst ganz oder zum Theil aus Antheilen an der Geschäftseinnahme oder am Geschäftsgewinne, so werden diese Antheile mit dem Durchschnitte der vor der Verkündigung dieses Gesetzes liegenden zwei Beschäftigungsjahre angesetzt.

Hat die Beschäftigung weniger als zwölf Monate gedauert, so wird der Berechnung der Entschädigung der Betrag zu Grunde gelegt, der nach dem durchschnittlich für den Tag bezogenen Gehalt oder Arbeitsverdienste sich im Laufe eines Jahres ergeben hätte.

Von der Entschädigung sind die Bediensteten ausgeschlossen, die von der Postverwaltung in eine ihrem bisherigen Beschäftigungsverhältniß entsprechende Dienststelle von mindestens ihren bisherigen Bezügen gleichkommenden Dienstbezügen übernommen werden.

Bei der Uebernahme in den Reichspostdienst ist den Bediensteten die im Dienste der Privatpostanstalten verbrachte Dienstzeit so anzurechnen, als wenn sie im Dienste der Reichs-Postverwaltung thätig gewesen wären.

Ist mit dem Antritt einer derartigen Stelle ein Wechsel des Wohnorts verbunden, so werden die Umzugskosten ersetzt.

Anspruch auf obige Entschädigung haben auch diejenigen Angestellten, die nach der Einstellung in den Postdienst innerhalb drei Monate, ohne sich eines Vergehens oder Verbrechens schuldig gemacht zu haben, als ungeeignet entlassen werden müssen.

Artikel 5.

Der Anspruch auf Entschädigung ist innerhalb einer Ausschlußfrist von sechs Monaten bei einer Postbehörde schriftlich anzumelden. Die Frist beginnt mit dem 1. April 1900, für die im letzten Satze des Artikels 4 erwähnten Angestellten mit dem Tage der Entlassung aus dem Postdienste. Die Feststellung der Entschädigung erfolgt für das Reichs-Postgebiet durch das Reichs-Postamt, für Bayern und Württemberg durch die obere Postverwaltungsbehörde dieser Staaten.

Die Postverwaltungen und deren Beauftragte sind befugt, unter Hinzuziehung eines vereideten Protokollführers, Zeugen und Sachverständige eidlich zu vernehmen oder die Gerichte um deren Vernehmung zu ersuchen.

Gegen den Bescheid der Postbehörde, durch den der Entschädigungsanspruch abgelehnt oder die Entschädigung festgestellt wird, findet die Berufung auf schiedsrichterliche Entscheidung statt.

Die Berufung ist bei Vermeidung des Ausschlusses binnen vier Wochen nach der Zustellung des Bescheids bei dem Schiedsgerichte zu erheben.

Der Bescheid der Postbehörde muß die Bezeichnung des für die Berufung zuständigen Schiedsgerichts und die Belehrung über die einzuhaltende Frist enthalten.

Das Schiedsgericht wird aus drei Mitgliedern des Reichsgerichts gebildet. Die Ernennung derselben und der Stellvertreter erfolgt für die Dauer ihres Hauptamts durch den Reichskanzler.

Auf die Beweisaufnahme im schiedsrichterlichen Verfahren finden die für das Verfahren vor den ordentlichen Gerichten geltenden Vorschriften entsprechende Anwendung.

Die Entschädigungssummen sind für das Reichs-Postgebiet aus den Mitteln der Reichs-Post- und Telegraphenverwaltung, für Bayern und Württemberg aus den Landesmitteln zu bestreiten.

Zu Art. 4 und 5. Die Entschädigung der Privat-Beförderungsanstalten und ihrer Bediensteten ist überall erfolgt.

Artikel 6.

Die Bestimmungen des Artikels 1 III Abs. 1, 2 und 4 treten am 1. Januar 1901, Abs. 3 am 1. Januar 1900, die übrigen Bestimmungen dieses Gesetzes am 1. April 1900 in Kraft.

Für das Kalenderjahr 1901 wird der Gewichtsberechnung (Artikel 1 III) das Gewicht der vom 1. Januar bis 30. September 1900 erschienenen Zeitungsnummern unter Erhöhung um ein Drittel zu Grunde gelegt.

Urkundlich unter Unserer Höchsteigenhändigen Unterschrift und beigedrucktem Kaiserlichen Insiegel.

Gegeben Neues Palais, den 20. Dezember 1899.

(L. S.) **Wilhelm.**

Fürst zu Hohenlohe.

IX.

Gesetz, betreffend Aenderung des Gesetzes über das Posttaxwesen im Gebiete des Deutschen Reichs, vom 28. Oktober 1871.

Vom 11. März 1901.

R.G.Bl. S. 15.

Ausgegeben zu Berlin den 14. März 1901.
Gesetzeskraft mit dem 28. März 1901.

Wir **Wilhelm**, von Gottes Gnaden Deutscher Kaiser, König von Preußen zc. verordnen im Namen des Deutschen Reichs, nach erfolgter Zustimmung des Bundesraths und des Reichstags, was folgt:

Im §. 8 des Gesetzes über das Posttaxwesen im Gebiete des Deutschen Reichs vom 28. Oktober 1871 (Reichs-Gesetzbl. S. 358) tritt an die Stelle des zweiten Absatzes folgende Bestimmung:

Gebühren für Postscheine über die Einlieferung von Sendungen zur Post und Packkammergeld sind nicht zu erheben, ebensowenig Fachgebühren für abzuholende Briefe und sonstige Gegenstände, sofern nicht die Postverwaltung dem Empfänger auf seinen

Antrag ein ihm unmittelbar zugängliches, verschließbares Abholungsfach überläßt. Die Bedingungen für die Ueberlassung solcher Fächer werden durch die Postordnung festgesetzt.

Vgl. P.O. § 42 II u. III.

Urkundlich unter Unserer Höchsteigenhändigen Unterschrift und beigedrucktem Kaiserlichen Insiegel.

Gegeben Berlin im Schloß, den 11. März 1901.

(L. S.) **Wilhelm.**

Graf von Bülow.

X.

Gesetz, betreffend die Portofreiheiten im Gebiete des Norddeutschen Bundes.

Vom 5. Juni 1869.

B.G.Bl. S. 141—143.

Ausgegeben zu Berlin den 8. Juni 1869.

Gesetzeskraft im Nordd. Bunde mit dem 1. Jan. 1870 (§. 14).

a. In Baden ist das G. mit dem 1. Januar 1872 in Kraft getreten, nach Art. 80 II Nr. 4 der zwischen dem Nordd. Bunde, Baden und Hessen vereinbarten Verfassung (B.G.Bl. 1870 S. 647) u. Einf.G. zur R.V. v. 16. April 1871 § 2 (B.G.Bl. 63).

b. In Elsaß-Lothringen ist das Portofreiheits-G. durch G. v. 1. März 1872 (G.Bl. f. Els.-Lothr. 150 ff.) v. 1. April 1872 ab eingeführt.

c. Die Ausdehnung auf Bayern und Württemberg ist durch G. v. 29. Mai 1872 (R.G.Bl. 167) dahin erfolgt, daß das G. v. 1. Juli 1872 ab für den Verkehr beider Länder unter einander und mit den übrigen Theilen des Reichs wirksam geworden ist. Auf den innern Verkehr in Bayern und in Württemberg erstreckt sich das G. nicht. R.V. Art. 52.

d. Innerhalb seines Geltungsgebietes ist das G. nach Einf.G. zur R.V. vom 16. April 1871 § 2

(B.G.Bl. 63) als Reichsgesetz anzusehen. Wo in demselben von dem Nordd. Bunde, dessen Gebiet, Mitgliedern oder Staaten, verfassungsmäßigen Organen, Beamten rc. die Rede ist, sind das Deutsche Reich und dessen entsprechende Beziehungen zu verstehen.

e. Da das Portofreiheitswesen in Preußen fast ausschließlich Sache der Verwaltung gewesen war, so wurde durch die gesetzliche Regelung dieses Gegenstandes die in Art. 48 der Nordd. B. V. ausgesprochene Beschränkung des dem Bunde zustehenden Gesetzgebungsrechtes überschritten. Der Erlaß eines Gesetzes wurde jedoch nothwendig, weil ein Theil der aufzuhebenden Portofreiheiten auf Privatrechtstiteln beruhte. St.B. 880.

f. Zur Ausführung des G. hat das G.P.Amt die Verf. vom 15. Dezbr. 1869 und das Regulativ über die Portofreiheiten erlassen. Als Anhang dazu sind Bestimmungen publizirt über Portofreiheiten, welche auf besonderen, mit einzelnen Regierungen oder Postverwaltungen abgeschlossenen Verträgen oder Konventionen (§ 12 des G.) beruhen. A.Bl. 1869 Nr. 79, P.D.Anw. III Abth. 1 Anl. 6 nebst Beilage A.

Wir **Wilhelm**, von Gottes Gnaden König von Preußen rc. verordnen im Namen des Norddeutschen Bundes, nach erfolgter Zustimmung des Bundesrathes und des Reichstages, was folgt:

§ 1. Den regierenden Fürsten des Norddeutschen Bundes, deren Gemahlinnen und Wittwen verbleibt die Befreiung von Portogebühren in dem bisherigen Umfange.

a. Die in § 1 aufrecht erhaltene Portofreiheit bezieht sich auf persönliche und Vermögensangelegenheiten der genannten fürstlichen Personen; sie kommt daher auch den Sendungen von und an Behörden und Dienststellen zu, welchen die Verwaltung dieser Angelegenheiten obliegt. Regulativ Art. 1.

b. Vgl. § 12 und Anm. b das.

§ 2. In reinen Bundesdienst-Angelegenheiten werden Postsendungen jeder Art innerhalb des Norddeutschen Postgebietes portofrei befördert, wenn die Sendungen von einer Bundesbehörde abgeschickt oder an eine Bundesbehörde gerichtet sind und die äußere Beschaffenheit, sowie das Gewicht der Sendungen den von der Bundes-Postverwaltung in dieser Beziehung zu erlassenden besonderen Bestimmungen entspricht.

Alle in Bundesrathssachen, sowie in Militär- und Marine-Angelegenheiten, als reinen Bundesdienst-Angelegenheiten, im Norddeutschen Postgebiete bisher allgemein bestandenen Portofreiheiten werden aufrecht erhalten.

a. Als reine Bundes (Reichs-) dienst-Angelegenheiten sind nicht zu betrachten 1. Sendungen, welche sich auf den gewerblichen Geschäftsbetrieb einer Behörde oder Anstalt beziehen. 2. Sendungen, welche ein Privat-Interesse betreffen, sofern sie nicht lediglich durch den Instanzenzug der zuständigen Dienststellen veranlaßt werden. Regul. Art. 3 u. 4.

b. Hinsichtlich der äußeren Beschaffenheit ist erforderlich, daß die Sendungen: a. mit amtlichem Siegel oder Stempel verschlossen, b. in der Aufschrift mit dem Portofreiheitsvermerk versehen sind. Statt des Erfordernisses zu a. ist „die Ermangelung eines Dienstsiegels" vom Absender unter dem Portofreiheitsvermerk mit Unterschrift des Namens und Amtscharakters zu bescheinigen. Regul. Art. 2.

c. Wegen des Gewichts der Sendungen vgl. Regul. Art. 2.

d. Die Sendungen in Bundesrathssachen und in Militär- und Marine-Angelegenheiten sind ebenfalls nur insoweit portofrei, als sie reine Reichsdienstangelegenheiten betreffen; es ist aber nicht erforderlich, daß diese Sendungen, wie die in Abs. 1 gedachten von einer Reichsbehörde abgeschickt oder an eine Reichsbehörde gerichtet sind. Regul. Art. 6 u. 7. Insbesondere sind in Militär- und Marinesachen unter der bezeichneten Voraussetzung auch Sendungen von oder an Staatsbehörden, sowie von oder an Kommunalbehörden portofrei. — Nähere Bestimmungen über portofreie Sendungen in Militär- und Marinesachen trifft Regul. Art. 8.

e. Vgl. § 3 u. Anm. b das.

§ 3. Auf Fahrpostsendungen zwischen den Hohenzollernschen Landen und den übrigen Theilen des Norddeutschen Postgebietes finden die vorstehenden Bestimmungen (§. 2) keine Anwendung; die Portofreiheit dieser Sendungen richtet sich nach den betreffenden Postverträgen.

Auf Stadtpostsendungen erstreckt sich die Portofreiheit nicht.

a. Nachdem Baden zum Reichs-Postgebiet hinzugetreten ist, sind die Einschränkungen der Portofreiheit von Fahrpostsendungen zwischen Hohenzollern und dem übrigen Reichs-Postgebiete v. 1. Januar 1872 ab weggefallen. Verf. d. G.P.Amts v. 27. Dezbr. 1871, A.Bl. 605.

b. Welche Gebühren auch für die nach §§ 2—5 portofreien Sendungen zu entrichten sind, bestimmt Regulativ Art. 13. Vgl. auch P.O. § 36 IX u. § 37 VI.

§ 4. Sendungen, welche von dem Reichstage des Norddeutschen Bundes ausgehen, oder an den

Reichstag gerichtet sind, werden den Sendungen von und an Bundesbehörden gleich behandelt.

a. Die vom Reichstage abgehenden Sendungen müssen als „Reichstags-Angelegenheit" bezeichnet und mit dem Siegel des Reichstags verschlossen sein. Regul. Art. 6.

b. Der Antrag, die den Reichstags-Mitgliedern während der Dauer der Sitzungen bisher zugestandene Portofreiheit aufrecht zu erhalten, wurde vom Reichstag abgelehnt. Sten.B. 890.

§ 5. Die Porto-Vergünstigungen, welche den Personen des Militärstandes und denen der Bundes-Kriegsmarine bewilligt sind, werden einstweilen aufrecht erhalten. Dem Bundespräsidium bleibt es vorbehalten, diese Porto-Vergünstigungen aufzuheben oder einzuschränken.

a. Hiernach bleiben einstweilen bestehen:

I. In Friedenszeiten.

a. Folgende Porto-Vergünstigungen für Soldaten bis zum Feldwebel einschl. und das entspr. Personal der Kaiserl. Marine:

1) gewöhnliche Briefe (auch Postkarten) an Soldaten ꝛc. sind portofrei, insofern sie als „Soldatenbrief. Eigene Angelegenheit des Empfängers" bezeichnet sind und das Gewicht von 60 Gr. nicht übersteigen;

2) für Postanweisungen an Soldaten über Beträge bis 15 Mk. einschl. beträgt das Porto ohne Unterschied der Entfernung 10 Pf.;

3) für Packete ohne Werthangabe an Soldaten ꝛc. bis zum Gewicht von 3 Kilogramm einschl. beträgt das Porto ohne Unterschied der Entfernung 20 Pf.

Die näheren Vorschriften hierüber enthält § 41 der Postdienst-Anw. III Abth. 1.

b. Die Porto-Vergünstigungen für die durch Vermittelung des Marine-Postbüreaus in Berlin zu befördernden Privat-Postsendungen an Personen der Kaiserlichen Marine außerhalb des Deutschen Reichs, s. Briefposttarif (Berlin, Reichsdruckerei).

II. In Kriegszeiten.

Die Portofreiheiten und Porto-Vergünstigungen in Militärdienstsachen, sowie in Privatangelegenheiten der Militärpersonen und Militärbeamten, nach Maßgabe der vor Erlaß des G. üblich gewesenen Bewilligungen.

b. Die Aufhebung oder Einschränkung dieser Portovergünstigungen kann im Verwaltungswege geschehen. Eine Ausdehnung derselben über das bei Erlaß des G. bestehende Maß würde nur im Wege des Gesetzes erfolgen können. § 10.

c. Wegen Mißbrauchs der Portofreiheit oder Portovergünstigung vgl. Post-G. § 27 Nr. 2 u. Anm. das.

§ 6. Alle übrigen, bisher bestandenen Portofreiheiten und Porto-Ermäßigungen werden aufgehoben.

Für die Aufhebung, beziehungsweise Einschränkung der Portofreiheiten wird aus der Bundes-Postkasse insoweit Entschädigung geleistet, als dies mit Rücksicht auf die den Portobefreiungen etwa zu Grunde liegenden lästigen Privatrechtstitel nach den Landesgesetzen nothwendig ist.

a. Aufgehoben sind nach Abs. 1 insbesondere die Portofreiheiten in Staatsdienstsachen und in Justiz-Parteisachen, die Portofreiheiten staatlicher und anderer öffentlicher Korporationen und Institute, der Kirchen, Schulen,

Gemeinden, milden Stiftungen, Privatgesellschaften, Privatanstalten und die persönlichen Portofreiheiten.

b. Entschädigung für aufgehobene oder eingeschränkte Portofreiheiten wird nur dann geleistet, wenn der Berechtigte nachweist, daß der Portobefreiung ein lästiger Privatrechtstitel zu Grunde liegt, und wenn in diesem Falle nach den Landesgesetzen (z. B. nach Preuß. Allg. Landr. Einl. § 70) eine Entschädigung gewährt werden muß. Ohne Entschädigung sind danach weggefallen Portobefreiungen, welche nicht auf lästigen Privatrechtstiteln, z. B. Schenkung, und welche auf lästigen Titeln ohne privatrechtlichen Charakter, z. B. Akten der Gesetzgebung, beruhen.

c. Wegen Höhe und Art der Entschädigung vgl. §§ 8 und 9.

§ 7. Der Antrag auf Entschädigung ist von dem Berechtigten bei Vermeidung der Präklusion bis zum 30. Juni 1870 an die Postbehörde zu richten. Ueber den erhobenen Anspruch wird vom General-Postamt entschieden. Wenn das General-Postamt den Anspruch ganz oder theilweise zurückweist, so steht dem Reklamanten das Recht zu, binnen einer präklusivischen Frist von drei Monaten, vom Tage des Empfanges der Bescheidung ab gerechnet, den Rechtsweg zu beschreiten. Die Klage ist gegen die Ober-Postdirektion, beziehungsweise gegen die mit deren Funktionen beauftragte Postbehörde zu richten, in deren Bezirk der Reklamant sein Domizil hat.

§ 8. Die Art und die Höhe der Entschädigung richtet sich nach folgenden Bestimmungen:

Der Berechtigte hat am Schlusse eines jeden

Jahres die im Laufe des Jahres von ihm frankirt abgeschickten oder an ihn unfrankirt eingegangenen Sendungen nachzuweisen, welche nach den bisherigen Bestimmungen portofrei befördert sein würden. Der auf diese Sendungen entfallende Porto- und Gebührenbetrag wird dem Berechtigten aus der Bundes-Postkasse jährlich erstattet.

Im Falle des Einverständnisses zwischen der Bundes-Postverwaltung und dem Berechtigten kann der für ein Jahr festgestellte Betrag ohne neue Ermittelung auch für mehrere hinter einander folgende Jahre als Entschädigung zu Grunde gelegt werden.

Ueber das Verfahren bei Notirung der Porto- 2c. Beträge zum Zwecke der Entschädigung vgl. Verf. des G.P.Amts v. 15. Dezbr. 1869 Anl. D, P.A.Bl. Nr. 79.

§ 9. Der Postverwaltung bleibt die Befugniß vorbehalten, anstatt die im §. 8 festgesetzte Zahlung fortdauernd zu leisten, den Berechtigten durch Zahlung einer festen Summe ein für alle Mal zu entschädigen.

Wenn die Postverwaltung von der Befugniß der einmaligen Entschädigung Gebrauch machen will, so wird der Betrag, welcher dem Berechtigten in den zuletzt vorhergegangenen drei Kalenderjahren in Gemäßheit des §. 8 gezahlt worden ist, zusammengerechnet, der danach sich ergebende durchschnittliche Jahresbetrag achtzehnmal genommen und diese Summe dem Berechtigten baar gezahlt.

Die Bestimmung im Abs. 2 ist dem Preuß. G. vom 2. März 1850 über die Ablösung der Reallasten §§ 60, 64 (G.S. S. 77) nachgebildet.

§ 10. Neue Portofreiheiten oder Porto-Ermäßigungen können nur im Wege des Gesetzes eingeführt werden.

Vgl. T.G. § 7.

§ 11. Der Bundes-Postverwaltung bleibt das Recht vorbehalten, mit Staatsbehörden Abkommen dahin zu treffen, daß von den Behörden an Stelle der Porto- und beziehungsweise Gebührenbeträge für die einzelnen Sendungen Aversionalsummen an die Bundes-Postverwaltung gezahlt werden.

a. Das Verfahren wegen Aversionirung der Porto-rc. Beträge für Sendungen von Staatsbehörden ist geregelt durch Verf. des G.P.Amts vom 15. Dezbr. 1869 Anl. C, P.A.Bl. Nr. 79. Vgl. A. D. Anw. III Abth. 1 Anl. 7.

b. Vereinbarungen wegen Aversionirung der Porto-rc. Beträge sind bisher getroffen mit 1. dem herzogl. Sachsen-Meiningenschen Staatsministerium, 2. dem Direktorium des Potsdamschen großen Militär-Waisenhauses in Berlin, 3. dem Großherzogl. Meckl.-Schwerinschen Finanzministerium, 4. dem Großherzogl. Meckl.-Strelitzschen Staatsministerium, 6. dem Fürstl. Lippeschen Kabinetsministerium in Detmold, 7. dem Fürstl. Schwarzburgischen Ministerium in Rudolstadt, 8. dem Fürstl. Schaumburg-Lippeschen Ministerium, 9. dem Herzogl. Sachsen-Gothaischen Staatsministerium, 10. der Landesdirektion der Fürstenthümer Waldeck und Pyrmont, 11. dem Fürstl. Reußischen Ministerium zu Gera, 12. dem Herzogl. Anhaltischen Staatsministerium in Dessau, 13. dem Generaldirektor des Thüringischen Zoll- und Steuervereins in Erfurt, 14. der Fürstl. Reuß-Plauischen Landesregierung in Greiz, 15. dem Großh. Sächsischen Staatsministerium in Weimar, 16. dem Großh. Badischen Staatsministerium, 17. dem gemeinschaftlichen Thüringischen Oberlandesgericht in Jena, 18. der Staatsanwaltschaft des gemeinschaftlichen Thüringischen Oberlandesgerichts in Jena, 19. dem Kaiserl. Statthalter von Elsaß-Lothringen, 20. dem Kurator der Universität Jena, 21. der Königl. Preuß. Staatsregierung, 22. dem Fürstlich Schwarzburgischen Ministerium in Sondershausen, 23. der Großh. Oldenb. Regierung des Fürstenthums Birkenfeld, 24. der Bremischen Staatsregierung, 25. dem Herzogl. Sachsen-Altenburgischen Ministerium in Altenburg, 26. dem Herzogl. Braunschweig-Lüneburgischen Staatsministerium.

Die angegebenen Nummern bedeuten die bei den betr. Sendungen anzuwendenden Aversional-Nummern.

c. Auf Antrag von Reichs- und Staatsbehörden oder einzelnen, solche Behörden vertretenden Beamten werden die für Dienstsendungen zu entrichtenden Porto- ꝛc. Beträge bei den Postanstalten unentgeltlich gestundet. Das Verfahren ist geregelt durch Ausführungs-Bestim. zur P.O. § 50 VII.

§ 12. Portofreiheiten, welche auf den mit dem Auslande abgeschlossenen Staatsverträgen oder Konventionen beruhen, werden durch dieses Gesetz nicht berührt. Eine streckenweise portofreie Beförderung findet bei den in den §§. 2. 4. und 5. erwähnten Sendungen von und nach dem Auslande nicht statt.

Ausländisches Porto wird in keinem Falle von der Bundes-Postkasse getragen.

a. Gemäß Art. 11 des Weltpostvertrags (Nr. XII) ist nur der auf den Postdienst bezügliche amtliche Schriftwechsel zwischen den Postverwaltungen portofrei. Daneben sind durch besondere Verträge einige weitergehende Portofreiheiten in Zollvereinssachen, im Verkehr mit Oesterreich-Ungarn und der Schweiz aufrecht erhalten.

b. Sendungen in Angelegenheiten der nach § 1 berechtigten fürstlichen Personen werden im Inlande portofrei befördert, auch wenn sie im Auslande eine Portofreiheit nicht genießen. Regul. Art. 11.

§ 13. Die Vorschriften des Artikels 52. der Bundesverfassung sind nicht auszudehnen auf denjenigen Theil der Postüberschüsse, welcher durch die in gegenwärtigem Gesetze angeordnete Aufhebung von Portofreiheiten gewonnen wird.

Die näheren Bestimmungen über die Berechnung und Verwendung dieses bis Ende Dezember 1875 auszunehmenden Theils bleiben der Verständigung im Bundesrathe unter Zustimmung des Reichstages vorbehalten.

Diese Uebergangsbestimmung ist mit dem Ablaufe der im Art. 52 B.V., jetzt Art. 51 R.V., vorgesehenen Uebergangszeit erledigt. Vgl. R.V. Art. 51 Anm.

§ 14. Das gegenwärtige Gesetz tritt mit dem 1. Januar 1870. in Kraft.

Urkundlich unter Unserer Höchsteigenhändigen Unterschrift und beigedrucktem Bundes-Insiegel.

Gegeben Schloß Babelsberg, den 5. Juni 1869.

(L. S.) **Wilhelm.**

Gr. v. Bismarck-Schönhausen.

XI.

Postordnung

vom 20. März 1900.

(C.Bl. S. 53.)

---

a. Die P.O. vom 20. März 1900, welche am 1. April 1900 (§ 71) an die Stelle der seit 1. Juli 1892 gültig gewesenen P.O. vom 11. Juni 1892 getreten ist, hat durch die Verordnungen des Reichskanzlers v. 4. August 1900 (C.Bl. 495), 14. November 1900 (C.Bl. 599), 8. April 1901 (C.Bl. 107) und 12. Dezember 1901 (C.Bl. 429) einzelne Abänderungen erfahren, welche in den Text aufgenommen sind.

b. Auf den innern Verkehr in Bayern und in Württemberg findet die P.O. keine Anwendung. R.V. Art. 52.

Auf Grund des §. 50 des Gesetzes über das Postwesen vom 28. Oktober 1871 wird nachstehende Postordnung erlassen.

Abschnitt I. Postsendungen.

§. 1. Allgemeines.

I Zur Beförderung als Postsendungen sind unter den nachfolgenden Bestimmungen zulässig:

1) Briefe;
2) Packete;
3) Postanweisungen;
4) Zeitungen, die im Wege des Postzeitungsvertriebs zur Beförderung gelangen.

Postkarten, Drucksachen, Geschäftspapiere und Waarenproben gelten als offene Briefe und sind unter dem Ausdrucke „Briefsendungen" in den folgenden Bestimmungen inbegriffen.

II Soweit die Briefsendungen und Packete nicht unter Einschreibung oder Werthangabe befördert werden, sind sie nachstehend als „gewöhnliche" bezeichnet.

§. 2. Meistgewicht.

Es beträgt das Meistgewicht:

für Briefe 250 Gramm,
für Drucksachen 1 Kilogramm,
für Geschäftspapiere 1 Kilogramm,
für Waarenproben 350 Gramm,
für Packete 50 Kilogramm.

§. 3. Außenseite.

I Der Absender darf auf der Außenseite einer Postsendung außer den die Beförderung betreffenden Angaben seinen Namen und seine Adresse vermerken. Diese sämmtlichen Angaben können, außer bei Sendungen mit Werthangabe (§. 14), auch durch aufgeklebte Zettel hergestellt werden. Bei gewöhnlichen und eingeschriebenen Briefsendungen sind weitere Angaben, welche nicht die Eigenschaft einer brieflichen Mittheilung haben, sowie Abbildungen unter der Bedingung zulässig, daß sie in keiner Weise die Deutlichkeit der Aufschrift sowie die Anbringung der Stempelabdrücke und der postdienstlichen Vermerke beeinträchtigen. Wegen der besonderen Bestimmungen für Postpacketadressen und Postanweisungen siehe §§. 12 und 20.

II Die Freimarken sind in die obere rechte Ecke der Aufschriftseite, bei Packeten an gleicher Stelle auf die Postpacketadresse zu kleben.

§. 4. Aufschrift.

I In der Aufschrift müssen der Empfänger und der Bestimmungsort deutlich und so bestimmt bezeichnet sein, daß jeder Ungewißheit vorgebeugt wird.

Verluste oder Beschädigungen, die erweislich durch ungenaue Angabe des Bestimmungsorts oder des Adressaten herbeigeführt werden, hat die Postverwaltung nicht zu vertreten. § 27 III u. Post-G. § 6 zu a.

Bei Sendungen mit dem Vermerke „Postlagernd", für welche die Post nicht Gewähr zu leisten hat, dürfen statt des Namens des Empfängers Buchstaben, Ziffern, einzelne Wörter oder kurze Sätze angegeben sein.

II Bei Postsendungen nach Orten ohne Postanstalt ist in der Aufschrift außer dem Bestimmungsorte noch die Postanstalt anzugeben, von welcher die Sendung bestellt wird oder abgeholt werden soll. Wenn der Ort der Bestimmungs-Postanstalt nicht zu den allgemeiner bekannten Orten gehört, so ist seine Lage in der Aufschrift noch näher zu bezeichnen.

III Die Aufschrift eines Packets muß mit der Aufschrift der Postpacketadresse (§. 12) derart übereinstimmen, daß nöthigen Falles das Packet auch ohne die Postpacketadresse bestellt werden kann. Die Vermerke über Frankirung, Eilbestellung 2c. sind sowohl auf dem Packet als auch auf der Postpacketadresse niederzuschreiben. Wegen der Einschreibpackete, der Packete mit Werthangabe, der Nachnahmepackete, der dringenden Packete und der Packete gegen Rückschein siehe §§. 13 II, 14 II, 19 II, 24 II und 26 I.

IV Die Aufschrift eines Packets muß unmittelbar auf der Umhüllung oder auf einem der ganzen Fläche nach aufgeklebten oder sonst unlösbar darauf befestigten Papier 2c. haltbar angebracht werden. Ist dies nicht ausführbar, so ist für die Aufschrift eine haltbar befestigte Fahne von Pappe, Pergamentpapier, Holz oder sonstigem festem Stoffe zu benutzen. Besonders groß und deutlich muß der Name des Bestimmungsorts geschrieben oder gedruckt sein.

§. 5. Von der Postbeförderung ausgeschlossene Gegenstände.

I Sendungen, deren Außenseite oder Inhalt, soweit er offensichtlich ist, gegen die Gesetze verstößt oder aus Rücksichten des öffentlichen Wohles oder der Sittlichkeit für unzulässig erachtet wird, werden von der Postbeförderung ausgeschlossen.

Hierher gehören namentlich Sendungen mit beleidigenden oder unsittlichen Angaben oder Abbildungen.

II Zur Versendung mit der Post dürfen ferner nicht aufgegeben werden: Gegenstände, deren Beförderung mit Gefahr verbunden ist, namentlich alle durch Reibung, Luftzudrang, Druck oder sonst leicht entzündlichen Sachen sowie ätzende Flüssigkeiten.

Zu den von der Postbeförderung ausgeschlossenen Gegenständen gehören hiernach namentlich Schießpulver, Dynamit, Schießbaumwolle, Knallsilber, Sprengöl, Nitroglycerin, Amorces (Zündblättchen für Salonpistolen); Feuerwerkssätze und Feuerwerkskörper, u. A. auch Schellack und Strontian, wenn sie vermischt, zusammengebracht oder zusammengeschmolzen sind; Reib- oder Streichzünder u. Zündhölzchen jeder Art (auch die im Geschäftsverkehr als „Wachskerzchen" bezeichneten Wachs-Streichzünder); Phosphor, Knallkorke, Radfahrerbomben u. Knallerbsen; Calciumcarbid, gefettete Wolle, gefirnißte Baumwolle, selbstentzündliche Kohle; Mineralsäuren; Flüssigkeiten, die leichter entzündlich sind, als Petroleum vom Entflammungspunkt 21°, z. B. Schwefeläther, Benzin und Collodium. Vgl. auch Eisenbahn-Verkehrsordnung v. 15. Novbr. 1892 (R.G.Bl. 923).

III Die Postanstalten können in Fällen des Verdachts, daß die Sendungen Gegenstände der zu II genannten Art enthalten, vom Absender die Angabe des Inhalts verlangen und, wenn diese verweigert wird, die Annahme der Sendung ablehnen.

IV Wer derartige Sachen unter unrichtiger Angabe oder mit Verschweigung des Inhalts aufgiebt, hat — vorbehaltlich der Bestrafung nach den Gesetzen — für jeden entstehenden Schaden zu haften.

Wer bei der Beförderung von Schießpulver oder anderen explodirenden Stoffen oder Feuerwerken die deshalb ergangenen Vorschriften nicht befolgt, wird mit Geldstrafe bis zu 150 Mark oder mit Haft bestraft. Str.G.B. § 367 Nr. 5 und 5a. Vgl. R.G. gegen den verbrecherischen und gemeinschädlichen Gebrauch von Sprengstoffen (sog. Dynamitgesetz) vom 9. Juni 1884 (R.G.Bl. 61). — Die Auflieferung von gemäß II ausgeschlossenen Sachen zur Post unter unrichtiger Angabe oder mit Verschweigung des Inhalts ist in den meisten Bundesstaaten noch durch besondere Polizeiverordnungen verboten. — Zuwiderhandelnde haften sowohl der Postverwaltung als auch dritten Personen für jeden Schaden nach Maßgabe des Bürgerlichen Rechts. Vgl. auch § 27 III.

V Die Postanstalten können die Annahme und Beförderung von Sendungen ablehnen, sofern deren Zuführung an den Bestimmungsort nach Maßgabe der vorhandenen Postverbindungen und Postbeförderungsmittel nicht möglich ist.

§. 6. Zur Postbeförderung bedingt zugelassene Gegenstände.

I Flüssigkeiten, Sachen, die dem schnellen Verderb und der Fäulniß ausgesetzt sind, unförmig große Gegenstände, ferner lebende Thiere können von den Postanstalten zurückgewiesen werden. Bei Sendungen mit lebenden Thieren ist vom Absender durch einen sowohl auf die Postpacketadresse als auch auf die Sendung selbst zu setzenden Vermerk darüber Bestimmung zu treffen, was mit der Sendung geschehen soll, wenn der Empfänger sie nicht binnen 24 Stunden nach geschehener postamtlicher Benachrichtigung annimmt, oder wenn sie aus einem anderen Grunde unbestellbar wird. Dieser Vermerk muß, je nach der Wahl des Absenders, der nachstehenden Fassung entsprechen:

„Wenn unbestellbar, zurück“ oder
„Wenn unbestellbar, an N. in N.“ oder
„Wenn unbestellbar, verkaufen“ oder
„Wenn unbestellbar, telegraphische Nachricht auf meine Kosten“.

Für die Behandlung der Sendungen mit lebenden Thieren am Bestimmungsort ist die getroffene Verfügung des Absenders maßgebend, mit der Ausnahme, daß, wenn der Inhalt der Sendung vor Ausführung der etwa anderweitigen Verfügung des Absenders ersichtlich dem Verderb ausgesetzt ist, die Bestimmungen des §. 45 V in Anwendung zu kommen haben.

II Für derartige Gegenstände rc., wenn sie dennoch zur Beförderung angenommen werden, sowie für leicht zerbrechliche Gegenstände und für in Schachteln verpackte Sachen leistet die Postverwaltung keinen Ersatz, wenn durch die Natur des Inhalts der Sendung oder durch die Beschaffenheit der Verpackung während der Beförderung eine Beschädigung oder ein Verlust entstanden ist.

III Zur Verwendung für Hand-Schußwaffen bestimmte Zündhütchen, Zündspiegel und Metallpatronen sowie Patronen aus starker Pappe mit einem zum Schutze der Pulverladung dienenden Blechmantel sind zulässig, wenn sie in Kisten oder Fässern fest von außen und innen verpackt und als solche sowohl auf der Postpacketadresse als auch auf der Sendung selbst bezeichnet sind. Die Patronen müssen für Zentralfeuer bestimmt und außerdem derart beschaffen sein, daß weder ein Ablösen der Kugel oder ein Herausfallen der Schrote noch ein Ausstreuen des Pulvers stattfinden kann. Der Absender ist, wenn er diese Bedingungen nicht eingehalten hat, für den aus etwaiger Entzündung entstandenen Schaden haftbar.

Lefaucheux-Patronen sind nicht zugelassen, Sendungen, die Celluloid als Rohstoff enthalten, nur in festen Holzkisten.

IV Die im §. 5 III ausgesprochene Befugniß der Postanstalten tritt auch in solchen Fällen ein, in welchen Grund zu der Annahme vorliegt, daß die Sendungen Flüssigkeiten, dem schnellen Verderb und der Fäulniß ausgesetzte Sachen, lebende Thiere, Zündhütchen, Zündspiegel oder Patronen enthalten.

§. 7. Postkarten.

I Die Postkarten müssen offen versendet werden.

II Formulare zu Postkarten können durch alle Postanstalten bezogen werden. Gestempelte Formulare zu Postkarten werden zum Nennwerthe des Stempels, ungestempelte zum Preise von 5 Pf. für je 10 Stück verabfolgt.

III Von der Privatindustrie hergestellte Formulare sind zulässig; sie dürfen in Form, Größe und Papierstärke nicht wesentlich von den durch die Post ausgegebenen Formularen abweichen und müssen auf der Vorderseite die Ueberschrift „Postkarte" tragen.

IV Bilderschmuck und Aufklebungen auf der Rückseite der Formulare sind insoweit zulässig, als dadurch die Eigenschaft des Versendungsgegenstandes als offene Postkarte nicht beeinträchtigt wird und die aufgeklebten Zettel ꝛc. der ganzen Fläche nach befestigt sind. Waarenproben und ähnliche Gegenstände den Postkarten beizufügen oder an ihnen zu befestigen, ist nicht gestattet.

V Mit den Postkarten dürfen Antwortkarten verbunden sein. Beide Theile dieser Doppelkarten müssen, jeder für sich, den Bestimmungen für einfache Postkarten entsprechen; die Antwortkarte muß als solche bezeichnet sein.

VI Die Gebühr beträgt, mit Ausnahme des Orts- und Nachbarortsverkehrs (§. 37), im Frankirungsfalle 5 Pf. für die einfache Postkarte oder für jeden der beiden Theile der Postkarte mit Antwort, im Nichtfrankirungsfalle das Doppelte.

Im Weltpostverkehr beträgt die Gebühr für Postkarten 10 Pf., für Postkarten mit Antwort 20 Pf. W.P.V. Art. 5.

VII Für unzureichend frankirte Postkarten wird dem Empfänger das Doppelte des Fehlbetrags angesetzt, nöthigen Falles unter Abrundung auf eine durch 5 theilbare Pfennigsumme aufwärts.

a. Postkarten mit dem Vermerk „Portopflichtige Dienstsache" (vgl. P.G.N. (Nr. VIII) Art. 1 I) werden nur mit der einfachen Taxe belegt.

b. Für Postkarten mit bayerischen Marken, die im Reichs-Postgebiete aufgeliefert werden, ist das Porto für unfrankirte Postkarten zu erheben. Sind sie nach Bayern bestimmt, so kommt nur der nach Abzug des Werthes der Marke verbleibende Betrag zur Einziehung.

VIII Postkarten, die den vorstehenden Bestimmungen nicht entsprechen, unterliegen dem Briefporto.

§. 8. Drucksachen.

I Gegen die für Drucksachen festgesetzte ermäßigte Taxe werden befördert: alle durch Buchdruck, Kupferstich, Stahlstich, Holzschnitt, Lithographie, Metallographie, Photographie, Hektographie, Papyrographie, Chromographie oder ein ähnliches mechanisches Verfahren vervielfältigten Gegenstände, die nach ihrer Form und sonstigen Beschaffenheit zur Beförderung mit der Briefpost geeignet sind. Wegen der zulässigen schriftlichen Aenderungen und Zusätze siehe unter X. Briefe dürfen den Drucksachen nicht beigefügt sein.

II Die ermäßigte Taxe findet auch Anwendung auf solche Drucksachen, die durch verschiedene, nach einander angewendete Vervielfältigungsverfahren (I), z. B. theils durch Buchdruck, theils durch Hektographie, hergestellt sind.

III Von der Beförderung gegen die ermäßigte Taxe sind ausgeschlossen die mittelst des Durchdrucks, der Kopirpresse und der Schreibmaschine hergestellten Schriftstücke.

IV Die Sendungen können entweder unter der Aufschrift bestimmter Empfänger oder als außergewöhnliche Beilagen der Zeitungen und Zeitschriften, deren Vertrieb die Post besorgt, eingeliefert werden.

a) Drucksachen unter der Aufschrift bestimmter Empfänger.

V Die Sendungen müssen offen, und zwar entweder unter Streif- oder Kreuzband oder umschnürt oder in einem offenen Umschlag oder aber in einfacher Weise zusammengefaltet eingeliefert werden, sodaß ihr Inhalt leicht geprüft werden kann. Unter Band 2c. können auch Bücher, gleichviel ob gebunden oder geheftet, versendet werden.

VI Drucksachen in Rollenform dürfen 75 Centimeter in der Länge und 10 Centimeter im Durchmesser nicht überschreiten.

Das Meistgewicht der Drucksachen im inneren Verkehr ist 1 Kilogramm (§ 2), im Weltpostverkehr 2 Kilogramm. W.P.V. Art. 5.

VII Drucksachen sind auch in Form offener Karten zulässig; solche Karten dürfen die Größe der Formulare zu Postpacketadressen nicht wesentlich überschreiten und nicht die Bezeichnung „Postkarte" tragen. Gedruckte 2c. Karten mit dieser Bezeichnung unterliegen den Vorschriften im §. 7.

VIII Die Sendung kann eine innere, mit der äußeren übereinstimmende Aufschrift enthalten.

IX Mehrere unter einer Umhüllung vereinigte Drucksachen dürfen nicht mit verschiedenen Adressen versehen sein. Wegen der Vereinigung von Drucksachen mit Geschäftspapieren und Waarenproben siehe §. 11.

X Es ist zulässig:

1) auf gedruckten Visitenkarten die Adresse des Absenders, seinen Titel sowie mit höchstens 5 Worten oder mit den üblichen Anfangsbuchstaben gute Wünsche, Glückwünsche, Danksagungen, Beleidsbezeigungen oder andere Höflichkeitsformeln handschriftlich hinzuzufügen;
2) auf den Drucksachen selbst den Tag der Absendung, die Unterschrift oder Firma sowie den Stand und Wohnort des Absenders handschriftlich oder auf mechanischem Wege anzugeben oder abzuändern;
3) Druckfehler zu berichtigen;
4) Korrekturbogen das Manuskript beizufügen und in den Korrekturbogen Aenderungen und Zusätze zu machen, welche die Korrektur, die Form und den Druck betreffen, solche Zusätze bei mangelndem Raume auch auf besonderen Zetteln anzubringen;
5) gewisse Stellen des gedruckten Textes zu durchstreichen, um sie unleserlich zu machen;
6) Worte oder Theile des Textes, auf welche man die Aufmerksamkeit zu lenken wünscht, durch Anstriche hervorzuheben und zu unterstreichen;
7) bei Preislisten, Börsenzetteln, Handelscirkularen und Prospekten Zahlen nebst Zusätzen, die als Bestandtheile der Preisbestimmung zu betrachten sind, sowie bei Reise-Ankündigungen den Namen des Reisenden, die Zeit seines Eintreffens und den Namen des Ortes, den er zu be-

suchen beabsichtigt, mit der Feder oder auf mechanischem Wege einzutragen oder zu berichtigen;

8) in Anzeigen über die Abfahrt von Schiffen den Tag der Abfahrt handschriftlich anzugeben;

9) in Einladungs- und Einberufungskarten den Namen des Eingeladenen oder Einberufenen sowie Zeit, Zweck und Ort der Zusammenkunft zu vermerken;

10) auf Büchern, Musikalien, Zeitungen, Zeitschriften, Bildern, Landkarten, Weihnachts- und Neujahrskarten eine Widmung hinzuzufügen und diesen Drucksachen eine auf den Gegenstand bezügliche Rechnung beizulegen sowie die Rechnung mit solchen handschriftlichen Zusätzen zu versehen, die den Inhalt der Sendung betreffen und nicht die Eigenschaft einer besonderen, mit diesem in keiner Beziehung stehenden Mittheilung haben;

11) bei Bücher- und Subskriptionszetteln für buchhändlerische Werke, Bücher, Zeitungen, Zeitschriften, Bilder und Musikalien die bestellten oder angebotenen Werke 2c. handschriftlich zu bezeichnen und die gedruckten Mittheilungen ganz oder theilweise zu durchstreichen oder zu unterstreichen;

12) Modebilder, Landkarten 2c. auszumalen;

13) bei Ausschnitten aus Zeitungen, Zeitschriften und Büchern handschriftlich oder auf mechanischem Wege Titel, Tag, Nummer und Adresse

der Veröffentlichung, welcher der Artikel entnommen ist, hinzuzufügen;

14) bei Quittungskarten über Invalidenversicherungsbeiträge die durch das Invalidenversicherungsgesetz vom 13. Juli 1899 zugelassenen Eintragungen handschriftlich oder auf mechanischem Wege vorzunehmen, die Beitragsmarken aufzukleben und die aufgeklebten Marken zu entwerthen oder zu vernichten;

15) bei Drucksachen, die von Berufsgenossenschaften oder Versicherungsanstalten oder deren Organen auf Grund der Unfallversicherungsgesetze oder des Invalidenversicherungsgesetzes abgesendet werden und auf der Außenseite mit dem Namen der Berufsgenossenschaft oder der Versicherungsanstalt bezeichnet sind, Zahlen oder Namen handschriftlich oder auf mechanischem Wege einzutragen oder zu ändern und den Vordruck ganz oder theilweise zu durchstreichen.

Weitere Zusätze oder Aenderungen, gleichviel ob sie handschriftlich, mit Durchdruck, Kopirpresse oder Schreibmaschine (III) oder durch Ueberkleben, Punktiren, Unterstreichen, Durchstreichen, Wegschaben, Durchstechen, Ab- und Ausschneiden von Wörtern, Ziffern oder Zeichen ꝛc. stattgefunden haben, sind bei Drucksachen nicht gestattet. Die nach 5 und 6 erlaubten Durchstreichungen, Anstriche und Unterstreichungen dürfen nicht briefliche Mittheilungen in offener oder verabredeter Sprache herstellen.

XI Drucksachen, die den vorstehenden Bestimmungen nicht entsprechen, werden nicht befördert.

XII Drucksachen müssen frankirt sein. Die Gebühr beträgt, mit Ausnahme des Orts- und Nachbarortsverkehrs (§. 37):

	bis 50 Gramm einschließlich	3 Pf.,
über 50 „ 100	„ „	5 „ ,
„ 100 „ 250	„ „	10 „ ,
„ 250 „ 500	„ „	20 „ ,
„ 500 Gramm bis 1 Kilogramm einschließlich	. . . .	30 „ .

Unfrankirte Drucksachen gelangen nicht zur Absendung.

Vgl. W.P.V. Art. 5.

XIII Für unzureichend frankirte Drucksachen wird dem Empfänger das Doppelte des Fehlbetrags angesetzt, nöthigen Falles unter Abrundung auf eine durch 5 theilbare Pfennigsumme aufwärts.

b) Drucksachen als außergewöhnliche Zeitungsbeilagen.

XIV Als außergewöhnliche Zeitungsbeilagen werden solche den Bestimmungen unter I und II entsprechende Drucksachen befördert, die nach Form, Papier, Druck oder sonstiger Beschaffenheit nicht als Bestandtheile derjenigen Zeitung oder Zeitschrift erachtet werden können, mit welcher die Versendung erfolgen soll.

XV Jede Versendung außergewöhnlicher Zeitungsbeilagen muß von dem Verleger bei der Verlags-

Postanstalt unter Entrichtung der Gebühr für so viele Exemplare als der Zeitung ꝛc. beigelegt werden sollen, vorher angemeldet werden. Das Einlegen in die einzelnen Zeitungs- ꝛc. Exemplare ist Sache des Verlegers.

XVI Außergewöhnliche Zeitungsbeilagen dürfen nicht über zwei Bogen stark, auch nicht geheftet, geklebt oder gebunden sein, die einzelnen Bogen müssen in der Bogenform zusammenhängen. Die Postanstalten sind zur Zurückweisung solcher Beilagen befugt, die nach Größe und Stärke des Papiers oder nach ihrer sonstigen Beschaffenheit zur Beförderung in den Zeitungspacketen nicht geeignet erscheinen.

XVII Die Gebühr für außergewöhnliche Zeitungsbeilagen beiträgt ¼ Pf. für je 25 Gramm jedes einzelnen Beilage-Exemplars. Ein bei Berechnung des Gesammtbetrags sich ergebender Bruchtheil einer Mark wird nöthigen Falles auf eine durch 5 theilbare Pfennigsumme aufwärts abgerundet.

§. 9. Geschäftspapiere.

I Als Geschäftspapiere sind zugelassen: alle Schriftstücke und Urkunden, ganz oder theilweise mit der Hand geschrieben oder gezeichnet, welche nicht die Eigenschaft einer eigentlichen und persönlichen Korrespondenz haben, wie Prozeßakten, von öffentlichen Beamten aufgenommene Urkunden jeder Art, Frachtbriefe oder Ladescheine, Rechnungen, Quittungen auf gestempeltem oder ungestempeltem Papiere, die verschiedenen Dienstpapiere der Versicherungsgesellschaften, Abschriften oder Auszüge außergerichtlicher Verträge, gleichviel ob auf gestempeltem oder ungestempeltem Papiere geschrieben, handschriftliche Partituren oder Notenblätter, die abgesondert versendeten Manuskripte von Werken oder Zeitungen, korrigirte Schülerarbeiten mit Ausschluß jeglichen Urtheils über die Arbeit, Militärpässe, Lohn-, Dienst- oder Arbeitsbücher rc.

Meistgewicht im inneren Verkehr 1 Kilogramm, im Weltpostverkehr 2 Kilogramm. § 2, W.P.V. Art. 5.

II Geschäftspapiere unterliegen, was Form und äußere Beschaffenheit betrifft, den für Drucksachen geltenden Vorschriften (§. 8). Die Aufschrift muß die Bezeichnung „Geschäftspapiere" enthalten.

III Geschäftspapiere, die den vorstehenden Bestimmungen nicht entsprechen, werden nicht befördert.

IV Geschäftspapiere müssen frankirt sein. Die Gebühr beträgt, mit Ausnahme des Orts- und Nachbarortsverkehrs (§. 37):

	bis 250 Gramm einschließlich	10 Pf.,
über 250 „ 500 „	„	20 „ ,
„ 500 Gramm bis 1 Kilogramm einschließlich	. . . . :	30 „ .

Unfrankirte Geschäftspapiere gelangen nicht zur Absendung.

Vgl. W.P.V. Art. 5.

V Für unzureichend frankirte Geschäftspapiere wird dem Empfänger das Doppelte des Fehlbetrags angesetzt, nöthigen Falles unter Abrundung auf eine durch 5 theilbare Pfennigsumme aufwärts.

VI Wegen Vereinigung von Geschäftspapieren mit Drucksachen und Waarenproben siehe §. 11.

§. 10. Waarenproben.

I Gegen die für Waarenproben festgesetzte ermäßigte Taxe werden nur solche Waarenproben befördert, die keinen Handelswerth haben, ferner naturgeschichtliche Gegenstände, getrocknete oder konservirte Thiere und Pflanzen, geologische Muster zc., deren Versendung nicht zu einem Handelszwecke geschieht. Die Sendungen müssen nach ihrer Form, Verpackung und sonstigen Beschaffenheit zur Beförderung mit der Briefpost geeignet sein.

II Waarenprobensendungen dürfen 30 Centimeter in der Länge, 20 Centimeter in der Breite und 10 Centimeter in der Höhe oder, wenn sie Rollenform haben, 30 Centimeter in der Länge und 15 Centimeter im Durchmesser nicht überschreiten.

Meistgewicht 350 Gramm im inneren und im Weltpostverkehr. § 2, W.P.V. Art. 5.

III Briefe dürfen den Waarenproben nicht beigefügt werden; handschriftliche Vermerke sind nur zulässig in Bezug auf: Namen oder Firma des Absenders, Adresse des Empfängers, Fabrik- oder Handelszeichen, Nummern, Preise und Angaben bezüglich des Gewichts, des Maßes und der Ausdehnung sowie der verfügbaren Menge, der Herkunft und der Natur der Waare.

IV Die Einlieferung der Waarenproben muß unter Band oder in offenen Umschlägen oder in

Kästchen oder Säckchen erfolgen, sodaß der Inhalt leicht geprüft werden kann.

V Die Aufschrift ist möglichst unmittelbar auf der Sendung, wenn dies jedoch nicht angeht, auf einer haltbar befestigten Fahne von Pappe, Pergamentpapier oder sonstigem festem Stoffe anzubringen. Die Aufschrift muß den Vermerk „Waarenproben" oder „Proben" oder „Muster" enthalten.

VI Mehrere unter einer Umhüllung vereinigte Waarenproben dürfen nicht mit verschiedenen Adressen versehen sein. Wegen der Vereinigung von Waarenproben mit Drucksachen und Geschäftspapieren siehe §. 11.

VII Gegenstände aus Glas, Flüssigkeiten, Oele, fette Stoffe, Pulver sowie lebende Bienen werden zur Beförderung als Waarenproben unter folgenden besonderen Bedingungen zugelassen:

1) Gegenstände aus Glas müssen in einer festen Umhüllung von Metall, Holz, Leder oder Pappe verpackt sein, sodaß jeder Gefahr für andere Sendungen und die Beamten vorgebeugt wird;
2) Flüssigkeiten, Oele und leicht schmelzbare Stoffe müssen in fest verschlossenen Glasfläschchen enthalten sein. Jedes Fläschchen muß in ein Kästchen von Holz oder starker Pappe verpackt werden, das mit Sägespähnen, Baumwolle oder einem schwammigen Stoffe so anzufüllen ist, daß im Falle des Zerbrechens des Fläsch-

chens die Flüssigkeit aufgesaugt werden kann. Das Kästchen selbst muß in eine Hülse von Metall, von Holz mit angeschraubtem Deckel oder von starkem und dickem Leder eingeschlossen werden. Wenn aber zur Verpackung der Fläschchen von durchlochten Holzblöcken Gebrauch gemacht wird, die hinreichende Widerstandsfähigkeit besitzen und mit aufsaugenden Stoffen angefüllt sowie mit einem Deckel verschlossen sind, so brauchen diese Blöcke nicht in ein zweites Behältniß eingeschlossen zu werden. Ebenso kann von der doppelten Verpackung abgesehen werden bei Kästchen aus starker Wellpappe, wenn sämmtliche Zwischenräume mit aufsaugenden Stoffen angefüllt und die Fläschchen sicher verschlossen sind, sowie wenn, bei Vereinigung mehrerer Fläschchen zu einer Sendung, jedes Fläschchen mit einer besonderen Umhüllung von Wellpappe versehen ist;

3) schwer schmelzende Fettstoffe wie Salben, weiche Seife, Harze rc. müssen zunächst in eine besondere Hülle (Kästchen, Säckchen von Leinwand, Pergament rc.) eingeschlossen und dann in ein Kästchen von Holz, Metall oder starkem und dickem Leder verpackt werden;

4) Pulver müssen in Pappkästchen verpackt und diese in Säckchen von Leinwand oder Pergament eingeschlossen werden;

5) lebende Bienen müssen in Kästchen versendet

werden, die so beschaffen sind, daß sie jede Gefahr ausschließen.

Die Verpackung muß in allen Fällen so eingerichtet sein, daß eine Prüfung des Inhalts möglich ist.

VIII Waarenproben, die den vorstehenden Bestimmungen nicht entsprechen, werden nicht befördert. Das Gleiche gilt für Waarenproben, deren Beförderung mit Nachtheil oder Gefahr verbunden sein würde.

IX Waarenproben müssen frankirt sein. Die Gebühr beträgt, mit Ausnahme des Orts- und Nachbarortsverkehrs (§. 37):

bis 250 Gramm einschließlich . . . . . 10 Pf.,
über 250 bis 350 Gramm einschließlich 20 „ .

Unfrankirte Waarenproben gelangen nicht zur Absendung.

Im Weltpostverkehr 5 Pf. für je 50 Gramm, mindestens jedoch 10 Pf., W.P.V. Art. 5.

X Für unzureichend frankirte Waarenproben wird dem Empfänger das Doppelte des Fehlbetrags angesetzt, nöthigen Falles unter Abrundung auf eine durch 5 theilbare Pfennigsumme aufwärts.

§. 11. Zusammenpacken von Drucksachen, Geschäftspapieren und Waarenproben.

I Die Vereinigung von Drucksachen, Geschäftspapieren und Waarenproben oder von zweien dieser Gattungen zu einer Sendung ist unter der Bedingung gestattet, daß:

1) jeder Gegenstand, für sich genommen, die auf ihn anwendbaren Grenzen des Gewichts und der Ausdehnung nicht überschreitet;

2) das Gesammtgewicht einer Sendung 1 Kilogramm nicht überschreitet.

II Die Sendungen müssen frankirt sein. Die Gebühr beträgt, mit Ausnahme des Orts- und Nachbarortsverkehrs (§. 37):

	bis 250 Gramm einschließlich	10 Pf.,
über 250	„ 500 „ „	20 „ ,
„	500 Gramm bis 1 Kilogramm einschließlich	30 „ .

Unfrankirte Sendungen gelangen nicht zur Absendung.

III Für unzureichend frankirte Sendungen wird dem Empfänger das Doppelte des Fehlbetrags angesetzt, nöthigen Falles unter Abrundung auf eine durch 5 theilbare Pfennigsumme aufwärts.

§. 12. Packete.

I Den Packeten muß eine Postpacketadresse in der von der Postverwaltung vorgeschriebenen Form beigegeben sein.

II Zu einer Postpacketadresse dürfen höchstens drei Packete gehören; jedes Nachnahmepacket (§. 19) muß jedoch von einer besonderen Postpacketadresse begleitet sein.

III Eine Vereinigung von gewöhnlichen Packeten mit Einschreibpacketen oder Packeten mit Werthangabe sowie von Einschreibpacketen mit Packeten mit

Werthangabe zu einer Postpacketadresse ist nicht zulässig.

IV Gehören mehrere Packete mit Werthangabe zu einer Postpacketadresse, so muß auf dieser der Werth eines jeden Packets besonders angegeben sein.

V Die oberste Postbehörde kann die Befugniß, mehrere Packete mit einer Postpacketadresse zu versenden, vorübergehend aufheben.

VI Formulare zu Postpacketadressen können durch alle Postanstalten bezogen werden. Für Formulare, die mit Freimarken beklebt sind, wird nur der Betrag der Freimarke erhoben. Unbeklebte Formulare werden zum Preise von 5 Pf. für je 10 Stück abgelassen.

VII Formulare, welche nicht von der Post bezogen werden, müssen in Größe, Farbe und Stärke des Papiers sowie im Vordrucke mit den von der Post gelieferten Formularen übereinstimmen.

VIII Der an der Postpacketadresse befindliche Abschnitt kann vom Absender zu Mittheilungen benutzt werden.

Die Ausfüllung des Vordrucks auf dem Abschnitt: „Name und Wohnort ꝛc. des Absenders" ist in das Belieben des Absenders gestellt. — Der Frankirungsvermerk ist bei Postpacketadressen auf den Abschnitt, und zwar unterhalb des zur Nennung des Absenders bestimmten Vordrucks, niederzuschreiben. — Die Portofreiheitsvermerke sowie die Vermerke: „Portopflichtige Dienstsache", „Frei laut Aversum" ꝛc. sind in den vor dem Worte „Bestimmungsort" befindlichen Raum der eigentlichen Postpacketadresse zu setzen. Die zur Beglaubigung dieser Vermerke dienenden Bescheinigungen, Stempelabdrücke können in den zum Aufkleben der Freimarken versehenen Raum gesetzt werden.

IX Die Postpacketadresse sowie die zur Frankirung des Packets verwendeten Postwerthzeichen gehen mit der Einlieferung in das Eigenthum der Postverwaltung über und müssen vom Empfänger oder im Falle der Unbestellbarkeit vom Absender an die Postanstalt zurückgegeben werden, gleichviel ob er das Packet annimmt oder nicht; den Abschnitt der Postpacketadresse kann er jedoch bei der Annahme des Packets abtrennen und behalten.

X Wegen der Verpackung und des Verschlusses der Packete siehe §§. 15 und 16.

§. 13. Einschreibsendungen.

I Briefsendungen und Packete können unter Einschreibung befördert werden. Bei Einschreibsendungen ist weder eine Werthangabe (§. 14) noch die Beifügung von Zustellungsurkunden (§. 25) oder die Beförderung als dringende Packete (§. 24) zulässig.

Garantie: Post-G. § 10 u. Anm. b das.

II Einschreibsendungen müssen vom Absender mit der Bezeichnung „Einschreiben" versehen werden. Bei Packeten muß diese Bezeichnung auch auf der Postpacketadresse angegeben sein; die Wirkung der Einschreibung hinsichtlich der Gewährleistung erstreckt sich nur auf das Packet, nicht auch auf die Postpacketadresse. Wegen der Verpackung und des Verschlusses der einzuschreibenden Packete siehe §§. 15 und 16.

III Ueber Einschreibsendungen wird eine Einlieferungsbescheinigung ertheilt.

IV Für Einschreibsendungen wird außer dem Porto eine Einschreibgebühr von 20 Pf. ohne Rücksicht auf die Entfernung und das Gewicht erhoben.

Einschreibgebühr im Weltpostverkehr ebenfalls 20 Pf. W.P.V. Art. 6, Nebengebühr für Einschreibbriefe aus dem Landbestellbezirke P.O. § 29 VI, Einlieferungsgebühr für Einschreibbriefe, die außerhalb der Postschalterdienststunden aufgegeben werden: P.O. § 30 VIII.

§. 14. Sendungen mit Werthangabe.

I Briefe und Packete können unter Werthangabe befördert werden. Bei Sendungen mit Werthangabe ist weder die Einschreibung (§. 13) noch die Beifügung von Zustellungsurkunden (§. 25) oder die Beförderung als dringende Packete (§. 24) zulässig. Wegen der Verpackung und des Verschlusses der Sendungen mit Werthangabe siehe §§. 15 bis 17.

II Der Werth ist in der Aufschrift, bei Packeten auch auf der Postpacketadresse, in Zahlen ersichtlich zu machen. Die Angabe des Werthes hat in der Reichswährung zu erfolgen. Der angegebene Betrag soll den gemeinen Werth der Sendung nicht übersteigen.

Vgl. Post-G. § 8.

III Bei der Versendung von kurshabenden Papieren ist der Kurswerth, den die Papiere zur Zeit der Einlieferung haben, bei der Versendung von hypothekarischen Papieren, Wechseln und ähnlichen Dokumenten der Betrag anzugeben, der voraussichtlich erforderlich wäre, um eine neue rechtsgültige Ausfertigung des Dokuments zu erlangen oder um die Hindernisse zu beseitigen, welche sich der Einziehung der Forderung entgegenstellen würden, wenn das Dokument verloren ginge. Entspricht die Werthangabe diesen Grundsätzen nicht, so kann die Sendung zur Berichtigung zurückgegeben werden. Aus einer zu hohen Werthangabe darf ein Anspruch auf Erstattung des entsprechenden Theiles der Versicherungsgebühr nicht hergeleitet werden.

IV Der Vermerk über Postnachnahme gilt nicht als Werthangabe. Nachnahmesendungen werden daher nur dann als Sendungen mit Werthangabe behandelt, wenn außer dem Nachnahmebetrage noch ein Werth angegeben ist.

Vgl. § 19, sowie Post-G. § 12 u. Anm.

V Ueber Sendungen mit Werthangabe wird eine Einlieferungsbescheinigung ertheilt.

§. 15. Verpackung der gewöhnlichen und einzuschreibenden Packete sowie der Sendungen mit Werthangabe.

I Die Verpackung der gewöhnlichen und einzuschreibenden Packete sowie der Sendungen mit Werthangabe muß nach Maßgabe der Beförderungsstrecke, des Umfanges der Sendung und der Beschaffenheit des Inhalts haltbar und sichernd eingerichtet sein.

Verluste oder Beschädigungen, die erweislich aus ungenügender Verpackung hervorgehen, hat die Postverwaltung nicht zu vertreten. § 6 II, § 27 III u. Post-G. § 6 zu a.

II Bei Gegenständen von geringerem Werthe, die nicht unter Druck leiden und nicht Fett oder Feuchtigkeit absetzen, ferner bei Akten- oder Schriftensendungen genügt bei einem Gewichte bis zu 3 Kilogramm eine Umhüllung von Packpapier mit angemessener Verschnürung.

III Schwerere Gegenstände müssen, sofern nicht der Inhalt und der Umfang eine festere Verpackung erfordern, mindestens in mehrfachen Umschlägen von starkem Packpapiere verpackt sein.

IV Sendungen von bedeutenderem Werthe, insbesondere solche, die durch Nässe, Reibung oder Druck leicht Schaden leiden, z. B. Spitzen, Seidenwaaren, müssen nach Maßgabe ihres Werthes, Umfanges und Gewichts genügend sicher in Wachsleinwand, Pappe oder in gut beschaffenen, nach Umständen mit Leinen überzogenen Kisten 2c. verpackt sein.

V Sendungen mit einem Inhalte, der andere Sendungen beschädigen könnte, müssen so verpackt sein, daß eine solche Beschädigung fern gehalten wird. Fässer mit Flüssigkeiten müssen mit starken Reifen versehen sein. Leicht zerbrechliche Gefäße (Flaschen, Krüge 2c.) mit Flüssigkeiten sind in festen Kisten, Kübeln oder Körben zu verwahren.

VI Briefe mit Werthangabe müssen mit einem haltbaren, aus einem Stücke hergestellten Umschlage versehen sein. Der Umschlag darf nicht farbige Ränder haben.

VII Wegen der besonderen Anforderungen bei Geldsendungen siehe §. 17.

§. 16. Verschluß der gewöhnlichen und einzuschreibenden Packete sowie der Sendungen mit Werthangabe.

I Der Verschluß der gewöhnlichen und einzuschreibenden Packete muß haltbar und so eingerichtet sein, daß ohne dessen Beschädigung oder Eröffnung dem Inhalte nicht beizukommen ist. Von einem Siegelverschlusse kann abgesehen werden, wenn durch den sonstigen Verschluß oder durch die Untheilbarkeit des Inhalts die Sendung hinreichend gesichert erscheint. Der Verschluß kann durch eine gut geknotete Verschnürung oder, wenn die Umhüllung aus Packpapier besteht, mittelst guten Klebstoffs oder mittelst Siegelmarken hergestellt werden. Auch bei anderer Verpackung können Siegelmarken angewendet werden, sofern damit ein haltbarer Verschluß erzielt wird. Bei Reisetaschen, Koffern und Kisten, die mit Schlössern versehen sind, bei gut bereiften und fest verspundeten Fässern und bei fest vernagelten Kisten bedarf es keines weiteren Verschlusses. Gut umhüllte Maschinentheile, größere Waffen und Instrumente, Kartenkasten, einzelne Stücke Wildpret, z. B. Hasen und Rehe, können ohne besonderen Verschluß angenommen werden.

Vgl. Anm. zu § 15 I.

II Bei Sendungen **mit Werthangabe** sind in gutem Siegellack mittelst desselben Petschafts Siegelabdrücke in solcher Zahl anzubringen, daß dem Inhalt ohne sichtbare Beschädigung der Umhüllung (des Briefumschlags) oder der Siegelabdrücke nicht beizukommen ist. Bei Briefen mit Werthangabe müssen die Siegelabdrücke sämmtliche Klappen des Umschlags fassen. Wegen der besonderen Anforderungen bei Geldsendungen siehe §. 17.

§. 17. Besondere Anforderungen an Verpackung und Verschluß der Geldsendungen.

I Geldstücke, die in Briefen versendet werden, müssen in Papier 2c. eingeschlagen und innerhalb des Briefes so befestigt sein, daß sie während der Beförderung ihre Lage nicht ändern können.

II Bei Geldpacketen im Gewichte bis zu 2 Kilogramm, deren Werth bei Papiergeld 10000 Mark und bei baarem Gelde 1000 Mark nicht übersteigt, genügt eine Umhüllung aus starkem, mehrfach umgeschlagenem Papiere mit guter Verschnürung und Versiegelung. Geldpackete von größerem Gewicht oder von höherem Werthe müssen in haltbarer Leinwand, in Wachsleinwand oder in Leder verpackt, gut umschnürt und vernäht sowie längs der Naht hinreichend oft versiegelt sein.

III Geldbeutel und Säcke, die ohne weitere Verpackung versendet werden, dürfen aus einfacher starker

Leinwand nur dann bestehen, wenn das Geld gerollt oder zu Päckchen vereinigt ist. Anderenfalls müssen die Beutel ꝛc. aus wenigstens doppelter Leinwand hergestellt sein. Die Naht darf nicht auswendig und der Kropf nicht zu kurz sein. Die Schnur, die den Kropf umgiebt, muß durch den Kropf selbst hindurchgezogen werden. Wo der Knoten geschürzt ist, und außerdem über beiden Schnurenden muß das Siegel aufgedrückt sein. Derartige Sendungen dürfen nicht über 25 Kilogramm schwer sein.

IV Geldkisten müssen aus starkem Holze gefertigt, gut gefügt und fest vernagelt oder mit guten Schlössern versehen sein. Der Deckel darf nicht überstehen; die Eisenbeschläge müssen gut befestigt und so eingelassen sein, daß sie andere Gegenstände nicht zerscheuern können. Ueber 25 Kilogramm schwere Kisten müssen gut bereift und mit Handhaben versehen sein.

V Geldfässer müssen gut bereift, die Schlußreifen angenagelt und an beiden Böden so verschnürt und versiegelt sein, daß ein Oeffnen des Fasses ohne Verletzung der Umschnürung oder des Siegels nicht möglich ist.

VI Bei Sendungen mit baarem Gelde in größeren Beträgen muß der Inhalt gerollt sein. Gelder, die in Fässern oder Kisten zur Versendung gelangen sollen, müssen zunächst in Beutel oder Packete verpackt werden.

§. 18. Postaufträge zur Einziehung von Geldbeträgen und zur Einholung von Wechselaccepten.

I Im Wege des Postauftrags können

a) Gelder bis 800 Mark einschließlich eingezogen oder

b) Wechsel zur Einholung der Annahmeerklärung versendet werden.

Garantie: s. unten XX.

Ueber den Postauftragsverkehr mit dem Auslande vgl. Nr. XII Vorbem. a.

II Dem Postauftrage sind die einzulösenden Papiere (quittirte Rechnung, quittirter Wechsel, Zinsschein 2c.) zur Aushändigung an die Person, die Zahlung leisten soll, oder die zur Annahme vorzuzeigenden Wechsel beizufügen. Die Vereinigung mehrerer Postaufträge zu einer Sendung ist nicht gestattet. Einem Postauftrage zur Geldeinziehung können mehrere Quittungen, Wechsel, Zinsscheine 2c. zur gleichzeitigen Einziehung von demselben Zahlungspflichtigen beigefügt werden; die Gesammtsumme des einzuziehenden Betrags darf jedoch 800 Mark nicht übersteigen. Ebenso können einem Postauftrage zur Accepteinholung mehrere Wechsel beigefügt werden, wenn sie derselben Person gleichzeitig zur Annahmeerklärung vorzuzeigen sind.

III Zu den Postaufträgen zur Geldeinziehung und zur Accepteinholung kommen verschiedene Formulare zur Anwendung. Derartige Formulare werden von den Postanstalten zum Preise von 5 Pf. für je 10 Stück verabfolgt. Den Absendern ist nicht gestattet, für eigene Rechnung hergestellte Formulare postmäßig zu verwenden; es steht ihnen jedoch frei, die Ausfüllung der von der Post bezogenen Formulare zu Postaufträgen ganz oder theilweise durch Druck, mit der Schreibmaschine ꝛc. bewirken zu lassen.

IV Der Auftraggeber hat auf der Vorderseite des Formulars anzugeben:

den Namen und Wohnort der Person, die Zahlung leisten oder das Accept ertheilen soll,

den einzuziehenden Betrag oder den Betrag der zur Annahme vorzuzeigenden Wechsel, wobei die Marksumme in Zahlen und Buchstaben ausgedrückt sein muß,

den eigenen (des Auftraggebers) Namen und Wohnort.

Bei den Postaufträgen zur Geldeinziehung ist außerdem die Zahl der Anlagen einzurücken. Ferner ist gestattet, den Tag anzugeben, an welchem die Einziehung des Betrags erfolgen soll. Dieser Tag ist dann für die Vorzeigung des Postauftrags maßgebend.

Bei den Postaufträgen zur Accepteinholung bleibt die Ausfüllung des Vordrucks in Bezug auf Fälligkeit des Wechsels und Angabe der Wechselnummer dem Auftraggeber anheimgestellt.

Der unbedruckte Theil der Rückseite des Postauftragsformulars dient zur Aufnahme etwaiger Bestimmungen des Auftraggebers darüber, was mit dem Postauftrage nach einmaliger vergeblicher Vorzeigung ꝛc. (VI) geschehen soll.

V Zu schriftlichen Mittheilungen darf das Postauftragsformular, das im Falle der Einziehung des Betrags oder der Annahme des Wechsels in den Händen der Post verbleibt, nicht benutzt werden. Briefe dem Postauftrage beizufügen, ist nicht gestattet.

VI Der Auftraggeber kann verlangen, daß der Postauftrag nach einmaliger vergeblicher Vorzeigung oder nach dem ersten vergeblich gebliebenen Versuche der Vorzeigung an ihn zurückgesendet oder nach einem innerhalb des Deutschen Reichs belegenen Orte weitergesendet werde. Dieses Verlangen ist durch den Vermerk „Sofort zurück“ oder — unter genauer Bezeichnung eines anderen Empfängers — durch den Vermerk „Sofort an N. in N.“ auf der Rückseite des Postauftragsformulars auszudrücken. Wünscht der Auftraggeber, daß die Weitersendung an eine zur Aufnahme des Wechselprotestes befugte Person geschieht, so genügt der Vermerk „Sofort zum Protest“ auf der Rückseite des Postauftragsformulars, ohne daß es der namentlichen Bezeichnung einer solchen Person bedarf.

VII Der Auftraggeber hat den Postauftrag unter verschlossenem Umschlag an die Postanstalt, welche die Einziehung oder Accepteinholung bewirken soll, abzusenden. Der Brief ist mit der Aufschrift „Postauftrag nach . . . . (Name der Postanstalt)“ zu versehen. Soll die Vorzeigung an einem bestimmten

Tage geschehen, so darf die Einlieferung des Postauftrags nicht früher als sieben Tage vorher erfolgen.

VIII Ueber den Postauftragsbrief wird eine Einlieferungsbescheinigung ertheilt.

IX Bei Postaufträgen zur Geldeinziehung erfolgt die Einziehung des Betrags gegen Vorzeigung des Postauftrags und Aushändigung der quittirten Rechnung (des quittirten Wechsels 2c.). Wegen der Vorzeigung der Postaufträge zur Geldeinziehung und der Aushändigung der Anlagen siehe §. 39 IV u. V.

Die Zahlung ist entweder sofort an den bestellenden Boten oder, wenn der Zahlungspflichtige oder dessen Bevollmächtigter (§. 39 III) Frist verlangt und der Auftraggeber nicht eine andere Bestimmung (XVIII) getroffen hat, binnen sieben Tagen nach der Vorzeigung des Postauftrags bei der einziehenden Postanstalt zu leisten. Die siebentägige Lagerfrist wird von dem Tage gerechnet, welcher auf den Tag des ersten Versuchs der Vorzeigung folgt. Erfolgt die Zahlung innerhalb dieser Frist nicht, so wird der Postauftrag vor der Rücksendung nochmals zur Zahlung vorgezeigt. Verweigert der Zahlungspflichtige oder dessen Bevollmächtigter bereits bei der ersten Vorzeigung die Einlösung, so wird der Postauftrag sofort zurückgesendet. Als Zahlungsverweigerung gilt nur die Erklärung des Zahlungspflichtigen selbst oder dessen Bevollmächtigten. Theilzahlungen werden nicht angenommen.

Vgl. Wechselordn. Art. 38, 39.

X Der eingezogene Betrag, nach Abrechnung der Postanweisungsgebühr, wird dem Auftraggeber durch Postanweisung (§. 20) übermittelt.

XI Dem Belieben des Auftraggebers ist es überlassen, dem Postauftrage das ausgefüllte Formular der Postanweisung beizufügen. In diesem Formulare darf nur der Betrag angegeben werden, der nach Abzug der Postanweisungsgebühr übrig bleibt.

XII Bei Postaufträgen zur Accepteinholung erfolgt die Vorzeigung des Postauftrags und des beigefügten Wechsels an die im Auftragsformulare namhaft gemachte Person oder deren Bevollmächtigten. Als bevollmächtigt wird, sofern nicht bei der Postanstalt eine im Besonderen auf die Annahme von Wechseln lautende Vollmacht niedergelegt ist, postseitig jeder angesehen, der zur Empfangnahme von Sendungen mit einer Werthangabe von mehr als 400 Mark für die betreffende Person berechtigt ist (§. 39 VII).

XIII Die Annahmeerklärung muß auf dem Wechsel schriftlich geschehen. Die Annahme gilt als verweigert, wenn sie nur auf einen Theil der Wechselsumme erfolgt oder wenn der Annahmeerklärung andere Einschränkungen beigefügt werden.

Wechselordn. Art. 21, 22.

XIV Der angenommene Wechsel wird von der Bestimmungs-Postanstalt ohne Verzug an den Auftraggeber unter Einschreibung zurückgesendet.

XV Wechsel, welche bei der ersten Vorzeigung

mit einem schriftlichen Accepte nicht versehen worden sind, werden nach sieben Tagen nochmals vorgezeigt, falls Frist verlangt worden ist und der Auftraggeber nicht durch einen Vermerk auf der Rückseite des Postauftragsformulars ein anderes Verfahren (XVIII) vorgeschrieben hat. Für die Berechnung der siebentägigen Lagerfrist gelten die Bestimmungen unter IX.

XVI An Sonntagen und allgemeinen Feiertagen werden Postaufträge nicht vorgezeigt.

Wechselordn. Art. 92.

XVII Hat der Auftraggeber auf der Rückseite des Postauftragsformulars nicht anders bestimmt (XVIII), so ist der Postauftrag nebst Anlagen an ihn zurückzusenden, sobald feststeht, daß die Person, die Zahlung leisten oder das Accept ertheilen soll (IV), nicht zu ermitteln ist, oder sobald die Zahlung und bei Postaufträgen zur Accepteinholung die Annahmeerklärung verweigert oder eine die Verweigerung der Annahme ausdrückende oder ihr gleich zu achtende Erklärung auf dem Wechsel niedergeschrieben worden ist.

XVIII Postaufträge, auf denen für den Fall der Nichteinlösung oder der verweigerten Annahme die sofortige Rücksendung oder die Weitersendung an eine andere Person verlangt ist, werden sofort nach der ersten vergeblichen Vorzeigung oder nach dem ersten vergeblich gebliebenen Versuche der Vorzeigung mittelst Einschreibbriefs zurück- oder weitergesendet. Postaufträge mit dem Vermerke „Sofort zum Protest“

werden nach der ersten vergeblichen Vorzeigung oder nach dem ersten vergeblich gebliebenen Versuche der Vorzeigung bis zum Schlusse der Schalterdienststunden an dem betreffenden Tage bei der Postanstalt zur Einlösung oder Ertheilung der Annahmeerklärung bereit gehalten. Ist jedoch am Tage der Vorzeigung der auf dem Postauftragsformular angegebene Tag (IV) bereits verstrichen, so hat die Rück- oder Weitersendung ohne Verzug zu erfolgen. Mit der Weitergabe des Postauftrags und dessen Anlagen an den Gerichtsvollzieher, Notar 2c. oder bei Postaufträgen mit dem Vermerke „Sofort an N. in N." mit der Weitergabe an den zweiten Empfänger ist die Obliegenheit der Postverwaltung erfüllt. Die Protestkosten hat der Auftraggeber unmittelbar an den Erheber des Protestes zu entrichten.

XIX Solange der Postauftrag noch nicht eingelöst oder nicht angenommen, zurückgesendet oder weitergesendet ist, kann der Absender unter Vorlegung eines Doppels des ausgefüllten Postauftragsformulars und unter den sonstigen Bedingungen des §. 33 den Postauftrag zurückziehen oder die Angaben im Postauftragsformular ändern lassen. Nachträgliche Aenderungen hinsichtlich der Anlagen sind nicht zulässig.

XX Die Postverwaltung haftet für eine Postauftragssendung wie für einen eingeschriebenen Brief und für den eingezogenen Betrag wie für die auf Postanweisungen eingezahlten Beträge. Eine weitergehende Gewähr, insbesondere für rechtzeitige Vorzeigung oder für rechtzeitige Rück- oder Weitersendung des Postauftrags, wird nicht geleistet; auch übernehmen die Postanstalten keinerlei Verpflichtung zur Erfüllung der besonderen Vorschriften des Wechselrechts.

Post-G. § 12. Vgl. Wechselordn. Art. 18, 41 ff. 62 ff., 91 ff.

XXI Es werden erhoben:

1) für den Postauftragsbrief . . . . 30 Pf.;

2) a) bei Postaufträgen zur Geldeinziehung die tarifmäßige Postanweisungsgebühr für die Uebermittelung des eingezogenen Geldbetrags (§. 20 II);

b) bei Postaufträgen zur Accepteinholung für die Rücksendung des angenommenen Wechsels 30 Pf.

Die Gebühr unter 1 ist vom Auftraggeber vorauszubezahlen. Die Postanweisungsgebühr (2 a) wird von dem eingezogenen Geldbetrag in Abzug gebracht. Die Gebühr unter 2b wird dem Auftraggeber bei Uebersendung des angenommenen Wechsels angerechnet.

Ist die Zahlung des Geldbetrags oder die Annahme des Wechsels verweigert worden, so wird die Rücksendung des Postauftrags und dessen Weitersendung an einen anderen Empfänger oder an eine zur Aufnahme des Wechselprotestes befugte Person ohne neuen Gebührenansatz bewirkt.

§. 19. Postnachnahmesendungen.

I Postnachnahmen sind bis 800 Mark einschließlich bei Briefsendungen und Packeten zulässig. Postnachnahme wird nicht als Werthangabe erachtet (§. 14 IV). Die Beifügung von Zustellungsurkunden (§. 25) ist bei Nachnahmesendungen ausgeschlossen.

Garantie: Post-G. § 12 Anm.

II Nachnahmesendungen müssen in der Aufschrift mit dem Vermerke „Nachnahme von .... Mark .. Pf." (Marksumme in Zahlen und Buchstaben, Pfennigsumme nur in Zahlen) versehen sein und unmittelbar darunter die deutliche Angabe des Namens und Wohnorts — in größeren Städten auch die Wohnung — des Absenders enthalten. Bei Nachnahmepacketen müssen vorstehende Vermerke auf dem Packet und der Postpacketadresse angebracht sein.

III Bei Nachnahmesendungen wird über den Betrag eine Einlieferungsbescheinigung ertheilt. Ist über die Sendung ohnehin eine Einlieferungsbescheinigung zu verabfolgen, so wird der Nachnahmebetrag darin mit vermerkt.

IV Eine Nachnahmesendung darf nur gegen Berichtigung des Nachnahmebetrags ausgehändigt werden. Der Empfänger kann eine Einlösungsfrist von 7 Tagen vom Tage nach dem Eingange der Sendung in Anspruch nehmen. Wird die Nachnahme bei der ersten Vorzeigung nicht eingelöst und eine Zahlungsfrist nicht beansprucht, so wird die Sendung sofort zurückgesendet, sofern nicht zunächst eine Unbestellbarkeitsmeldung zu erlassen ist (§. 45). Nachnahmesendungen mit dem Vermerke „Postlagernd“ werden 7 Tage lang vom Tage nach dem Eingange zur Verfügung des Empfängers gehalten, falls nicht früher die Annahme verweigert wird.

Bei Nachnahmesendungen, die vom Absender mit dem Vermerke „Sofort zurück“ oder mit einer ähnlichen, das Verlangen schleuniger Rücksendung ausdrückenden Angabe versehen sind, ist die Lagerfrist ausgeschlossen. Der Vermerk muß auf der Aufschriftseite der Sendung und bei Packeten auch auf der Postpacketadresse angegeben sein.

Im Falle der Nachsendung (§. 44) einer Nachnahmesendung wird die Einlösungsfrist von 7 Tagen für jeden neuen Bestimmungsort besonders berechnet.

V Der Absender einer Nachnahmesendung kann unter den Bedingungen des §. 33 die Nachnahme nachträglich streichen oder ändern lassen.

VI Eingelöste Nachnahmebeträge werden den Absendern von der Bestimmungs-Postanstalt mittelst Postanweisung (§. 20) nach Abzug der Geldübermittelungsgebühr zugesendet. Auf dem Abschnitte der Postanweisung wird postseitig vermerkt, auf welche Nachnahmesendung sich die Postanweisung bezieht.

VII Für Nachnahmesendungen werden erhoben:

1) das Porto für gleichartige Sendungen ohne Nachnahme, bei Einschreibsendungen und Sen-

dungen mit Werthangabe auch die Einschreib- und die Versicherungsgebühr;

2) eine Vorzeigegebühr von 10 Pf.;

3) die Postanweisungsgebühr für die Uebermittelung des eingezogenen Betrags an den Absender (§. 20 II).

VIII Die Vorzeigegebühr wird zugleich mit dem Porto erhoben und ist auch dann zu entrichten, wenn die Sendung nicht eingelöst wird.

§. 20. Postanweisungen.

I Im Wege der Postanweisung werden Geldbeträge bis 800 Mark einschließlich übermittelt.

a. Garantie: Post-G. § 6 u. Anm. f dazu.

b. Ueber den Postanweisungsverkehr mit dem Auslande vgl. Nr. XII Vorbem. a.

II Postanweisungen müssen frankirt werden. Die Gebühr beträgt auf alle Entfernungen:

	bis	5 Mark		10	Pf.,
über	5 „	100	„	20	„ ,
„	100 „	200	„	30	„ ,
„	200 „	400	„	40	„ ,
„	400 „	600	„	50	„ ,
„	600 „	800	„	60	„ .

Bei Postanweisungen mit angehängter Karte zur Empfangsbestätigung muß auch diese, nach der Gebühr für Postkarten frankirt sein.

III Zu Postanweisungen dürfen nur Formulare benutzt werden, welche von den Postanstalten bezogen sind. Gestempelte Formulare werden zum Nennwerthe des Stempels, ungestempelte zum Preise von 5 Pf. für je 10 Stück, ungestempelte Formulare mit angehängter Postkarte zur Empfangsbestätigung zum Preise von 5 Pf. für je 5 Stück verabfolgt.

IV Die Ausfüllung der Postanweisungen kann auch durch Druck, mit der Schreibmaschine 2c. bewirkt werden; die handschriftliche Ausfüllung darf nur mit Tinte geschehen. Die Angabe des Geldbetrags hat in der Reichswährung zu erfolgen. Die Marksumme muß in Zahlen und in Buchstaben ausgedrückt sein.

V Der Abschnitt der Postanweisung kann zu Mittheilungen benutzt werden.

VI Ueber den eingezahlten Betrag wird eine Einlieferungsbescheinigung ertheilt.

VII Die Auszahlung erfolgt gegen Quittung auf der Postanweisung. Der Abschnitt der Postanweisung kann vom Empfänger abgetrennt und zurückbehalten werden; bei Postanweisungen mit angehängter Postkarte zur Empfangsbestätigung wird dem Empfänger die Karte überlassen.

VIII Die Postanweisung sowie die zur Frankirung verwendeten Postwerthzeichen gehen mit der Einlieferung in das Eigenthum der Postverwaltung über und müssen auch dann an die Postanstalt zurückgegeben werden, wenn auf die Auszahlung des Betrags verzichtet oder dessen Annahme verweigert wird.

IX Stehen der Bestimmungs-Postanstalt die erforderlichen Geldmittel augenblicklich nicht zur Verfügung, so kann die Auszahlung erst verlangt werden, nachdem die Beschaffung der Mittel erfolgt ist.

X Wenn dem Empfänger eine Postanweisung abhanden gekommen ist, so hat er der Bestimmungs-Postanstalt von dem Verluste Mittheilung zu machen. Von dieser Postanstalt wird alsdann bei etwaiger Vorlegung der Anweisung die Zahlung bis auf Weiteres ausgesetzt. Es ist Sache des Empfängers, durch Vermittelung des Absenders bei der Aufgabe-Postanstalt die Uebersendung eines vom Absender auszufertigenden Doppels der Postanweisung zu erwirken. Bei der Einlieferung des Doppels muß die bei der Aufgabe der abhanden gekommenen Postanweisung ertheilte Einlieferungsbescheinigung von dem Absender vorgelegt werden. Die Versendung des Doppels von dem Aufgabe- nach dem Bestimmungsort erfolgt kostenfrei.

§. 21. Telegraphische Postanweisungen.

I Die Ueberweisung auf Postanweisungen eingezahlter Beträge kann auf Verlangen des Absenders durch Vermittelung des Telegraphen erfolgen.

a. Tel. Postanw. sind auch im Orts- und Landbestellbezirk zulässig, gleichviel ob eine telegraphische Uebermittelung erfolgt oder nicht.

b. Vgl. auch T.O. (Nr. XIX) § 13.

II Falls ein solches Verlangen ausgesprochen wird, liegt die Ausfertigung des Telegramms, mittelst dessen die Ueberweisung erfolgt, der Aufgabe-Postanstalt ob. Wünscht der Absender durch dieses Telegramm weitere, auf die Verfügung über das Geld bezügliche Mittheilungen zu machen, so muß er diese der Postanstalt schriftlich übergeben, welche sie in das Telegramm mit aufnimmt.

III Bei telegraphischen Postanweisungen, die an Orten ohne Telegraphenanstalt zur Post gegeben werden, wird das Telegramm von der Aufgabe-Postanstalt mit der nächsten Post der am schnellsten zu erreichenden, dem allgemeinen Verkehre dienenden Telegraphenanstalt als Einschreibsendung zugeführt.

IV Ist eine telegraphische Postanweisung nach einem mit einer Telegraphenanstalt nicht versehenen Postorte gerichtet, so erfolgt die Weiterbeförderung des Telegramms von der letzten Telegraphenanstalt bis zur Bestimmungs-Postanstalt ebenfalls mit der nächsten Post als Einschreibsendung.

V Der Absender hat zu entrichten:

1) die Postanweisungsgebühr;

2) die Telegrammgebühr.

Außerdem kommt zutreffenden Falles zur Erhebung:

a) das Porto und die Einschreibgebühr für die Beförderung des Telegramms zur nächsten Telegraphenanstalt (III);

b) das Porto und die Einschreibgebühr für die Beförderung des Telegramms von der letzten Telegraphenanstalt bis zur Bestimmungs-Postanstalt (IV);

c) das Eilbestellgeld für die Bestellung an den Empfänger (VI).

Die Gebühren unter a sind stets vom Absender vorauszubezahlen; dagegen bleibt es in sein Belieben gestellt, ob er die Gebühren unter b und c ebenfalls vorausbezahlen oder deren Entrichtung dem Empfänger überlassen will.

VI Die Bestimmungs-Postanstalt hat das Telegramm, sofern die Anweisung nicht mit dem Vermerke „Postlagernd" versehen ist, gleich nach der Ankunft dem Empfänger durch einen besonderen Boten zuzustellen (§. 22) Die Auszahlung des angewiesenen Betrags erfolgt gegen Rückgabe des mit der Quittung des Empfängers versehenen Telegramms.

VII Die Nachsendung telegraphischer Postanweisungen erfolgt in der Regel auf dem Postweg, auf telegraphischem Wege nur dann, wenn dies vom Aufgeber ausdrücklich vorgeschrieben oder vom Empfänger beantragt ist.

VIII Die Telegraphenanstalten sind ermächtigt, in Vertretung der Postanstalt Beträge auf Postanweisungen, die auf telegraphischem Wege überwiesen werden sollen, von den Absendern anzunehmen oder telegraphisch überwiesene Beträge am Bestimmungsort auszuzahlen.

Vgl. T.O. § 13. Auch können Postanstalten mit Telegraphenbetrieb zur Annahme von telegraphischen Postanweisungen außerhalb der Postschalterdienststunden ermächtigt werden.

§. 22. Durch Eilboten zu bestellende Sendungen.

I Auf Verlangen des Absenders können Postsendungen dem Empfänger sogleich nach der Ankunft bei der Bestimmungs-Postanstalt durch besonderen Boten zugestellt werden (Eilbestellung).

Wegen der Zulässigkeit des Verlangens der Eilbestellung durch den Empfänger siehe unter XII.

Die Garantie für Eilbotensendungen richtet sich, je nach der Art der Sendung, lediglich nach den allgemeinen Vorschriften. Post-G. §§ 6, 8, 9, 10, 12.

II Das Verlangen der Eilbestellung muß durch den vom Absender durch Unterstreichung hervorzuhebenden Vermerk „Durch Eilboten" ausgedrückt werden. Bezeichnungen wie „Dringend, Eilig" 2c. sind zur Kundgebung des Verlangens der Eilbestellung nicht ausreichend.

III Der Absender kann die Gebühr für die Eilbestellung (VI) vorausbezahlen oder die Zahlung dem Empfänger überlassen. Im Falle der Vorausbezahlung hat er dem Eilbestellvermerke hinzuzufügen „Bote bezahlt".

IV An Empfänger im Orts- und Landbestellbezirke des Aufgabe-Postorts sind nur gewöhnliche Briefsendungen zur Eilbestellung zugelassen.

V Gewöhnliche und eingeschriebene Briefsendungen, Postanweisungen nebst den Geldbeträgen, gewöhnliche und eingeschriebene Packete bis zum Gewichte von 5 Kilogramm und Sendungen mit Werthangabe bis zum Betrage von 800 Mark und bis zum Gewichte von 5 Kilogramm werden den Eilboten mitgegeben. Bei schwereren Packeten sowie bei Sendungen mit höherer Werthangabe erstreckt sich die Verpflichtung zur Bestellung nur auf die Postpacketadresse oder den Ablieferungsschein. Die oberste Postbehörde ist indessen berechtigt, die bezeichneten Gewichts- und Werthgrenzen für bestimmte Orte dauernd oder vorübergehend zu erweitern und die unter VI festgesetzten Gebühren entsprechend zu erhöhen; ebenso kann die Postbehörde, soweit es sich um Sendungen mit Werthangabe, Postanweisungen oder Packete handelt, die Eilbestellung für die Nachtstunden beschränken. Wünscht der Absender der Eilsendung, daß diese nicht während der Nachtstunden bestellt werde, so kann er solches durch einen Vermerk in der Aufschrift bestimmen.

VI Für die Eilbestellung sind zu entrichten:

A. Im Falle der Vorausbezahlung durch den Absender

1) bei gewöhnlichen und eingeschriebenen Briefsendungen, Postanweisungen, Briefen mit Werthangabe, Ablieferungsscheinen und Postpacketadressen

   im Ortsbestellbezirke . . . . 25 Pf.,
   im Landbestellbezirke . . . . 60 „

   für jeden Gegenstand,

   bei Sendungen an Empfänger im Landbestellbezirke des Aufgabe-Postorts (IV) jedoch die wirklich erwachsenden Botenkosten, zu deren Deckung der Absender auf Verlangen einen angemessenen Betrag zu hinterlegen hat, mindestens aber 25 Pf.;

2) bei Packeten

im Ortsbestellbezirke	40 Pf.,
im Landbestellbezirke	90 „

für jedes Packet.

B. Im Falle der Entrichtung des Botenlohns durch den Empfänger

bei allen Sendungen die wirklich erwachsenden Botenkosten, mindestens jedoch 25 Pf. für einen der Gegenstände zu A 1 und 40 Pf. für ein Packet.

VII Bei gleichzeitiger Abtragung mehrerer Sendungen durch denselben Boten an denselben Empfänger wird, wenn die Zahlung des Botenlohns dem Empfänger überlassen ist, der Botenlohn bei Briefsendungen für eine der Sendungen zum vollen Betrag und für die anderen mit je 10 Pf., bei Packeten aber für jedes Packet mindestens der Betrag von 40 Pf. erhoben. Sind mit Eilbriefsendungen zugleich Eilpackete abzutragen, so kommen die Botenlohnsätze für Packete und außerdem für jede Briefsendung der Satz von 10 Pf. in Anwendung. Werden durch denselben Boten an denselben Empfänger gleichzeitig solche Eilsendungen abgetragen, für welche das Eilbestellgeld ganz oder zum Theil (VIII) im voraus bezahlt ist, und solche, bei welchen dies nicht der Fall ist: so ist vom Empfänger der nach Vorstehendem zu berechnende Botenlohn abzüglich der vorausbezahlten Beträge zu entrichten. Die für etwa gleichzeitig zur Abtragung gelangende Telegramme im voraus bezahlte Bestellgebühr bleibt hierbei außer Betracht.

VIII Reichen bei Briefsendungen, die im Briefkasten vorgefunden werden, die verwendeten Freimarken zur Deckung des Portos und der Eilbestellgebühr (VI A) nicht aus, so kommen für die Sendungen die Sätze unter VI B zur Erhebung nach Abzug des durch Freimarken vorausbezahlten Theiles der Gebühr.

IX Eine Beförderung von Sendungen mittelst Eilboten vom Einlieferungsorte nach einem anderen Postorte findet nicht statt. Dagegen kann auf Verlangen des Absenders die besondere Beförderung von Sendungen, die einer Postanstalt von weiterher zugehen und nach einem anderen Postorte gerichtet sind, durch Eilboten stattfinden, wenn die Entfernung zwischen den beiden Postanstalten nicht über 15 Kilometer beträgt. Die Aufschriften derartiger Sendungen müssen unter der Angabe des Bestimmungsorts den Vermerk enthalten: „Von (Bezeichnung der Postanstalt, von welcher aus die Beförderung durch Eilboten erfolgen soll) durch Eilboten". Für derartige Eilsendungen sind auch im Falle der Vorausbezahlung durch den Absender die wirklich erwachsenden Botenkosten, mindestens aber die unter VI A für die Landbestellung festgesetzten Beträge, zu entrichten. Der

Absender hat auf Verlangen einen angemessenen Betrag zur Deckung dieser Kosten zu hinterlegen.

X Hat der Absender den Botenlohn nicht vorausbezahlt und verweigert der Empfänger dessen Zahlung, so ist die Sendung als unbestellbar zu behandeln.

XI Im Falle der Rücksendung einer unbestellbaren Eilsendung sind die Kosten für den Eilbestellversuch, welche bei der Aushändigung der Sendung vom Empfänger zu erheben gewesen wären, vom Absender zu tragen.

XII Anträgen des Empfängers auf Eilbestellung von Postsendungen kann ausnahmsweise entsprochen werden, wenn dies ohne Beeinträchtigung des Dienstbetriebs möglich ist. Zutreffenden Falles ist der Botenlohn nach den Festsetzungen unter VI B zu erheben. Die unter VII vorgesehene Ermäßigung bei gleichzeitiger Abtragung mehrerer Gegenstände findet in diesem Falle keine Anwendung.

§. 23. Bahnhofsbriefe.

I Wünscht ein Empfänger Briefe von einem bestimmten Absender am Bahnhof unmittelbar nach Ankunft der Eisenbahnzüge in Empfang zu nehmen (Bahnhofsbriefe), so hat er dies der Postanstalt an seinem Wohnorte mitzutheilen, die ihm gegen Entrichtung der festgesetzten Gebühr (IV) ein Ausweisschreiben aushändigt.

II Die Verständigung mit dem Absender, daß die Bahnhofsbriefe stets zu demselben Zuge aufgeliefert werden, liegt dem Empfänger ob.

III Bahnhofsbriefe müssen der Form und der sonstigen Beschaffenheit nach zur Beförderung als Briefe geeignet sein und dürfen weder unter Einschreibung befördert werden noch das Gewicht von 250 Gramm überschreiten. Zum Verschlusse sind Briefumschläge zu verwenden, die mit einem breiten rothen Rande versehen sind und am Kopfe in großen Buchstaben die Bezeichnung „Bahnhofsbrief" tragen; auf der Rückseite des Briefumschlags ist der Name des Absenders anzugeben.

IV Bahnhofsbriefe müssen vom Absender frankirt werden. Die neben dem Porto zu entrichtende Gebühr für die tägliche Abholung je eines mit einem bestimmten Eisenbahnzuge beförderten Briefes von demselben Absender an einen Empfänger beträgt 12 Mark für den Kalendermonat oder, wenn die Beförderung für kürzere Fristen als einen Monat erfolgen soll, 4 Mark für die Woche oder den Theil einer Woche. Die Gebühr ist von dem Empfänger im voraus zu zahlen.

V Die Aushändigung der Bahnhofsbriefe erfolgt nur gegen Vorzeigung des Ausweisschreibens. Meldet sich der Abholer nicht rechtzeitig, so werden die Briefe gegen die im §. 22 VI unter B festgesetzte Gebühr durch Eilboten bestellt.

§. 24. Dringende Packete.

I Zur Beförderung mit der Post geeignete Packete, deren beschleunigte Uebermittelung besonders erwünscht ist, können auf Verlangen der Absender als dringende Packete mit den sich darbietenden schnellsten Postgelegenheiten versendet werden. Das Verlangen der Einschreibung oder eine Werthangabe ist bei dringenden Packeten nicht zulässig.

II Die Sendungen müssen bei der Einlieferung zur Postanstalt äußerlich durch einen farbigen Zettel, der in fettem schwarzem Typendruck oder ausnahmsweise in großen handschriftlichen Zügen die Bezeichnung „Dringend" trägt, hervortretend kenntlich gemacht sein. Die zugehörigen Postpacketadressen sind mit dem gleichen Vermerke zu versehen.

III Dringende Packete werden am Bestimmungsorte durch Eilboten abgetragen, wenn sie nicht mit dem Vermerke „Postlagernd" versehen sind.

IV Für dringende Packete hat der Absender bei der Einlieferung im voraus zu entrichten:

1) das tarifmäßige Packetporto;

2) eine besondere Gebühr von 1 Mark;

3) u. U. (III) die Eilbestellgebühr (§. 22).

Für dringende Packete leistet die Postverwaltung nach Maßgabe der allgemeinen Vorschriften (Post-G. §§ 6 ff.) Gewähr.

§. 25. Briefe mit Zustellungsurkunde.

I Auf Verlangen des Absenders kann die Zustellung eines Briefes an den Empfänger postamtlich beurkundet und die aufgenommene Zustellungsurkunde dem Absender übersendet werden.

II Hinsichtlich der Art der Zustellung ist zu unterscheiden:

a) die gewöhnliche Zustellung;

b) die vereinfachte Zustellung.

Im Falle zu a wird dem Empfänger bei der Zustellung eine beglaubigte Abschrift der Zustellungsurkunde übergeben, im Falle zu b nur der Tag der Zustellung auf dem Briefe vor seiner Aushändigung vermerkt. Wegen der Bestellung der Briefe mit Zustellungsurkunde siehe §. 40.

III Briefe mit Zustellungsurkunde müssen verschlossen und auf der Aufschriftseite mit der Angabe von Namen und Wohnort des Absenders handschriftlich oder durch Stempelabdruck 2c. versehen sein. Der Absender hat dem Briefe im Falle der gewöhnlichen Zustellung (IIa) zwei Formulare zur Zustellungsurkunde auf weißem Papier (Urschrift und Abschrift), im Falle der vereinfachten Zustellung (IIb) ein Formular auf blauem Papiere haltbar äußerlich beizufügen und dementsprechend den Brief auf der Aufschriftseite mit dem Vermerke

„Hierbei ein Formular zur Zustellungsurkunde nebst Abschrift“ oder

„Hierbei ein Formular zur Zustellungsurkunde“

zu versehen. Im letzteren Falle muß der Brief außerdem in der Aufschrift den Vermerk „Vereinfachte Zustellung“ tragen.

IV Der Absender muß den Kopf des Formulars zur Zustellungsurkunde und bei der gewöhnlichen Zustellung auch desjenigen zur Abschrift dem Vordruck entsprechend ausfüllen und das erstere mit der für die Rücksendung erforderlichen Aufschrift versehen.

V Soll die Zustellung an eine der in den §§. 181, 183 und im §. 184 Abs. 1 der Civilprozeßordnung in der Fassung vom 20. Mai 1898 bezeichneten Personen, der an Stelle des eigentlichen Empfängers zugestellt werden könnte, unterbleiben, so hat der Absender auf der Aufschriftseite des Briefes und auf dem Formulare zur Zustellungsurkunde unmittelbar unter dem Namen ꝛc. des Empfängers mittelst rother Tinte einen Vermerk in folgender Fassung hervortretend niederzuschreiben: „Eine Zustellung an . . . . . (z. B. an die Ehefrau, an den Vermiether N., an das Dienstmädchen N.) darf nicht stattfinden".

VI Zu den Zustellungsurkunden kommen Formulare mit verschiedenem Vordrucke zur Anwendung, je nachdem es sich um Zustellungen an Gewerbetreibende, an Rechtsanwälte, Notare oder Gerichtsvollzieher, an Behörden oder Korporationen ꝛc., an Unteroffiziere und Gemeine oder an andere vorstehend nicht näher bezeichnete Personen handelt. Die Formulare können bei den Postanstalten zum Preise von 5 Pf. für je 10 Stück bezogen werden.

Den Gerichten, Gerichtsschreibereien und Gerichtsvollziehern werden die Formulare unentgeltlich geliefert.

VII Einschreibung, Werthangabe, Nachnahme, das Verlangen der Eilbestellung und der Vermerk „Postlagernd" sind bei Briefen mit Zustellungsurkunde unzulässig.

VIII Für Briefe mit Zustellungsurkunde werden erhoben:

1) das gewöhnliche Briefporto;
2) eine Zustellungsgebühr von 20 Pf.;
3) das Porto von 10 Pf. für die Rücksendung der Zustellungsurkunde (wegen der Ausnahme im Orts- und Nachbarortsverkehre siehe §. 37 III).

Die Beträge zu 1 bis 3 müssen sämmtlich entweder vom Absender sogleich bei der Einlieferung oder vom Empfänger bei der Aushändigung entrichtet werden. Im Uebrigen haftet der Absender für alle Beträge, die vom Empfänger nicht erhoben werden können. Kann die Zustellung nicht ausgeführt werden, so ist bei unfrankirten Briefen nur das Porto zu 1 zu entrichten, während bei frankirten Briefen der zu 2 und 3 vorausbezahlte Betrag erstattet wird.

§. 26. Rückschein.

I Wünscht der Absender eines Packets ohne Werthangabe, einer Einschreibsendung oder einer Sendung mit Werthangabe eine von dem Empfänger auszustellende Empfangsbescheinigung (Rückschein) zu erhalten, so muß ein solches Verlangen durch die Bemerkung „Rückschein" in der Aufschrift, bei Packeten auch auf der Postpacketadresse, ausgedrückt sein; auch muß der Absender sich namhaft machen oder angeben, an wen sonst der Rückschein abzuliefern ist.

II Sendungen gegen Rückschein müssen vom Absender frankirt werden. Für die Beschaffung des Rückscheins ist eine besondere Gebühr von 20 Pf. vom Absender im voraus zu entrichten.

III Die Weigerung des Empfängers, den Rückschein zu vollziehen, gilt als Verweigerung der Annahme der Sendung.

IV Der Absender kann gegen eine im voraus zu entrichtende Gebühr von 20 Pf. einen Rückschein über die unter I bezeichneten Sendungen auch später als bei der Einlieferung der Sendung verlangen.

§. 27. Behandlung ordnungswidrig beschaffener Sendungen.

I Sendungen, welche nicht den vorstehenden Bestimmungen gemäß verpackt und verschlossen rc. sind, können dem Einlieferer zur Herstellung der vorschriftsmäßigen Beschaffenheit zurückgegeben werden.

II Verlangt jedoch der Einlieferer ungeachtet der erhobenen Ausstellungen die Beförderung der Sendung in ihrer mangelhaften Beschaffenheit, so muß die Beförderung geschehen, wenn aus den Mängeln ein Nachtheil für andere Postsendungen oder eine Störung der Ordnung im Dienstbetriebe nicht zu befürchten ist, der Einlieferer auch auf Ersatz und Entschädigung verzichtet und diese Verzichtleistung in der Aufschrift, bei Packeten auch auf der Postpacketadresse, durch die

Worte „Auf meine Gefahr" ausdrückt und unterschreibt. Wird über die Sendung eine Einlieferungsbescheinigung ertheilt, so hat die Postanstalt über die Verzichtleistung des Einlieferers in der Bescheinigung einen Vermerk niederzuschreiben.

Läßt die Beschaffenheit der Sendung Nachtheile für den Postbetrieb befürchten, so ist die Post berechtigt, die Beförderung abzulehnen. § 5 III, § 6 IV, Post-G. § 3.

III Auch wenn die Annahme der Sendung nicht wegen mangelhafter Beschaffenheit beanstandet worden ist, hat dennoch der Absender alle die Nachtheile zu vertreten, die aus einer vorschriftswidrigen Verpackung, Verschließung und Aufschrift hervorgegangen sind. Ebenso hat der Absender den Schaden zu ersetzen, welcher durch die Beförderung von Gegenständen entsteht, die von der Postbeförderung ausgeschlossen oder zur Postbeförderung nur bedingt zugelassen sind (§§. 5 und 6).

§. 28. Zeitungsvertrieb.

Soll eine Zeitung der Postverwaltung zum Vertrieb übergeben werden, so hat der Verleger eine entsprechende schriftliche Erklärung nach Maßgabe der von der Postverwaltung vorgeschriebenen Fassung bei der Postanstalt niederzulegen.

Diese Erklärung gilt als Bestandtheil des Vertrages zwischen der Postverwaltung und dem Verleger. Post-G. § 50.

§. 29. Ort der Einlieferung.

I Sofern der Umfang und die sonstige Beschaffenheit der Gegenstände nicht ein Anderes bedingen, sind gewöhnliche Briefsendungen mittelst der Briefkasten zur Einlieferung zu bringen. Es ist auch gestattet, derartige Sendungen den Postbegleitern, Postillonen und Beförderern von Botenposten, wenn diese sich unterwegs im Dienste befinden, sowie den Führern der zu Postzwecken dienenden Privat-Personenfuhrwerke zu übergeben.

Zur Frankirung der mittels der Briefkasten einzuliefernden Gegenstände müssen Postwerthzeichen benutzt werden. P.O. § 50 I.

II Die Einlieferung sonstiger mit der Post zu befördernden Sendungen muß, mit der unter III gestatteten Ausnahme, bei den Postanstalten an der Annahmestelle geschehen. Die als Ergänzungsanlagen in Landorten errichteten Posthülfstellen besitzen nicht die Eigenschaft von Postanstalten und sind in der Annahme von Postsendungen beschränkt (VIII).

III In den Orten, in denen mit Pferden auszuführende Packetbestellfahrten bestehen, dürfen den Packetbestellern gewöhnliche Packete zur Ablieferung an die Postanstalt übergeben werden. Es ist auch gestattet, bei der Postanstalt die Abholung von Packeten aus der Wohnung schriftlich zu bestellen. Für derartige Bestellschreiben oder Bestellkarten kommt eine Gebühr nicht zur Erhebung; sie können in die Briefkasten gelegt oder den bestellenden Boten mitgegeben werden.

Den Landbriefträgern dürfen auf ihren Bestellgängen zur Ablieferung an die Postanstalt oder zur

Bestellung unterwegs die nachbezeichneten Sendungen übergeben werden:

gewöhnliche und einzuschreibende Briefsendungen,
Postanweisungen,
gewöhnliche und einzuschreibende Packete,
Nachnahmesendungen und
Sendungen mit Werthangabe, im Einzelnen bis zum Werthbetrage von 800 Mark.

Zur Mitnahme von Packeten sind die Landbriefträger zu Fuß nur insoweit verpflichtet, als die Packete geschützt untergebracht werden können und Unzuträglichkeiten für die Beförderung oder Bestellung der sonstigen Sendungen nicht zu besorgen sind.

Von den Landbriefträgern werden auf ihren Bestellgängen auch Bestellungen auf Zeitungen angenommen.

Für die den Packetbestellern und Landbriefträgern nach Maßgabe der obigen Bestimmungen übergebenen Sendungen leistet die Postverwaltung dieselbe Garantie, wie für die bei den Postannahmestellen aufgegebenen Sendungen.

IV Jeder Landbriefträger führt auf seinem Bestellgang ein Annahmebuch mit sich, in welches er die von ihm angenommenen Einschreibsendungen, Sendungen mit Werthangabe, Postanweisungen, gewöhnlichen Packete und Nachnahmesendungen, die zur Frankirung dieser Sendungen baar entrichteten Beträge sowie die angenommenen Bestellungen auf Zeitungen nebst den ihm hierfür übergebenen Geldbeträgen einzutragen hat. Ein Annahmebuch führt auch jeder zur Annahme gewöhnlicher Packete ermächtigte Packetbesteller mit sich. Der Einlieferer oder Auftraggeber ist berechtigt, sich das Annahmebuch vorzeigen zu lassen, um sich von den Eintragungen zu überzeugen, auch kann er die Eintragungen selbst bewirken.

V Die Einlieferungsbescheinigungen, soweit solche über die vom Packetbesteller oder Landbriefträger angenommenen Sendungen zu ertheilen sind, sowie die Quittungen über die vom Landbriefträger angenommenen Zeitungsgelder werden erst durch die Postanstalt ausgestellt und dem Einlieferer 2c., wenn möglich beim nächsten Bestellgang, überbracht.

VI Für die von den Landbriefträgern auf ihren Bestellgängen eingesammelten portopflichtigen Einschreibbriefsendungen, Packete bis 2½ Kilogramm einschließlich, Postanweisungen und Briefe mit Werthangabe (III) ist, wenn diese Gegenstände zur Weitersendung durch die Postanstalt des Amtsorts des Landbriefträgers nach einer anderen Postanstalt bestimmt sind, außer dem Porto und den sonstigen Gebühren eine Nebengebühr von 5 Pf., für Packete von höherem Gewicht als 2½ Kilogramm eine solche von 20 Pf. im voraus zu entrichten.

VII Für die von den Packetbestellern auf ihren Bestellfahrten eingesammelten gewöhnlichen Packete (III) kommt außer dem Porto eine Nebengebühr von 10 Pf. zur Erhebung, die im voraus zu entrichten ist.

VIII Bei den Posthülfstellen dürfen gewöhnliche

Briefsendungen und bei denjenigen Posthülfsstellen, welche zur Annahme von Packeten ermächtigt sind, auch gewöhnliche Packete eingeliefert werden. Die Annahme von Einschreibsendungen, Sendungen mit Werthangabe und von Postanweisungen gehört nicht zu den dienstlichen Verpflichtungen der Posthülfsstelle. Es können jedoch derartige Sendungen in dem unter III festgesetzten Umfange bei der Posthülfsstelle zur Weitergabe an den Landbriefträger niedergelegt werden. Diese Niederlegung ist aber lediglich Vertrauenssache der Absender gegenüber dem Inhaber der Posthülfsstelle. Die Haftpflicht der Postverwaltung beginnt erst mit erfolgter Ablieferung der Sendungen an den Landbriefträger. Die eingelieferten Packete, sowie die niedergelegten Einschreibsendungen, Sendungen mit Werthangabe und Postanweisungen hat der Inhaber der Posthülfsstelle sogleich in sein Annahmebuch einzutragen, wovon sich der Einlieferer überzeugen kann; dieser ist auch zur Eintragung selbst befugt.

Für die Einlieferung von Sendungen bei einer Posthülfsstelle wird keine Nebengebühr erhoben.

§. 30. Zeit der Einlieferung.

I Die Einlieferung bei den Postanstalten muß während der Schalterdienststunden und, wenn die Sendung mit der nächsten dazu geeigneten Post befördert werden soll, vor der Schlußzeit dieser Post

II Die Postschalterdienststunden werden nach Maßgabe der örtlichen Verhältnisse festgesetzt und durch die bei den Postanstalten aushängenden Postberichte zur Kenntniß des Publikums gebracht.

III Als Schlußzeit für die Einlieferung bei den Annahmestellen der Postanstalten gelten in der Regel die nachbezeichneten Fristen vor dem planmäßigen Abgange der Post:

1) für gewöhnliche Briefe und Postkarten
eine viertel bis eine halbe Stunde;
2) für gewöhnliche Drucksachen, Geschäftspapiere und Waarenproben
eine halbe bis eine Stunde;
3) für einzuschreibende Briefsendungen
eine viertel bis eine halbe Stunde;
4) für alle anderen Gegenstände
eine Stunde.

IV Falls die ordnungsmäßige Bearbeitung der Sendungen innerhalb der vorbezeichneten Fristen wegen besonderer örtlicher Verhältnisse nicht ausführbar sein sollte, können die Schlußzeiten angemessen verlängert werden. Das Gleiche gilt im Einzelfalle bei gleichzeitiger Einlieferung größerer Mengen von Sendungen durch denselben Absender.

V In jedem Falle werden bei Postbeförderungen auf Eisenbahnen die Schlußzeiten um so viel verlängert, als erforderlich ist, um die Sendungen von der Postanstalt nach dem Bahnhofe zu befördern und auf dem Bahnhof überzuladen.

VI Für Posten, die außerhalb der gewöhnlichen Dienststunden abgehen, bildet der Ablauf der Dienststunden die Schlußzeit, sofern diese nicht nach den vorstehenden Festsetzungen früher eintritt.

VII Die Briefkasten an und in den Posthäusern werden bei Eintritt der Schlußzeit jeder Post, zu den außerhalb der gewöhnlichen Dienststunden abgehenden Posten auch noch vor deren Abgange geleert. Die Leerungszeiten der anderen Briefkasten werden nach den örtlichen Bedürfnissen festgesetzt; die Zeit der nächsten Leerung ist an jedem Briefkasten ersichtlich. Die Briefkasten auf den Bahnhöfen werden möglichst kurz vor dem planmäßigen Abgang eines jeden für den betreffenden Ort zur Postbeförderung benutzten Postzugs geleert. Die Einlegung gewöhnlicher Briefsendungen in die Briefkasten der Bahnpostwagen ist, soweit nicht für einzelne Züge Einschränkungen angeordnet sind, bis zum Abgange des Zuges zulässig.

VIII Soweit die örtlichen Verhältnisse es gestatten, werden Einschreibsendungen und gewöhnliche Packete von den Postanstalten sowie nöthigen Falles Einschreibbriefsendungen von den selbständigen Telegraphenanstalten auch außerhalb der Postschalterdienststunden angenommen. Die näheren Bestimmungen hierüber werden durch die Postberichte (II) zur öffentlichen Kenntniß gebracht. Für jede Sendung ist eine besondere Einlieferungsgebühr von 20 Pf. im voraus zu entrichten.

§. 31. Einlieferungsbescheinigung.

Die Einlieferung solcher Sendungen, über welche die Postanstalt eine Einlieferungsbescheinigung auszustellen hat, wird durch diese bewiesen; der Einlieferer hat sich daher nicht zu entfernen, ohne sie in Empfang genommen zu haben. Vermag der Absender die Bescheinigung nicht vorzulegen, so wird die Einlieferung als nicht geschehen erachtet, wenn sie nicht aus den postamtlichen Buchungen ersichtlich ist oder nicht in anderer Weise überzeugend nachgewiesen wird.

§. 32. Leitung der Postsendungen.

Auf welchem Wege die Postsendungen zu leiten sind, wird von der Postbehörde bestimmt.

§. 33. Zurückziehung von Postsendungen und Aenderung von Aufschriften durch den Absender.

I Der Absender kann eine Postsendung zurücknehmen oder ihre Aufschrift ändern lassen, solange sie dem Empfänger noch nicht ausgehändigt ist.

II Die Rücknahme kann erfolgen am Aufgabeort oder am Bestimmungsort, ausnahmsweise auch an einem Unterwegsorte, sofern dadurch keine Störung des Dienstes herbeigeführt wird.

III Die Rückgabe geschieht an denjenigen, welcher ein von derselben Hand, von der die Aufschrift der Sendung geschrieben ist, ausgefertigtes Doppel des

Briefumschlags, der Postanweisung oder der Postpacketadresse abgiebt und die Einlieferungsbescheinigung, sofern eine solche ertheilt ist, vorlegt.

IV Eine bereits abgegangene Sendung kann durch Vermittelung der Aufgabe-Postanstalt zurückgefordert werden. Derjenige, welcher sie zurückfordert, muß sich als Absender ausweisen (III) und die Sendung der Aufgabe-Postanstalt schriftlich so genau bezeichnen, daß sie unzweifelhaft als die verlangte zu erkennen ist.

V In gleicher Weise ist die Aenderung der Aufschrift von Postsendungen zu beantragen.

Eine einfache Berichtigung der Aufschrift (ohne Aenderung des Namens oder der Eigenschaft des Empfängers) kann jedoch vom Absender bei gewöhnlichen Briefsendungen auch unmittelbar bei der Bestimmungs-Postanstalt beantragt werden, also ohne Erfüllung der für die Aenderung der Aufschrift vorgeschriebenen Formen.

VI Die Rückforderung oder das Verlangen der Aufschriftänderung wird entweder brieflich oder telegraphisch von der Aufgabe-Postanstalt der Postanstalt, welche die Sendung zurücksenden oder die Aufschrift ändern soll, übermittelt. Der Absender hat dafür zu entrichten:

1) wenn die Uebermittelung brieflich erfolgt, das Porto für einen einfachen Einschreibbrief;
2) wenn die Uebermittelung auf telegraphischem Wege geschieht, die Gebühren für die Beförderung des Telegramms.

VII Ist die Sendung noch nicht abgegangen, so wird auf Verlangen von der Postanstalt das Franko bei Rückgabe des Briefumschlags 2c. erstattet.

VIII Ist die Sendung bereits abgegangen, so wird das Porto für den Rückweg wie bei einer gewöhnlichen Rücksendung (§. 45 VIII) erhoben. Wird die Sendung zurückgeleitet, bevor sie den Bestimmungsort erreicht hat, so ist das Porto für den Hinweg und für den Rückweg nach der wirklich zurückgelegten Entfernung unter Abrechnung des etwa gezahlten Frankos zu entrichten.

§. 34. Aushändigung von Postsendungen an den Empfänger an Unterwegsorten.

I Auch an einem Unterwegsorte kann die Aushändigung einer Sendung an einen sich gehörig ausweisenden Empfänger stattfinden, sofern keine dem Beamten bekannte Bedenken entgegenstehen und keine Störung des Dienstes herbeigeführt wird.

II Das Porto wird nach der wirklich stattgehabten Beförderung berechnet. Eine Erstattung von Porto für frankirte Sendungen findet nicht statt.

§. 35. Herstellung des Verschlusses und Eröffnung der Sendungen durch Postbeamte.

I Hat der Verschluß einer Sendung sich gelöst, so wird er postamtlich wiederhergestellt.

II Ist durch die Beschädigung 2c. bei einem Briefe mit Werthangabe oder einem Packete die Herausnahme des Inhalts möglich geworden, so wird vor Herstellung des Verschlusses die Sendung geöffnet und der Inhalt festgestellt. Die Postbeamten müssen sich jeder über den Zweck der Eröffnung hinausgehenden Einsicht der Sendung enthalten.

III Der Beamte, welcher die Herstellung der Verpackung ꝛc. oder die Feststellung des Inhalts bewirkt, muß thunlichst einen Zeugen hinzuziehen. Der Beamte und der Zeuge haben den über den Hergang auf der Sendung niederzuschreibenden Vermerk oder die darüber aufzunehmende Verhandlung zu unterzeichnen.

IV Beim Eingange von Briefen mit Werthangabe und Packeten, die nach den vorstehenden Bestimmungen anderweit verschlossen worden sind, ist der Empfänger davon in Kenntniß zu setzen und zu ersuchen, sich zur Eröffnung der Sendung in Gegenwart eines Postbeamten im Postdienstzimmer innerhalb der zu bestimmenden Frist einzufinden Etwaige Erinnerungen, die der erschienene Empfänger bei Eröffnung der Sendung gegen deren Inhalt erhebt, sind in die Verhandlung aufzunehmen, durch welche der Befund festgestellt wird. Leistet der Empfänger dem Ersuchen keine Folge oder verzichtet er ausdrücklich auf Eröffnung der Sendung, so erfolgt deren Bestellung und Aushändigung in gewöhnlicher Weise.

V Sendungen mit Drucksachen, Geschäftspapieren oder Waarenproben zum Zwecke der Prüfung über die Zulässigkeit des ermäßigten Portos zu öffnen und einzusehen, sind die Postbeamten auch ohne weiteres Verfahren befugt.

VI Wenn eine Sendung in Folge mangelhafter Verpackung postamtlich neu verpackt werden muß, so werden die Kosten vom Empfänger oder, wenn von diesem keine Zahlung zu erlangen ist, vom Absender eingezogen.

§. 36. Bestellung und Bestellgebühren.

I Die Verbindlichkeit der Postverwaltung, die angekommenen Gegenstände dem Empfänger ins Haus senden (bestellen) zu lassen, erstreckt sich:

1) im Ortsbestellbezirk
   a) auf gewöhnliche und eingeschriebene Briefsendungen;
   b) auf gewöhnliche und eingeschriebene Packete;
   c) auf Sendungen mit einer Werthangabe bis einschl. 3000 Mark;
   d) auf Postaufträge;
   e) auf Postanweisungen nebst den Geldbeträgen;
   f) auf Ablieferungsscheine und Postpacketadressen zu Sendungen mit Werthangabe, die nach Vorstehendem nicht bestellt werden, sowie auf Postpacketadressen zu zollpflichtigen Packeten;
2) im Landbestellbezirk
   a) auf gewöhnliche und eingeschriebene Briefsendungen;

b) auf gewöhnliche und eingeschriebene Packete, soweit sie im Einzelnen nicht über 5 Kilogramm wiegen und in der Landbriefträgertasche untergebracht oder durch anderweitige Vorkehrungen gegen Nässe ꝛc. geschützt werden können;
c) auf Sendungen mit einer Werthangabe bis einschl. 800 Mark, bei Packeten unter den Voraussetzungen zu b;
d) auf Postaufträge;
e) auf Postanweisungen nebst den Geldbeträgen;
f) auf Postpacketadressen und Ablieferungsscheine zu Packeten und Sendungen mit Werthangabe, die nach Vorstehendem nicht bestellt werden, sowie auf Postpacketadressen zu zollpflichtigen Packeten.

Die Postbehörde kann die Verpflichtung zur Bestellung bei besonderer Veranlassung beschränken und für bestimmte Orte dauernd oder vorübergehend die Bestellung in weiterem Umfang übernehmen.

Die für Bewohner von Landorten mit Posthülfstelle bestimmten gewöhnlichen Briefsendungen und Packete können der Posthülfstelle zugeführt und entweder durch den Inhaber der Posthülfstelle abgetragen oder zur Abholung bereit gehalten werden (§. 42). Wenn im letzteren Falle die Sendungen bis zur nächsten Ankunft des Landbriefträgers bei der Posthülfstelle nicht vom Empfänger abgeholt sind, so erfolgt die Bestellung durch den Landbriefträger.

a. Die Postverwaltung ist berechtigt, die Bestellung von Postsendungen nach solchen Wohnstätten abzulehnen, welche auf allgemein zugänglichen Wegen nicht erreicht werden können.

b. Post-G. § 50 Nr. 7. Vgl. Eisenbahn-Verkehrsordnung v. 26. Oktober 1899 § 68.

c. Ueber die Haftpflicht der Post für richtige und pünktliche Bestellung vgl. Post-G. § 6.

II Soweit die Postverwaltung die Bestellung nicht übernimmt, müssen gewöhnliche und eingeschriebene Packete, Sendungen mit Werthangabe und die Postanweisungsbeträge auf Grund der Postpacketadresse, des Ablieferungsscheins oder der Postanweisung von der Post abgeholt werden (§. 43).

III Für die Bestellung der gewöhnlichen Packete und der Einschreibpackete im Ortsbestellbezirke werden erhoben:

1) bei den Postämtern I. Klasse
   a) für Packete bis 5 Kilogramm einschließlich . . . . . . 10 Pf.;
   b) für schwerere Packete . . . 15 „ .

Für einzelne große Orte kann durch die oberste Postbehörde die Bestellgebühr bei Packeten bis 5 Kilogramm auf 15 Pf. und bei schwereren Packeten auf 20 Pf. festgesetzt werden. Wegen der Einschreibpackete siehe auch V.

Die höhere Bestellgebühr wird erhoben in Altona,

Berlin, Bremen, Breslau, Charlottenburg, Cöln, Danzig, Dresden, Frankfurt (Main), Hamburg, Hannover, Königsberg (Pr.), Leipzig, Straßburg (Els.).

2) bei den übrigen Postanstalten

a) für Packete bis 5 Kilogramm einschließlich . . . . 5 Pf.;

b) für schwerere Packete . . . 10 „ .

Gehört mehr als ein Packet zu einer Postpacketadresse, so kommt für das schwerste Packet die ordnungsmäßige Bestellgebühr, für jedes weitere Packet aber nur eine Gebühr von 5 Pf. in Ansatz.

IV Für die Bestellung der Sendungen mit Werthangabe im Ortsbestellbezirke werden erhoben:

1) für Briefe mit Werthangabe

a) bis zum Betrage von 1500 Mark 5 Pf.,

b) im Betrage von mehr als 1500 bis 3000 Mark . . . . . . 10 „ ;

2) für Packete mit Werthangabe die Sätze für Bestellung gewöhnlicher Packete (III), mindestens aber die Sätze unter 1.

V An Orten, wo Sendungen mit höherer Werthangabe als 3000 Mark bestellt werden, ist dafür eine Bestellgebühr von 20 Pf. zu erheben. Für große Orte kann die oberste Postbehörde die Bestellgebühr auch bei Einschreibpacketen und bei Packeten mit Werthangabe von 3000 Mark und weniger auf 20 Pf. festsetzen.

VI Die Bestellgebühr für Postanweisungen nebst den Geldbeträgen im Ortsbestellbezirke beträgt 5 Pf. für jede Postanweisung. Diese Gebühr kommt auch dann zur Erhebung, wenn die Geldbeträge auf ein Girokonto der Reichsbank überwiesen werden.

VII Für das Abtragen der Briefe mit Werthangabe, der bis 2½ Kilogramm schweren Packete mit oder ohne Werthangabe, der Einschreibpackete bis 2½ Kilogramm und der Postanweisungen nach dem Landbestellbezirke werden durchweg 10 Pf. für das Stück erhoben. Gelangen Packete von höherem Gewicht als 2½ Kilogramm zur Bestellung, so beträgt das Bestellgeld 20 Pf. für das Stück.

In Orten mit Posthülfsstelle wird bei Bestellung der Packete durch den Inhaber der Hülfsstelle durchweg ein Bestellgeld von 10 Pf. für das Stück erhoben.

VIII Die Bestellgebühren können vom Absender im voraus entrichtet werden. In solchem Falle ist in der Aufschrift der Sendung vom Absender der Vermerk „Frei einschließlich Bestellgeld" niederzuschreiben. Vorausbezahlte Bestellgebühren werden nicht erstattet, wenn die Aushändigung der Sendung am Bestimmungsort im Wege der Abholung (§. 42) erfolgt ist.

IX Die Bestellgebühren werden auch für portofreie Sendungen erhoben.

X Für das Abtragen der durch die Post bezogenen Zeitungen und Zeitschriften sind im Orts- und Landbestellbezirke für jedes Exemplar monatlich zu entrichten:

a)	für Zeitungen, die seltener als wöchentlich einmal bestellt werden .	2 Pf.,
b)	für Zeitungen, die wöchentlich einmal bestellt werden	4 „ ,
c)	für Zeitungen, die wöchentlich zweimal bestellt werden	6 „ ,
d)	für Zeitungen, die wöchentlich dreimal bestellt werden	8 „ ,
e)	für Zeitungen, die wöchentlich viermal bestellt werden	10 „ ,
f)	für Zeitungen, die wöchentlich fünfmal bestellt werden	12 „ ,
g)	für Zeitungen, die wöchentlich sechs- und siebenmal bestellt werden . .	14 „ ,
h)	für Zeitungen, die wöchentlich achtmal bestellt werden	16 „ ,
i)	für Zeitungen, die wöchentlich neunmal bestellt werden	18 „ ,
k)	für Zeitungen, die wöchentlich zehnmal bestellt werden	20 „ ,
l)	für Zeitungen, die wöchentlich elfmal bestellt werden	22 „ ,
m)	für Zeitungen, die wöchentlich zwölf- bis vierzehnmal bestellt werden . .	24 „ ,
n)	für Zeitungen, die wöchentlich fünfzehnmal bestellt werden	26 „ ,

o) für Zeitungen, die wöchentlich sechszehnmal bestellt werden . . . . 28 Pf.,
p) für Zeitungen, die wöchentlich siebzehnmal bestellt werden . . . . 30 „ ,
q) für Zeitungen, die wöchentlich achtzehn- bis einundzwanzigmal bestellt werden . . . . 32 „ ,
r) für die amtlichen Verordnungsblätter 2 „ .

Das Zeitungsbestellgeld wird für die Dauer der Bezugszeit im voraus erhoben, und zwar vom 1. des Monats ab, in welchem die Abtragung beginnt. Die Bestellung erfolgt so oft, wie Gelegenheit dazu vorhanden ist.

§. 37. Gebühren für Postsendungen im Orts- und Nachbarortsverkehre.

I Für Ortssendungen (Postsendungen an Empfänger im Orts- oder Landbestellbezirke des Aufgabe-Postorts) werden erhoben:

a) für Briefe
im Frankirungsfalle . . . . 5 Pf.,
im Nichtfrankirungsfalle . . . 10 „ ;

b) für Postkarten
im Frankirungsfalle . . . . . . 2 „ ,
im Nichtfrankirungsfalle . . . 4 „ ;

c) für Drucksachen

	bis	50	Gramm	einschließlich		2	Pf.,
über	50	„	100	„	„	3	„ ,
„	100	„	250	„	„	5	„ ,
„	250	„	500	„	„	10	„ ,

über 500 Gramm bis 1 Kilogramm
einschließlich . . . . 15 Pf.;

d) für Geschäftspapiere
bis 250 Gramm einschließlich 5 Pf.,
über 250 „ 500 „ „ 10 „ ,
„ 500 Gramm bis 1 Kilogramm einschließlich . . . . 15 „ ;

e) für Waarenproben
bis 250 Gramm einschließlich 5 Pf.,
über 250 „ 350 „ „ 10 „ ;

f) für zusammengepackte Drucksachen, Geschäftspapiere und Waarenproben (§. 11)
bis 250 Gramm einschließlich 5 Pf.,
über 250 „ 500 „ „ 10 „ ,
„ 500 Gramm bis 1 Kilogramm einschließlich . . . . 15 „ .

Drucksachen, Geschäftspapiere und Waarenproben sowie die daraus zusammengepackten Sendungen müssen frankirt sein.

II Gleich hohe Gebühren werden erhoben im Verkehre derjenigen Nachbarorte, auf welche der Reichskanzler gemäß Artikel 1 Ziffer II des Gesetzes, betr. einige Aenderungen von Bestimmungen über das Postwesen vom 20. Dezember 1899, den Geltungsbereich der Ortstaxe ausgedehnt hat (Nachbarortsverkehr).

III Werden die Postsendungen (I) unter Einschreibung oder unter Nachnahme eingeliefert, so treten den obigen Gebühren die Einschreib- und die Vorzeigegebühr (§§. 13 und 19) hinzu. Bei Briefen mit Zustellungsurkunde tritt die Zustellungsgebühr (§. 25) hinzu; für die Rücksendung der Zustellungsurkunde wird im Ortsverkehre keine Gebühr, im Nachbarortsverkehr eine solche von 5 Pf. erhoben.

IV Bei unzureichend frankirten Briefen wird die Gebühr für unfrankirte Briefe abzüglich des Betrags der verwendeten Postwerthzeichen berechnet, für unzureichend frankirte sonstige Sendungen das Doppelte des Fehlbetrags, nöthigen Falles unter Abrundung auf eine durch 5 theilbare Pfennigsumme aufwärts.

V Die vorstehend nicht bezeichneten Postsendungen des Orts- und Nachbarortsverkehrs unterliegen denselben Taxen (einschließlich der Bestellgebühren — §. 36 —) wie die gleichartigen Postsendungen des sonstigen Verkehrs; soweit bei den Taxen die Entfernung in Betracht kommt, wird der Satz für die geringste Entfernungsstufe in Anwendung gebracht.

VI Eine Porto- und Gebührenfreiheit besteht bei Postsendungen an Empfänger im Orts- oder Landbestellbezirke des Aufgabe-Postorts nicht.

Vgl. Porto-Freiheits-G. (Nr. X) § 3 Abs. II und Anm. b das.

§. 38. Zeit der Bestellung.

Die Postbehörde bestimmt, wie oft täglich und in welchen Fristen die eingegangenen Sendungen zu bestellen sind. Wegen der Eilsendungen siehe §. 22.

§. 39. An wen die Bestellung geschehen muß.

I Die Bestellung erfolgt an den Empfänger selbst oder an dessen Bevollmächtigten. Wegen Bestellung der Briefe mit Zustellungsurkunde siehe §. 40.

II Für die Empfangsberechtigung bei Postsendungen an Handelsfirmen (Einzelfirmen und Handelsgesellschaften), Genossenschaften und Vereine sind, wenn diese in die Handels-, Genossenschafts- und Vereinsregister eingetragen sind, die über die Vertretungsbefugniß in die Register eingetragenen Bestimmungen maßgebend. Postsendungen an nicht in die Register eingetragene Handelsfirmen, Genossenschaften und Vereine sowie an Gesellschaften, Direktionen, Ausschüsse, Büreaus, Geschäftsstellen und ähnliche Firmen, in deren Aufschrift der Empfänger nicht namentlich bezeichnet ist, sind an diejenige Person auszuhändigen, welche der Postanstalt als Inhaber, Direktor, Vorsteher 2c. bekannt ist oder als solcher sich unzweifelhaft ausweist.

Bei Sendungen an Handelsfirmen und Handelsgesellschaften kommen die bezüglichen Vorschriften des Handelsgesetzbuches, bei Sendungen an Gesellschaften mit beschränkter Haftung das G., betreffend die Gesellschaften mit beschränkter Haftung, in der Fassung v. 20. Mai 1898 (R.G.Bl. 846), bei Sendungen an eingetragene Genossenschaften das G., betr. die Erwerbs- und Wirthschaftsgenossenschaften in der Fassung vom 20. Mai 1898 (R.G.Bl. 810) und bei Sendungen an eingetragene Vereine und Gesellschaften, die nicht Handelsgesellschaften pp. sind, die §§ 21 ff. bezw. 705 ff. des Bürgerl. Gesetzbuchs in Betracht.

Ist Adressat im Konkurse, so sind die Post- und

Telegraphenanstalten verpflichtet, auf Anordnung des Konkursgerichts alle für den Gemeinschuldner eingehenden Sendungen, Briefe und Telegramme dem Verwalter der Konkursmasse auszuhändigen. Das Gericht kann die Anordnung auf Antrag des Gemeinschuldners nach Anhörung des Verwalters aufheben oder beschränken (Konkursordn. § 121, Fassung v. 20. Mai 1898).

III Der Empfänger, welcher einen Dritten zur Empfangnahme der für ihn bestimmten Postsendungen bevollmächtigen will, hat die Vollmacht schriftlich auszustellen und darin die Gattungen der Sendungen genau zu bezeichnen, zu deren Empfangnahme der Bevollmächtigte befugt sein soll. Die Unterschrift des Machtgebers unter der Vollmacht muß, wenn ihre Richtigkeit nicht ganz außer Zweifel steht, von einem Beamten, der zur Führung eines amtlichen Siegels berechtigt ist, unter dessen Beidrückung beglaubigt sein. Die Vollmacht ist bei der Postanstalt, welche die Bestellung ausführen läßt, niederzulegen.

IV Ist außer dem Empfänger noch ein Anderer, wenn auch nur zur näheren Bezeichnung der Wohnung des Empfängers, in der Aufschrift genannt, z. B. „An A. bei B.", so ist dieser zweite Empfänger auch ohne ausdrückliche Ermächtigung als Bevollmächtigter des erstgenannten Empfängers zur Empfangnahme von gewöhnlichen Briefsendungen anzusehen. Ist ein Gasthof als Wohnung des Empfängers in der Aufschrift angegeben, so gilt der Gastwirth auch dann als bevollmächtigt zur Empfangnahme gewöhnlicher Briefsendungen, wenn der Empfänger noch nicht eingetroffen ist. Sind bei Postaufträgen mehrere Personen bezeichnet, so erfolgt die Vorzeigung nur an die zuerst genannte Person oder deren Bevollmächtigten.

V Wird der Empfänger oder dessen nach den vorstehenden Bestimmungen bestellter Bevollmächtigter in seiner Wohnung nicht angetroffen oder wird dem Briefträger ꝛc. der Zutritt zu ihnen nicht gestattet, so erfolgt die Bestellung und Aushändigung der gewöhnlichen Briefsendungen sowie der gewöhnlichen Packete oder der zugehörigen Postpacketadressen, ferner der Anlagen der Postaufträge zur Geldeinziehung, sofern der Betrag sogleich berichtigt wird, an einen Haus- (Geschäfts)beamten, ein erwachsenes Familienglied, einen sonstigen Angehörigen oder an einen Dienstboten des Empfängers oder des Bevollmächtigten. Wird Niemand angetroffen, an den hiernach die Bestellung und Aushändigung geschehen kann, so ist sie zulässig an den Hauswirth, den Wohnungsgeber oder den Pförtner des Hauses.

VI Hat der Empfänger oder dessen Bevollmächtigter (III) an seiner Wohnung oder an seinen Geschäftsräumen einen Briefkasten anbringen lassen, so werden gewöhnliche frankirte Briefsendungen durch die bestellenden Boten in den Briefkasten gelegt, soweit dessen Beschaffenheit es gestattet und andere Verabredungen nicht bestehen.

VII Einschreibsendungen und Sendungen mit Werthangabe bis 400 Mark oder die zugehörigen Ablieferungsscheine und Postpacketadressen (§. 36 I und II) sowie Postanweisungen bis 400 Mark können, wenn der Empfänger oder sein Bevollmächtigter in der Wohnung nicht angetroffen oder dem Briefträger ꝛc. der Zutritt nicht gestattet wird, an ein erwachsenes Familienglied des Empfängers bestellt werden.

Bei höherem Werth- oder Postanweisungsbetrage muß die Bestellung an den Empfänger oder seinen Bevollmächtigten selbst erfolgen.

Die Bestellung der Einschreibsendungen, Sendungen mit Werthangabe und Postanweisungen oder der zugehörigen Ablieferungsscheine und Postpacketadressen (§. 36 I und II) hat stets an den Empfänger selbst stattzufinden, wenn die Sendungen vom Absender mit dem Vermerk „Eigenhändig" versehen sind.

VIII Lautet bei Einschreibsendungen, Sendungen mit Werthangabe, Postanweisungen und gewöhnlichen Packeten die Aufschrift:

„An A. zu erfragen bei B." „An A. abzugeben bei B." „An A. im Hause des B." „An A. wohnhaft bei B.",	so muß die Bestellung an den zuerst genannten Empfänger (A.), seinen Bevollmächtigten oder den sonstigen Empfangsberechtigten (V und VII) erfolgen;

lautet die Aufschrift dagegen:

„An A. zu Händen des B.“ „An A. abzugeben an B.“ „An A. für B.“ „An A. unter (per) Adresse des B.“,	so darf die Bestellung sowohl an den zuerst genannten Empfänger (A.) als auch an den zuletzt genannten (B.), deren Bevollmächtigten oder den sonstigen Empfangsberechtigten (V und VII) erfolgen.

IX Sendungen gegen Rückschein dürfen nur an den Empfänger selbst oder seinen Bevollmächtigten bestellt werden.

X Die Bestellung von Einschreibsendungen, Postanweisungsbeträgen und Sendungen mit Werthangabe sowie von gewöhnlichen Packeten gegen Rückschein darf nur gegen Empfangsbescheinigung geschehen; die Person, an welche die Bestellung erfolgt, hat den Ablieferungsschein (Rückschein) oder die auf der Rückseite der Postanweisung oder der Postpacketadresse vorgedruckte Quittung handschriftlich zu vollziehen. Des Schreibens unkundige oder am Schreiben verhinderte Personen unterzeichnen mittelst Handzeichens, welches durch den Gemeinde- oder Bezirksvorsteher oder eine andere zur Führung eines amtlichen Siegels berechtigte Person unter Beidrückung des Siegels zu beglaubigen ist.

Wegen der Rückscheine vgl. § 26.

XI Die Bestellung der Postsendungen an Bewohner von Schlössern regierender deutscher Fürsten, an Militärpersonen sowie an Zöglinge von Erziehungsanstalten, Pensionaten rc. erfolgt auf Grund der mit den zuständigen Behörden oder den Vorstehern der Erziehungsanstalten getroffenen besonderen Abkommen an die von den Behörden rc. beauftragten Personen.

XII Die an Kranke in öffentlichen Krankenanstalten gerichteten Postsendungen dürfen an den Vorstand der Krankenanstalt behändigt werden, sofern dem Briefträger rc. der Zutritt zu dem Kranken nicht gestattet wird.

XIII Postsendungen, die an verstorbene Personen gerichtet sind, dürfen den Erben ausgehändigt werden, wenn sich diese durch Vorlegung des Testaments, der gerichtlichen Erbbescheinigung rc. ausgewiesen haben; solange dieser Nachweis nicht erbracht ist, kann nur die Aushändigung gewöhnlicher Briefsendungen nach den Vorschriften unter V erfolgen. Ist ein Testamentsvollstrecker oder Nachlaßpfleger ernannt, so sind die Sendungen an diesen auszuhändigen.

XIV Hinsichtlich der Behändigung von Sendungen durch Eilboten gelten dieselben Bestimmungen, welche für die im gewöhnlichen Wege zur Bestellung gelangenden Sendungen maßgebend sind.

XV Zollpflichtige Postsendungen werden zur zollamtlichen Schlußabfertigung an die zuständigen Zoll- und Steuerstellen übergeben. Die Haftpflicht der Postverwaltung erlischt, sobald die ordnungsmäßige Uebergabe der Sendung an die Zoll- oder Steuerstelle auf Grund der bestehenden Vorschriften stattgefunden hat.

§. 40. Bestellung der Briefe mit Zustellungsurkunde.

I Auf die Bestellung von Briefen mit Zustellungsurkunde finden die Bestimmungen in den §§. 180 bis 186, 195, 208 und 212 der Civilprozeßordnung für das Deutsche Reich in der Fassung vom 20. Mai 1898 mit der Maßgabe Anwendung, daß an die Stelle des Gerichtsvollziehers der bestellende Bote der Postanstalt tritt.

II An Sonntagen und allgemeinen Feiertagen unterbleibt die Bestellung von Briefen mit Zustellungsurkunde, wenn sie nicht vom Absender auf der Aufschriftseite des Briefes besonders beantragt ist.

III Briefe, die an Eheleute gemeinschaftlich gerichtet sind, werden zugestellt, wie wenn sie an den Ehemann allein gerichtet wären. Leben die Eheleute getrennt, so werden solche Briefe als unbestellbar behandelt.

Briefe mit Zustellungsurkunde an verstorbene Personen sind stets als unbestellbar zu behandeln.

IV Wegen der Bestellung von Briefen mit Zustellungsurkunde, die von deutschen Gerichten, Gerichtsvollziehern, Gerichtsschreibern, Reichs- oder Staatsbehörden ausgehen, bewendet es bei den hierüber bestehenden besonderen Bestimmungen.

Vgl. § 25.

§. 41. Aushändigung von postlagernden Sendungen.

I Sendungen mit dem Vermerke „Postlagernd“ werden bei der Bestimmungs-Postanstalt aufbewahrt und dem Empfänger behändigt, wenn er sich meldet und auf Erfordern ausweist.

II Die Aufbewahrungsfrist beträgt:

a) bei Sendungen mit lebenden Thieren 2 mal 24 Stunden nach dem Eintreffen;

b) bei Sendungen mit Postnachnahme 7 Tage vom Tage nach dem Eintreffen;

c) bei sonstigen Postsendungen einen Monat vom Tage nach dem Eintreffen.

§. 42. Abholung der Postsendungen.

I Der Empfänger, welcher von der Befugniß, seine Postsendungen abzuholen oder abholen zu lassen, Gebrauch machen will, muß dies in einer schriftlichen Erklärung in der von der Postverwaltung vorgeschriebenen Fassung aussprechen und diese Erklärung bei der Postanstalt niederlegen. Hinsichtlich der Beglaubigung der Unterschrift unter der Erklärung gelten die Vorschriften des §. 39 III. Die Postbehörde ist berechtigt, anzuordnen, daß dieselbe Person sich höchstens zur Empfangnahme der für drei Abholer eingegangenen Postsendungen melden darf.

Die Abholung von Postsendungen bei Posthülfstellen ist ohne Abgabe einer schriftlichen Abholungserklärung gestattet.

Vgl. Post-G. § 48.

II Die Aushändigung erfolgt entweder am Postschalter innerhalb der Postschalter-Dienststunden (§. 30 II) oder, wenn die Postbehörde dem Abholer auf besonderen Antrag ein verschließbares Abholungsfach (Schließfach) überlassen hat, durch Einlegen in dieses Fach, dessen Leerung durch den Abholer nach besonderer Festsetzung der Postverwaltung auch außerhalb der Postschalterdienststunden zulässig ist. Auch bei Ueberlassung eines Schließfachs müssen Sendungen, die ihres Umfanges wegen nicht darin aufgenommen werden können, Nachnahmesendungen und mit Porto belastete Sendungen, wenn der Empfänger das Porto nicht stunden läßt, am Postschalter in Empfang genommen werden.

III Für die Ueberlassung eines verschließbaren Abholungsfachs nebst zwei Schlüsseln wird eine jährliche Gebühr von 12 Mark bei gewöhnlicher Größe und 18 Mark bei größerer Abmessung erhoben. Die Gebühr ist vierteljährlich im voraus zu entrichten. Die

Ueberlassung geschieht zunächst auf die Dauer eines Jahres. Fällt der Endpunkt nicht mit dem Ablauf eines Kalendervierteljahrs zusammen, so dauert die Ueberlassung bis zum Ablaufe des Vierteljahrs. Erfolgt nicht drei Monate vorher eine schriftliche Kündigung, so verlängert sich die Ueberlassung auf unbestimmte Zeit unter Vorbehalt einer dreimonatigen, nur zum Ende eines Kalendervierteljahrs zulässigen schriftlichen Kündigung.

Eine Verpflichtung zur Ueberlassung von Schließfächern besteht für die Postverwaltung nicht. Diese ist auch berechtigt, die Ueberlassung eines Faches jederzeit ohne Kündigung zurückzuziehen; alsdann wird die erhobene Gebühr u. U. antheilmäßig zurückgezahlt.

Vgl. Gesetz, betreffend Aenderung des Gesetzes über das Posttaxwesen, vom 11. März 1901 (Nr. IX).

IV Wenn in der Aufschrift von Postsendungen außer dem eigentlichen Empfänger A. eine zweite Person B. derart benannt ist, daß nach §. 39 IV und VIII die Aushändigung auch an B. erfolgen darf, so findet auf diese Sendungen eine von B. für seine eigenen Postsachen gegebene Abholungserklärung ohne Weiteres Anwendung. Dasselbe gilt für gewöhnliche Briefsendungen und gewöhnliche Packete, wenn ein Gasthof als Wohnung genannt ist und der Gastwirth zu den Abholern gehört.

V Insoweit die Postverwaltung die Bestellung von gewöhnlichen Packeten, von eingeschriebenen Packeten, von Sendungen mit Werthangabe oder von Geldbeträgen zu Postanweisungen übernommen hat, sind bezüglich der Bestellung oder Abholung:

a) die gewöhnlichen und eingeschriebenen Packete sowie die Packete mit Werthangabe nebst den Postpacketadressen sowie etwaigen Ablieferungsscheinen,

b) die Briefe mit Werthangabe nebst den Ablieferungsscheinen,

c) die Postanweisungen nebst den Geldbeträgen, gleichviel ob diese dem Empfänger baar ausgezahlt oder auf sein Girokonto der Reichsbank überwiesen werden,

je als eine zusammengehörige Sendung anzusehen.

VI Die mit den Posten ankommenden gewöhnlichen Briefsendungen müssen für die Abholer spätestens eine halbe Stunde nach der Ankunft zur Ausgabe gestellt werden, vorausgesetzt, daß die Abholungszeit in die Schalterdienststunden fällt. Eine Verlängerung jener Frist ist nur mit Genehmigung der obersten Postbehörde zulässig.

VII Bei eingeschriebenen Briefsendungen und Briefen mit Werthangabe wird zunächst nur der Ablieferungsschein, bei gewöhnlichen und eingeschriebenen Packeten, sowie bei Packeten mit Werthangabe zunächst nur die Postpacketadresse oder der etwaige Ablieferungsschein an den Abholer verabfolgt. Bei Postanweisungen wird zunächst nur die Postanweisung ohne den Betrag dem Abholer ausgehändigt.

VIII Die Bestellung erfolgt, der abgegebenen

Erklärung des Empfängers ungeachtet, durch Boten der Postanstalt:

1) wenn der Absender die Eilbestellung verlangt hat;
2) wenn es auf die Bestellung von Briefen mit Zustellungsurkunde oder auf die Vorzeigung von Postaufträgen ankommt;
3) wenn es sich um Einschreibsendungen, Postanweisungen und Sendungen mit Werthangabe handelt, die vom Absender mit dem Vermerk „Eigenhändig" versehen sind;
4) wenn der Empfänger den lagernden Gegenstand nicht am Tage nach dem Eingange, bei Sendungen mit lebenden Thieren (§. 6) nicht binnen 24 Stunden nach dem Eintreffen abholen läßt.

Die Ablehnung der Zahlung der Bestellgebühr im Falle zu 4 gilt als Verweigerung der Annahme.

§. 43. Aushändigung der Sendungen und Geldbeträge nach Behändigung der Postpacketadressen, Ablieferungsscheine und Postanweisungen.

I Nach der Aushändigung der Postpacketadressen, Ablieferungsscheine und Postanweisungen (§§. 36 I und II, 42 VII) werden die abzuholenden Sendungen und Geldbeträge während der Schalterdienststunden der Postanstalten an denjenigen verabfolgt, welcher sich zur Abholung meldet und bei gewöhnlichen

Packeten die Postpacketadresse, bei Einschreibsendungen, Sendungen mit Werthangabe und Postanweisungsbeträgen die mit dem Namen des Empfangsberechtigten unterschriebene Empfangsbescheinigung (Ablieferungsschein, Postpacketadresse, Postanweisung) abgiebt.

II Eine Untersuchung über die Echtheit der Unterschrift und des etwa hinzugefügten Siegels unter dem Ablieferungsscheine ꝛc. sowie eine weitere Prüfung der Berechtigung desjenigen, welcher diesen Schein ꝛc. überbringt, liegt der Postanstalt nach §. 49 des Gesetzes über das Postwesen nicht ob.

Dagegen hat die Postanstalt zu prüfen, ob der Unterschreibende zur Vertretung des Adressaten berechtigt ist, § 39 Anm. zu II. Bei Sendungen an Militär-, Gerichts-, Verwaltungs-, Kommunal- ꝛc. Behörden kommen die besonderen Vorschriften über die Form der von denselben auszustellenden Quittungen in Betracht.

III Wenn der Empfänger unterläßt, auf Grund der abgeholten Postpacketadressen, Ablieferungsscheine und Postanweisungen die Sendungen oder Geldbeträge bei der Postanstalt abzufordern, so werden

a) gewöhnliche Packete, soweit sie sich zur Bestellung eignen, am zweiten Tage nach dem Eingang unter Beachtung der Vorschriften des §. 42 VIII in die Wohnung bestellt,

b) gewöhnliche Packete, welche sich nicht zur Bestellung eignen, Einschreibsendungen, Sendungen mit Werthangabe und Postanweisungsbeträge am achten Tage nach dem Eingang als unbestellbar behandelt.

14*

Die Bestimmung unter b findet auch auf die Sendungen Anwendung, bei denen nach §§. 36 I und 42 VIII die Postpacketadressen rc. bestellt worden sind. Bei Bemessung der Fristen bleiben die Sonntage und allgemeinen Feiertage außer Betracht.

Bei Sendungen mit lebenden Thieren tritt in den Fällen zu a und b die Bestellung oder die Unbestellbarkeit bereits nach Ablauf von 24 Stunden nach dem Eingang ein (vergl. §. 6 I).

§. 44. Nachsendung der Postsendungen.

I Hat der Empfänger seinen Aufenthalts- oder Wohnort verändert und ist sein neuer Aufenthalts- oder Wohnort bekannt, so werden gewöhnliche und eingeschriebene Briefsendungen und Postanweisungen nachgesendet, wenn nicht er oder der Absender eine andere Bestimmung getroffen hat. Dasselbe gilt von den Postaufträgen nebst ihren Anlagen, falls der Absender nicht die sofortige Rücksendung oder die Weitergabe zur Protesterhebung oder die Absendung an eine andere, namentlich bezeichnete Person verlangt hat. Drucksachen, Geschäftspapiere und Waarenproben, die nach der Ortstaxe frankirt sind, werden in den Fernverkehr nur auf ausdrücklichen Wunsch des Absenders oder des Empfängers nachgesendet.

II Bei Packeten und bei Briefen mit Werthangabe erfolgt die Nachsendung nur auf Verlangen, entweder des Absenders oder des Empfängers.

III Hat der Absender durch einen Vermerk in der

Aufschrift, der bei Packeten auch auf der Postpacketadresse vorhanden sein muß, die Nachsendung ausgeschlossen, so darf eine solche auch auf Antrag des Empfängers (I und II) nicht eintreten.

IV Für Packete und für Briefe mit Werthangabe werden im Falle der Nachsendung das Porto und die Versicherungsgebühr von Bestimmungsort zu Bestimmungsort zugeschlagen, der Portozuschlag von 10 Pf. wird jedoch für die Nachsendung nicht erhoben. Für andere Sendungen findet ein neuer Ansatz von Porto nicht statt. Einschreib-, Postanweisungs- und Postauftragsgebühren sowie die Gebühr von 1 Mark für dringende Packete und die Vorzeigegebühr für Nachnahmesendungen werden bei der Nachsendung nicht noch einmal angesetzt.

Gehen gewöhnliche und eingeschriebene Briefsendungen aus dem Bereiche der Ortstaxe des Aufgabeorts (§. 37) hinaus und sind sie nicht bereits nach der Ferntaxe frankirt, so werden sie entsprechend nachtaxirt.

V Eine bei der Post bestellte Zeitung wird auf Verlangen des Beziehers an eine andere Postanstalt gegen eine Gebühr von 50 Pf. überwiesen. Wird die Ueberweisung gleichzeitig für den Rest der laufenden und für die kommende Bezugszeit beantragt, so ist die Gebühr doppelt zu entrichten. Die Gebühr wird auch für jede folgende Ueberweisung erhoben, kommt aber für die Rücküberweisung nach dem früheren Bezugsorte nicht in Ansatz.

§. 45. Behandlung unbestellbarer Postsendungen am Bestimmungsorte.

I Postsendungen sind für unbestellbar zu erachten:

1) wenn der Empfänger am Bestimmungsorte nicht zu ermitteln und die Nachsendung nach den Vorschriften im §. 44 nicht möglich oder nicht zulässig ist;
2) wenn die Annahme verweigert wird;
3) wenn eine Sendung mit dem Vermerke „Postlagernd" nicht innerhalb eines Monats vom Tage nach dem Eintreffen, bei Sendungen mit lebenden Thieren (§. 6) nicht spätestens innerhalb 2mal 24 Stunden nach dem Eintreffen von der Post abgeholt wird;
4) wenn eine Sendung mit Postnachnahme, auch wenn sie mit „Postlagernd" bezeichnet ist, nicht innerhalb 7 Tage vom Tage nach dem Eingang am Bestimmungsort eingelöst wird;
5) wenn Einschreibsendungen, Sendungen mit Werthangabe und zur Bestellung nicht geeignete Packete auf Grund der ausgehändigten Ablieferungsscheine ꝛc. oder bei Postanweisungen die Geldbeträge nicht innerhalb 7 Tage vom Tage nach dem Eingang in Empfang genommen werden (§. 43 III b);
6) wenn die Sendung Loose oder Anbietungen zu einem Glückspiel enthält, an welchem der Empfänger nach den Gesetzen sich nicht be-

theiligen darf, und wenn eine solche Sendung sofort nach geschehener Eröffnung an die Post zurückgegeben wird.

a. Zu 3: Für postlagernde Telegramme beträgt die Lagerfrist 6 Wochen (T.O. § 21 II), für aus dem Ausland eingehende postlagernde Werthbriefe und Packete 2 Monate.

b. Zu 6: In Preußen ist das Spiel in auswärtigen Lotterien durch Verf. vom 5. Juli 1847 (G.S. S. 261) verboten. Die bezüglichen Landesgesetze sind neben dem Str.G.B. in Kraft geblieben. Vgl. H. Rüdorff, Kommentar zum Str.G.B. 4. Aufl. S. 653, Erk. des O.App.-Ger. Berlin vom 24. Januar 1872 (Just.Minist.Bl. 71).

II Bevor in den Fällen zu Absatz I Punkt 1 bis 5 ein Packet als unbestellbar nach dem Aufgabeorte zurückgeleitet wird, ist eine Unbestellbarkeitsmeldung an die Aufgabe-Postanstalt zu erlassen, um die Bestimmung des Absenders über die weitere Behandlung des Packets einzuholen. Die Absendung einer Unbestellbarkeitsmeldung hat jedoch zu unterbleiben, wenn der Absender durch einen für die Bestimmungs-Postanstalt verständlichen Vermerk auf der Vorderseite der Postpacketadresse und in der Aufschrift des Packets die sofortige Rücksendung nach dem ersten vergeblichen Bestellversuch oder nach Ablauf der vorgesehenen Lagerfrist verlangt oder im voraus die Zustellung an einen anderen Empfänger an demselben oder an einem anderen Orte des Deutschen Reichs vorgeschrieben hat.

Ist ein Brief mit Werthangabe oder eine Postanweisung deshalb unanbringlich, weil der Empfänger wegen unzureichender Adresse nicht sicher erkennbar ist, so muß ebenfalls eine Unbestellbarkeitsmeldung erlassen werden, sofern der Absender auf der Sendung genannt ist.

Für die Beförderung jeder Unbestellbarkeitsmeldung und der zu ertheilenden Antwort hat der Absender 20 Pf. Porto an die Aufgabe-Postanstalt zu entrichten.

III Ueber ein unbestellbar gemeldetes Packet kann der Absender dahin verfügen, daß

entweder die Bestellung nochmals an den ursprünglichen Empfänger zu versuchen sei oder an eine andere Person und, wenn die Bestellung auch in diesem Falle vergeblich ist, an eine dritte Person erfolgen solle oder daß das Packet an ihn selbst zurückgesendet werde.

Hierbei macht es keinen Unterschied, ob die weiter namhaft gemachten Personen an dem ursprünglichen Bestimmungsort oder an einem anderen Orte des Deutschen Reichs, wohin eintretenden Falles die Weitersendung zu bewirken ist, wohnen.

Ist die Bestellung an die vom Absender auf Grund der Unbestellbarkeitsmeldung namhaft gemachten Personen nicht ausführbar, so hat die Rücksendung des Packets nach dem Aufgabeort ohne Weiteres zu erfolgen; eine nochmalige Unbestellbarkeitsmeldung wird nicht erlassen.

Der Absender kann die Sendung auch durch Preisgabe der Postverwaltung überlassen, doch bleibt er in diesem Falle verpflichtet, die aufgelaufenen Portokosten, die Gebühr für die Unbestellbarkeitsmeldung und sonstige der Verwaltung für die Sendung erwachsene Kosten bis zur Höhe des Betrags zu entrichten, welcher durch den Verkauf des Packets nicht gedeckt wird.

IV Verweigert der Absender die Zahlung des Portos von 20 Pf. (II), so wird seiner etwaigen Bestimmung über die Sendung keine Folge gegeben, die Sendung vielmehr nach dem Aufgabeorte zurückgeleitet.

Das Gleiche hat zu geschehen, wenn der Absender seine Erklärung nicht innerhalb 7 Tage nach Empfang der Benachrichtigung bei der Aufgabe-Postanstalt abgiebt.

V Alle anderen Postsendungen sind, wenn sie als unbestellbar erkannt werden, ohne Verzug nach dem Aufgabeorte zurückzusenden. Nur bei Sendungen, die einem schnellen Verderb unterliegen, muß, sofern nach dem Ermessen der Bestimmungs-Postanstalt Grund zu der Besorgniß vorhanden ist, daß der Verderb auf dem Rückweg eintreten werde, von der Rücksendung abgesehen werden und die Veräußerung des Inhalts für Rechnung des Absenders erfolgen.

VI In allen vorgedachten Fällen ist der Grund der Rücksendung oder eintretenden Falles, daß und weshalb die Veräußerung erfolgt sei, auf dem Briefe oder auf der Postpacketadresse zu vermerken.

VII Die zurückzusendenden Gegenstände dürfen nicht eröffnet sein. Eine Ausnahme hiervon tritt nur ein bei den unter I 6 bezeichneten Briefen sowie bei denjenigen Briefen, welche von einer mit dem Empfänger gleichnamigen Person irrthümlich geöffnet wurden. Bei Briefen der letzteren Art ist thunlichst dahin zu wirken, daß die Personen, welche die Eröffnung irrthümlich bewirkt haben, dies unter Namensunterschrift auf der Rückseite des Briefes bescheinigen

VIII Bei zurückzusendenden Packeten und Briefen mit Werthangabe sind das Porto und die Versicherungsgebühr auch für die Rücksendung zu entrichten; der Portozuschlag von 10 Pf. wird jedoch für die Rücksendung nicht erhoben. Bei anderen Gegenständen findet ein neuer Portoansatz nicht statt. Einschreib-, Postanweisungs- und Postauftragsgebühren sowie die Vorzeigegebühr für Nachnahmesendungen werden bei der Rücksendung nicht noch einmal berechnet. Dagegen wird für zurückzusendende dringende Packete die Gebühr von 1 Mark noch einmal angesetzt, wenn der Absender ausdrücklich verlangt hat, daß das Packet auch bei der Rücksendung als „Dringend" behandelt werde.

§. 46. Behandlung unbestellbarer Postsendungen am Aufgabeorte.

I Die nach §. 45 unbestellbaren und deshalb nach dem Aufgabeorte zurückgelangten sowie die als unzulässig von der Postbeförderung ausgeschlossenen Sendungen werden an den Absender zurückgegeben. Wohnt der Absender in dem Bestellbezirk einer anderen

Postanstalt als derjenigen, bei welcher die Aufgabe erfolgt war, so ist die Sendung der anderen Postanstalt zur Aushändigung an den Absender und Einziehung der darauf haftenden Beträge zu übersenden. Durch diese weitere Versendung sollen dem Absender in der Regel keine Mehrkosten erwachsen. Handelt es sich jedoch um unbestellbare Briefsendungen, die ursprünglich nach der Ortstaxe frankirt waren, so erfolgt bei Ueberweisung der Sendungen nach Orten außerhalb des Geltungsbereichs der Ortstaxe eine entsprechende Nachtaxirung (vergl. §. 44 IV).

II Bei der Aushändigung einer zurückgekommenen Sendung an den Absender wird nach den für die Aushändigung einer Sendung an den Empfänger gegebenen Vorschriften verfahren.

III Kann die Postanstalt am Aufgabeorte den Absender einer unbestellbaren oder von der Beförderung ausgeschlossenen Sendung (I) nicht ermitteln, so wird die Sendung an die vorgesetzte Ober-Postdirektion eingesendet und dort zur Feststellung des Absenders nöthigen Falles geöffnet. Die mit der Eröffnung beauftragten Beamten sind zur Beobachtung strenger Verschwiegenheit besonders verpflichtet und haben bei Briefen nur von der Unterschrift und von dem Orte Kenntniß zu nehmen, sich aber jeder weiteren Durchsicht zu enthalten. Die Sendung wird hiernächst mittelst Siegelmarken oder Dienstsiegel, die eine entsprechende Inschrift tragen, wieder verschlossen.

Vgl. Post-G. § 5.

IV Wenn der Absender ermittelt wird, aber die Annahme verweigert oder innerhalb 7 Tage nach Behändigung der Postpacketadresse oder des Ablieferungsscheins oder der Postanweisung die Sendung oder den Geldbetrag nicht abholen läßt, so können die Gegenstände zum Besten der Post-Unterstützungskasse verkauft oder verwendet, Briefe und die zum Verkaufe nicht geeigneten werthlosen Gegenstände aber vernichtet werden.

Vgl. Post-G. § 26.

V Ist der Absender auch mit Hülfe der Ober-Postdirektion nicht zu ermitteln, so werden gewöhnliche Briefsendungen und die zum Verkaufe nicht geeigneten werthlosen Gegenstände nach Verlauf von drei Monaten, vom Tage ihres Einganges bei der Ober-Postdirektion gerechnet, vernichtet. Dagegen ist

1) bei Einschreibsendungen, bei Briefen mit Werthangabe oder bei Briefen, in denen sich bei der Eröffnung Gegenstände von Werth vorgefunden haben, ohne daß dieser angegeben worden war, sowie bei Postanweisungen,
2) bei Packeten mit oder ohne Werthangabe

der Absender öffentlich aufzufordern, innerhalb vier Wochen die unbestellbaren Gegenstände in Empfang zu nehmen. Die zu erlassende öffentliche Aufforderung, die eine genaue Bezeichnung der Gegenstände unter Angabe des Aufgabe- und Bestimmungsorts, der Person des Empfängers und des Tages der Einlieferung enthalten muß, wird durch Aushang im

Schaltervorraume der Aufgabe-Postanstalt bekannt gemacht.

Vgl. § 45 V.

VI Inzwischen lagern die Sendungen auf Gefahr des Absenders. Sachen, die dem Verderb ausgesetzt sind, können sofort verkauft werden.

VII Bleibt die öffentliche Aufforderung ohne Erfolg, so werden die Sendungen oder Geldbeträge zum Besten der Post-Unterstützungskasse verkauft oder verwendet, Briefe und zur Veräußerung 2c. nicht geeignete sonstige Gegenstände aber vernichtet.

Vgl. Post-G. § 26.

§. 47. Laufschreiben wegen Postsendungen.

I Die Gebühr für den Erlaß eines Laufschreibens wegen einer zur Post gelieferten Sendung beträgt 20 Pf.

II Für Laufschreiben wegen gewöhnlicher Briefsendungen soll diese Gebühr erst nachträglich und nur in denjenigen Fällen erhoben werden, in welchen die richtige Aushändigung der Sendung an den Empfänger festgestellt wird.

III Für Laufschreiben wegen anderer Sendungen ist die Gebühr im voraus zu entrichten; die Erstattung erfolgt, wenn sich ergiebt, daß die Nachfrage durch Verschulden der Post herbeigeführt worden ist.

IV Für Laufschreiben, die portofreie Sendungen betreffen, wird eine Gebühr nicht erhoben.

§. 48. Nachlieferung von Zeitungen.

Wenn bei verspäteter Bestellung einer Zeitung der Bezieher die Nachlieferung der für die Bezugszeit bereits erschienenen Nummern wünscht, so ist für das an die Zeitungsverlags-Postanstalt wegen der Nachlieferung abzulassende besondere Bestellschreiben das Porto von 10 Pf. zu entrichten. Das gleiche Porto wird erhoben, wenn Bezieher von Zeitungen die nochmalige Lieferung einzelner ihnen fehlender Nummern der Zeitung verlangen.

§. 49. Verkauf von Postwerthzeichen.

I Die Freimarken, sowie die gestempelten Kartenbriefe, Postkarten und Postanweisungen werden zu dem Nennwerthe des Stempels an das Publikum abgelassen.

Für das Reichs-Postgebiet und Württemberg sind durch besonderes Uebereinkommen einheitliche Postwerthzeichen eingeführt. Bayern hat eigene Werthzeichen.

II Außer bei den Postanstalten, den Posthülfsstellen und amtlichen Verkaufsstellen können Postwerthzeichen in kleineren Mengen auch von den bestellenden Boten bei ihren Bestellgängen bezogen werden. Die bestellenden Boten nehmen ferner, wenn ihr Vorrath nicht ausreicht, Bestellungen auf Werthzeichen an. Die Landbriefträger haben diese Bestellungen nebst den ihnen dafür übergebenen Baarbeträgen in ihr Annahmebuch (§. 29 IV) einzutragen.

Der Auftraggeber kann sich von der erfolgten Eintragung in das Annahmebuch überzeugen oder diese selbst bewirken.

III Die Anstalt, in welcher die Postwerthzeichen hergestellt werden, übernimmt die Abstempelung von Kartenbriefen und Postkarten sowie von Briefumschlägen, Streifbändern und offenen, zur Versendung als Drucksachen bestimmten Karten mit dem Freimarkenstempel für das Publikum unter den bei jeder Postanstalt zu erfragenden näheren Bedingungen.

IV Außer Kurs gesetzte Postwerthzeichen werden innerhalb der durch den Deutschen Reichsanzeiger und andere öffentliche Blätter bekannt zu machenden Frist bei den Postanstalten zum Nennwerthe gegen gültige Postwerthzeichen umgetauscht. Nach Ablauf der Frist findet ein Umtausch nicht mehr statt.

V Die Postverwaltung ist nicht verbunden, Postwerthzeichen baar einzulösen.

VI Die Verwendung der aus gestempelten Kartenbriefen, Postanweisungen und Postkarten sowie aus den nach III für das Publikum gestempelten Briefumschlägen 2c. ausgeschnittenen Frankostempel zur Frankirung von Postsendungen ist nicht zulässig.

Zum Umtausch in den Händen des Publikums unbrauchbar gewordener Postwerthzeichen (Freimarken, gestempelter Kartenbriefe, Postanweisungen und Postkarten) ist die Postverwaltung nicht verpflichtet.

§. 50. Entrichtung des Portos und der sonstigen Gebühren.

I Die Postsendungen können, sofern nicht das Gegentheil ausdrücklich bestimmt ist, nach der Wahl des Absenders frankirt oder unfrankirt zur Post eingeliefert werden. Zur Frankirung der durch die Briefkasten einzuliefernden Gegenstände müssen Postwerthzeichen benutzt werden.

Frankirungszwang besteht im inländischen Verkehr für dringende Packete § 24 IV, Drucksachen § 8 XII u. § 37 I, Geschäftspapiere § 9 IV u. § 37 I, Waarenproben § 10 IX u. § 37 I, Postanweisungen §§ 20 II, 21 V, Postaufträge 18 XXI, Bahnhofsbriefe § 23 IV, Sendungen gegen Rückschein § 26 II.

II Sendungen, in deren Aufschrift der Frankirungsvermerk durchstrichen, weggeschabt oder geändert ist, sind, wenn der Absender die Entrichtung des Frankos verweigert, von der Annahme zurückzuweisen. Wenn Briefsendungen dieser Art oder Briefsendungen mit Frankirungsvermerk, für welche das Porto überhaupt nicht oder nicht zureichend durch Postwerthzeichen entrichtet ist, im Briefkasten vorgefunden werden, so werden sie mit einer amtlichen Bescheinigung versehen und als unfrankirt oder unzureichend frankirt behandelt.

III Reicht das am Abgangsort entrichtete Franko nicht aus, so wird das Nachschußporto vom Empfänger erhoben. Bei gewöhnlichen Briefsendungen sowie bei allen Sendungen vom Auslande gilt die Verweigerung der Nachzahlung des Portos als Verweigerung der Annahme der Sendung. Bei unzureichend frankirten Einschreibsendungen und Sendungen mit Werthangabe sowie bei unzureichend frankirten Packeten aus dem Inlande kann der Empfänger die Auslieferung ohne Portozahlung verlangen, wenn er den Absender namhaft macht und bei Briefsendungen den Briefumschlag zurückgiebt. Der fehlende Betrag wird alsdann vom Absender eingezogen.

IV Wird die Annahme einer Sendung vom Empfänger verweigert oder kann der Empfänger nicht ermittelt werden, so ist der Absender, selbst wenn er die Sendung nicht zurücknehmen will, verbunden, das Porto und die Gebühren zu zahlen. Dies gilt auch von dem Porto und den Gebühren für die Nachsendung, sofern der Absender diese nicht ausgeschlossen hatte (§. 44 III).

V Für Sendungen, die erweislich auf der Post verloren gegangen sind, wird kein Porto gezahlt und das etwa gezahlte erstattet. Dasselbe gilt von solchen Sendungen, deren Annahme wegen vorgekommener Beschädigung vom Empfänger verweigert wird, sofern die Beschädigung von der Postverwaltung zu vertreten ist.

VI Hat der Empfänger die Sendung angenommen, so ist er, sofern im Vorstehenden nicht ein Anderes bestimmt ist, zur Entrichtung des Portos und der Gebühren verpflichtet und kann sich davon durch spätere Rückgabe der Sendung nicht befreien. Nachforderungen an Porto für Sendungen, die nach ihrer Aushändigung an den Empfänger als unzureichend frankirt erkannt werden, hat jedoch der Absender zu berichtigen, wenn der Empfänger die Zahlung ablehnt.

Die Reichs- und Staatsbehörden sind befugt, auch nach erfolgter Annahme und Eröffnung portopflichtiger Sendungen zum Zwecke der nachträglichen Einziehung des Portos vom Absender die Briefumschläge an die Postanstalt zurückzugeben oder, falls es sich um Packete handelt, sich schriftlich an die Postanstalt zu wenden.

VII Für das Stunden von Portobeträgen ist monatlich eine Stundungsgebühr zu entrichten. Diese beträgt 5 Pf. für jede Mark oder den überschießenden Theil einer Mark, mindestens aber 50 Pf. Wenn in einem Monate Porto nicht zu stunden gewesen ist, so wird eine Gebühr nicht erhoben. Eine Verpflichtung der Postanstalten zur Stundung besteht nicht.

Vgl. Posttax-G. (Nr. V) § 6.

VIII Wenn auf Antrag des Betheiligten zur Zustellung der für ihn eingehenden oder zur Einlieferung der von ihm abzusendenden gewöhnlichen Briefsendungen und Zeitungen mit den Posten verschlossene Taschen befördert werden, ist für diese Vermittelung eine Gebühr von 50 Pf. monatlich zu erheben.

Abschnitt II. Personenbeförderung mit den Posten.

Der Abschnitt II findet auch auf die Güter- und Kariolposten Anwendung, mit denen Personen befördert werden, nicht aber auf die Landpostfahrten.

§. 51. Meldung zur Reise.

I Die Meldung zur Reise mit den ordentlichen Posten kann stattfinden:

a) bei den Postanstalten oder

b) bei den unterwegs belegenen Haltestellen, welche von den Ober-Postdirektionen öffentlich bekannt gemacht werden.

a) Bei den Postanstalten.

II Bei den Postanstalten kann die Meldung frühestens am Werktage vor der Abreise und spätestens bei Schluß der Post für die Personenbeförderung geschehen.

III Der Schluß der Post für die Personenbeförderung tritt ein:

wenn im Hauptwagen oder in den bereits gestellten Beiwagen noch Plätze offen sind, fünf Minuten und,

wenn dies nicht der Fall ist, sondern die Gestellung von Beiwagen erforderlich wird, fünfzehn Minuten

vor der festgesetzten Abgangszeit der Post.

IV Die Meldung muß innerhalb der für den Verkehr mit dem Publikum bestimmten Dienststunden geschehen, kann aber, wenn die Post außerhalb der Dienststunden abgeht, auch noch gegen die Zeit der Abfertigung der Post erfolgen. Ausnahmsweise darf die Meldung — über die gewöhnliche Schlußzeit der Post für die Personenbeförderung hinaus —

noch unmittelbar bis zum Abgange der Post stattfinden, sofern dadurch die pünktliche Abfahrt nach dem Ermessen der Postanstalt nicht verzögert wird.

V Erfolgt die Meldung bei einer Postanstalt mit Beiwagenstation, so kann die Annahme wegen mangelnden Platzes nur dann abgelehnt werden, wenn zu der Post Beiwagen überhaupt nicht oder nur in beschränktem Umfange gestellt werden und die Plätze im Hauptwagen schon vergeben oder auf den Unterwegsstationen bei Ankunft der Post schon besetzt sind.

VI Erfolgt die Meldung bei einer Postanstalt ohne Beiwagenstation, so findet die Annahme nur unter dem Vorbehalte statt, daß in dem Hauptwagen und in den etwa mitkommenden Beiwagen noch unbesetzte Plätze vorhanden sind.

VII Bei Posten, zu denen Beiwagen überhaupt nicht gestellt werden, können Plätze nach einem vor der nächsten Postanstalt belegenen Zwischenorte nur insoweit vergeben werden, als sich bis zum Abgange der Post zu den vorhandenen Plätzen nicht Personen gemeldet haben, die bis zur nächsten Postanstalt oder darüber hinaus reisen wollen. Doch kann sich der Reisende einen vorhandenen Platz dadurch sichern, daß er bei seiner Meldung das Personengeld bis zur nächsten Postanstalt bezahlt.

b) An Haltestellen.

VIII Die Meldung an Haltestellen kann nur dann berücksichtigt werden, wenn noch Plätze im Hauptwagen oder in den Beiwagen unbesetzt sind.

Reisegepäck wird an Haltestellen nur insoweit zugelassen, als es ohne Belästigung der anderen Reisenden im Personenraume leicht untergebracht werden kann. Die Packräume des Wagens dürfen nicht geöffnet werden, auch ist jedes längere Anhalten der Post unstatthaft.

IX Wünschen Reisende sich die Beförderung mit der Post von einer Postanstalt ohne Beiwagenstation oder von einer Haltestelle ab zu sichern, so müssen sie sich bei der vorliegenden Postanstalt mit Beiwagenstation melden und von da ab einen Platz bezahlen.

§. 52. Personen, welche von der Reise mit der Post ausgeschlossen sind.

Von der Reise mit der Post sind ausgeschlossen:

1) Kranke, die mit epileptischen oder Gemüthsleiden, mit ansteckenden oder Ekel erregenden Uebeln behaftet sind;
2) Personen, die durch Trunkenheit, durch unanständiges oder rohes Benehmen oder durch unanständigen oder unreinlichen Anzug Anstoß erregen;
3) Gefangene;
4) Personen, die Hunde oder geladene Schießwaffen mit sich führen.

§. 53. Fahrschein.

I Geschieht die Meldung zur Reise bei einer Postanstalt, so erhält der Reisende gegen Entrichtung des Personengeldes einen Fahrschein.

II Bei Posten, deren Abgang vom Eintreffen anschließender Posten oder Eisenbahnzüge abhängig ist, kann die Abfahrtszeit nur mit Bezug auf die Zeit des Eintreffens dieser Posten oder Eisenbahnzüge angegeben werden und es liegt dem Reisenden ob, die möglichst frühe Abgangszeit zur Richtschnur zu nehmen.

III Die Nummer des Fahrscheins richtet sich nach der Reihenfolge, in welcher die Meldung zur Mitreise geschehen ist; doch steht es Jedermann frei, bei der Meldung unter den im Hauptwagen noch unbesetzten Plätzen einen bestimmten Platz zu wählen.

IV Personen, welche sich an Haltestellen gemeldet haben und aufgenommen worden sind, können einen Fahrschein erst bei der nächsten Postanstalt erhalten und haben das Personengeld bei dieser Postanstalt oder, wenn sie nicht so weit fahren, an den Postschaffner oder Postillon zu entrichten.

§. 54 Grundsätze der Personengelderhebung.

Vgl. Post-G. §§ 25, 50 Nr. 8.

I Das Personengeld wird nach den von der Postverwaltung bestimmten und für jeden Postkurs durch den Postbericht (§. 30 II) bekannt gegebenen Sätzen erhoben.

Das Personengeld beträgt 10 Pf. für das Kilometer, mindestens aber 30 Pf.; für einzelne Kurse bestehen jedoch ermäßigte Sätze.

II Will der Reisende seine Reise über den Kurs hinaus, oder auf einem Seitenkurse fortsetzen, so kann er nur bis zu dem Endpunkt oder bis zu dem Uebergangspunkte des Kurses einen Fahrschein erhalten und muß sich dort wegen Fortsetzung der Reise von neuem melden, sofern nicht Einrichtungen zur Durcherhebung des Personengeldes getroffen sind.

III Wollen an Haltestellen zugegangene Personen mit derselben Post von der nächsten Postanstalt ab weiter befördert werden, so haben sie dort den Fahrschein für die weitere Reise zu lösen.

IV Für ein Kind im Alter bis zu vier Jahren wird Personengeld nicht erhoben, wenn es keinen besonderen Wagenplatz einnimmt, sondern auf dem Schooße einer erwachsenen Person, unter deren Obhut es reist, mitgenommen wird.

V Für Kinder im Alter von mehr als vier Jahren wird das volle Personengeld erhoben. Nimmt jedoch eine Familie einen der abgeschlossenen Wagenräume oder auch nur eine Sitzbank ganz ein, so kann sie ein Kind bis zum Alter von zehn Jahren unentgeltlich und zwei Kinder bis zu diesem Alter für das einfache Personengeld mitnehmen, wenn sie sich mit den Kindern auf die von ihr bezahlten Sitzplätze beschränkt. Diese Vergünstigung kann nur für den Hauptwagen unbedingt, für Beiwagen nur insoweit zugestanden werden, als auf die Beibehaltung der ursprünglichen Plätze zu rechnen ist.

§. 55. Erstattung von Personengeld.

I Das Personengeld wird erstattet, wenn die Postanstalt die durch die Annahme des Reisenden eingegangene Verbindlichkeit ohne dessen Verschulden nicht erfüllen kann. Die Erstattung von Personengeld soll auch dann zulässig sein, wenn der Reisende an der Benutzung der Post verhindert ist und die Erstattung mindestens 15 Minuten vor dem planmäßigen Abgange der Post beantragt.

II Die Erstattung erfolgt gegen Rückgabe des Fahrscheins und gegen Quittung mit dem Betrage des Personengeldes für die noch nicht zurückgelegte Strecke.

§. 56. Verhalten der Reisenden bei der Abreise.

Die Reisenden müssen vor dem Posthaus oder an den sonst dazu bestimmten Stellen den Wagen besteigen und sich dort zu der im Fahrschein angegebenen Abgangszeit zur Abreise bereit halten, auch den Fahrschein zum Ausweise bei sich führen, widrigenfalls sie es sich selbst beizumessen haben, wenn ihre Ausschließung von der Mit- oder Weiterreise erfolgt und sie des bezahlten Personengeldes verlustig gehen. Das Reisegepäck wird in solchem Falle bis zu der Postanstalt befördert, auf welche der Fahrschein lautet, und dort aufbewahrt, bis die zurückgebliebene Person darüber Bestimmung getroffen hat.

§. 57. Plätze der Reisenden.

I Die Ordnung der Plätze im Hauptwagen ergiebt sich aus den Nummern über den Sitzplätzen.

II In den Beiwagen werden zuerst die Eckplätze des Vorderraums, dann die Eckplätze der Vorderbank und der Rückbank des Mittelraums und zuletzt in derselben Reihenfolge die Mittelplätze besetzt.

III Gehen unterwegs Reisende ab, so sind die folgenden Personen berechtigt, im Hauptwagen und in den Beiwagen um soviel Plätze vorzurücken, wie frei werden.

IV Die bei einer unterwegs gelegenen Postanstalt hinzutretenden Personen stehen den vom Kurse kommenden und weiter eingeschriebenen Reisenden in der Reihenfolge der Plätze nach.

V Reisende, die von einem Kurse auf einen anderen übergehen, stehen den für diesen bereits eingeschriebenen Reisenden hinsichtlich des Platzes nach.

VI Reisende, welche die Post nach einem zwischen zwei Beiwagenstationen belegenen Orte benutzen wollen, müssen, sobald durch ihren Abgang unterwegs ein Beiwagen eingehen kann, allen bis zur nächsten Station eingeschriebenen Reisenden nachstehen und die Plätze in dem Beiwagen einnehmen.

VII Reisende, welche von den Postschaffnern oder Postillonen unterwegs an Haltestellen aufgenommen worden sind, stehen bei der Weiterreise über die nächste Postanstalt hinaus den bei dieser bereits eingeschriebenen Reisenden hinsichtlich des Platzes nach.

VIII Ueber Meinungsverschiedenheiten der Reisenden wegen der von ihnen einzunehmenden Plätze entscheidet der abfertigende Beamte und, wenn sich die Reisenden bei dessen Entscheidung nicht beruhigen, der Vorsteher der Postanstalt. Dieser Entscheidung haben sich die Reisenden, vorbehaltlich der Beschwerde, zu unterwerfen.

§. 58. Reisegepäck.

Garantie: Post-G. § 11 Nr. 1.

I Jedem Reisenden ist die Mitnahme seines Reisegepäcks insoweit unbeschränkt gestattet, als die einzelnen Gegenstände zur Versendung mit der Post geeignet sind (vergl. §§. 1, 2, 5 und 6).

II Kleine Gegenstände, die ohne Belästigung der anderen Reisenden im Personenraum untergebracht werden können, dürfen die Reisenden unter eigener Aufsicht bei sich führen.

III Anderes Reisegepäck muß der Postanstalt zur Verladung übergeben werden. Die Uebergabe an Postschaffner und Postillone ist an Orten, an denen sich Postanstalten befinden, unzulässig. Das Reisegepäck muß, wenn ein bestimmter Werth angegeben wird, den für Packete mit Werthangabe gegebenen Bestimmungen entsprechend verpackt, verschlossen und bezeichnet sein (§§. 15 und 16); die Bezeichnung muß, außer dem Worte „Reisegepäck“, den Namen des Reisenden, den Ort, bis zu welchem die Einschreibung erfolgt ist, und die Werthangabe enthalten. Bei Reisegepäck ohne Werthangabe bedarf es einer Bezeichnung nicht.

Vgl. § 51 VIII und § 60 II.

IV Das Reisegepäck, soweit es nicht in den Personenraum mitgenommen werden darf (II), muß spätestens 15 Minuten vor der Abfahrt der Post unter Vorzeigung des Fahrscheins bei der Postanstalt eingeliefert werden. Erfolgt die Einlieferung später, so hat der Reisende auf die Mitbeförderung des Gepäcks nur dann zu rechnen, wenn durch dessen Annahme und Verladung der Abgang der Post nicht verzögert wird. Wenn Reisende von einer Post auf die andere oder von einem Bahnzuge auf die Post unmittelbar übergehen, wird das Gepäck stets umgeschrieben, so lange es überhaupt noch möglich ist, den Reisenden zu der Weiterfahrt mit der Post ohne Versäumniß anzunehmen.

V Der Reisende erhält über das eingelieferte Reisegepäck einen Gepäckschein. Die Auslieferung des Reisegepäcks erfolgt nur gegen Rückgabe des Gepäckscheins.

§. 59. Ueberfrachtporto und Versicherungsgebühr.

I Jedem Reisenden ist auf das der Post übergebene Reisegepäck ein Freigewicht von 15 Kilogramm bewilligt.

II Für das Mehrgewicht des Reisegepäcks ist bei der Einlieferung Ueberfrachtporto zu entrichten.

Dieses beträgt für jedes Kilogramm oder den überschießenden Theil eines Kilogramms:

1) bei Beförderungen bis 75 Kilometer 5 Pf., mindestens 25 Pf.;
2) bei Beförderungen über 75 Kilometer 10 Pf., mindestens 50 Pf.

III Ist der Werth des Reisegepäcks angegeben, so wird die Versicherungsgebühr für jedes Stück selbständig erhoben. Diese Gebühr beträgt ohne Unterschied der Entfernung 5 Pf. für je 300 Mark oder einen Theil von 300 Mark, mindestens jedoch 10 Pf.

Vgl. § 58 III und Posttax-Nov. (Nr. VI) § 2.

IV Haben mehrere Reisende ihre Plätze auf einen Fahrschein genommen, so ist das Freigewicht für die auf dem Fahrscheine vermerkte Anzahl von Personen nur dann von dem Gesammtgewichte des Gepäcks in Abzug zu bringen, wenn die Personen zu einer Familie oder zu einem Hausstande gehören.

V Die Erstattung von Ueberfrachtporto und Versicherungsgebühr regelt sich nach denselben Grundsätzen wie die Erstattung von Personengeld.

Vgl. § 55.

§. 60. Verfügung des Reisenden über das Reisegepäck unterwegs.

I Dem Reisenden kann die Verfügung über das der Post übergebene Reisegepäck nur während des Aufenthalts an Orten, an denen sich eine Postanstalt befindet, und gegen Rückgabe oder Hinterlegung des Gepäckscheins gestattet werden.

II Reisende nach Zwischenorten müssen ihr Reisegepäck bei der vorliegenden Postanstalt in Empfang nehmen, von welcher ab die Postverwaltung dafür Gewähr nicht mehr leistet.

§. 61. Wartezimmer der Postanstalten.

I Bei den Postanstalten werden nach Bedürfniß Wartezimmer unterhalten. Der Aufenthalt in den Wartezimmern der Postanstalten ist den Reisenden gestattet:

1) am Abgangsort: eine Stunde vor der Abgangszeit;
2) auf der Reise mit derselben Post: während der Abfertigung bei jeder Postanstalt;
3) am Endpunkte der Reise: eine Stunde nach der Ankunft;
4) beim Uebergange von einer Post auf die andere: während 3 Stunden.

II Personen, welche die Reisenden zur Post begleiten oder die Ankunft einer Post erwarten wollen, kann der Aufenthalt in den Wartezimmern nur ausnahmsweise und in geringer Zahl gestattet werden.

§. 62. Verhalten der Reisenden auf den Posten.

I Die Reisenden stehen unter dem Schutze der Postbehörden.

II Pflicht der Reisenden ist es, sich in die zur Aufrechthaltung des Anstandes, der Ordnung und der Sicherheit auf den Posten und in den Wartezimmern getroffenen Anordnungen zu fügen.

III Das Rauchen im Postwagen ist nur gestattet, wenn sich in demselben Raume Personen weiblichen Geschlechts nicht befinden und die anderen Mitreisenden ihre Zustimmung zum Rauchen gegeben haben.

IV Reisende, welche die für Aufrechthaltung des Anstandes, der Ordnung und der Sicherheit auf den Posten und in den Wartezimmern getroffenen Anordnungen verletzen, können — vorbehaltlich der Bestrafung nach den Landesgesetzen — von der Postanstalt, unterwegs von dem Postschaffner oder Postillon, von der Mit- oder Weiterreise ausgeschlossen und aus dem Postwagen entfernt werden.

Erfolgt die Ausschließung unterwegs, so haben solche Reisende ihr Gepäck bei der nächsten Postanstalt abzuholen; sie gehen des bezahlten Personengeldes und des etwaigen Ueberfrachtportos verlustig.

Abschnitt III. Extrapostbeförderung.

Die Postverwaltung ist für Verluste und Beschädigungen bei Extrapostbeförderung nicht haftpflichtig. Post-G. § 11. Die Postillone und die Posthalter haften nach Maßgabe des Bürgerlichen Rechts.

§. 63. Allgemeine Bestimmungen.

I Die Gestellung von Extrapostpferden kann nur auf denjenigen Straßen verlangt werden, auf welchen die Postverwaltung es übernommen hat, Reisende mit Extrapostpferden zu befördern.

II Auf diesen Straßen erstreckt sich die Verpflichtung der Posthalter zur Gestellung von Extrapostpferden nur auf die Beförderung von Reisenden mit ihrem Gepäcke.

III Ausnahmsweise können jedoch auch zu Fuhren, bei denen die Beförderung von Gegenständen die Hauptsache ist, Extrapostpferde gestellt werden, sofern die Gegenstände von einer Person begleitet und beaufsichtigt werden und ihre Beförderung nicht mit Gefahr oder Nachtheil verbunden ist.

IV Die Posthalter sind nicht verpflichtet, zu den eigenen oder gemietheten Pferden der Reisenden Vorspannpferde herzugeben.

§. 64. Zahlungssätze.

I An Pferdegeld sind für jedes Extrapostpferd und für jedes Kilometer 20 Pf. zu zahlen.

II Das Wagengeld beträgt ohne Unterschied der Gattung des Wagens oder Schlittens für das Kilometer 10 Pf.

III Größere als viersitzige Wagen oder Schlitten herzugeben, sind die Posthalter nicht verpflichtet.

IV Die Befugniß, Posthaltereiwagen zur Weiterreise über den Punkt hinaus zu benutzen, wo der nächste Pferdewechsel stattfindet, können Reisende nur durch ein Abkommen mit dem Posthalter erlangen, der den Wagen herzugeben sich bereit finden läßt und dessen Sorge es überlassen bleibt, die Rückbeförderung des leeren Wagens auf seine Kosten zu bewirken.

V Das Bestellgeld beträgt für jeden Extrapostwagen auf jeder Station 25 Pf. Auf anderen Punkten als den wirklichen Stationen wird die Bestellgebühr nicht erhoben

VI Für das Schmieren eines jeden Wagens, welcher nicht von der Post gestellt ist, sind 25 Pf. zu zahlen.

VII Für die Erleuchtung mit zwei Laternen werden 20 Pf. für jede Stunde der vorschriftsmäßigen Beförderungszeit erhoben. Ueberschießende Minuten werden für eine halbe Stunde gerechnet. Die Erleuchtungskosten müssen stationsweise von den Reisenden vor der Abfahrt mit den andern Gebühren berichtigt werden.

VIII Wegegeld und sonstige derartige Abgaben werden nach den zur öffentlichen Kenntniß gebrachten Tarifen erhoben. Unentgeltlich hergegebene Mehrbespannung kommt bei Berechnung des Wegegeldes nicht in Betracht.

IX Das Postillonstrinkgeld beträgt ohne Unterschied der Bespannung für jeden Postillon für das Kilometer 10 Pf.

X Extrapostreisende, welche sich am Bestimmungsort ihrer Reise nicht über 6 Stunden aufhalten, haben, wenn sie mit den auf der Hinreise benutzten Pferden und Wagen einer Station die Rückfahrt bis zu dieser Station bewirken wollen und sich vor der Abfahrt darüber erklären, für die Rückfahrt nur die Hälfte der nach den Sätzen unter I, II, V und IX sich ergebenden Beträge, mindestens jedoch für die ganze Fahrt die Kosten für eine Hinbeförderung von 15 Kilometer zu entrichten. Eine Entschädigung für das sechsstündige Stilllager des Gespanns und des Postillons ist nicht zu zahlen. Zwischen der Ankunft und dem Antritte der Rückfahrt muß den Pferden eine Ruhezeit mindestens von der Dauer der einfachen Beförderungsfrist gewährt werden. Will der Reisende auf der Rückfahrt eine andere Straße benutzen als auf der Hinfahrt, so wird die ganze Fahrt als eine Rundreise angesehen, auf welche die vorstehenden Bestimmungen keine Anwendung finden.

XI Reisende können durch Laufzettel Extrapostpferde vorausbestellen. Die Wirkung der Pferdebestellung beschränkt sich auf 24 Stunden, für welche der Reisende auch bei unterbliebener Benutzung der Pferde nur das Wartegeld zu zahlen hat. In dem Laufzettel muß Ort, Tag und Stunde der Abfahrt, die Zahl der Pferde und der Reiseweg mit Benennung der Stationen angegeben, auch bemerkt werden, ob die Reise im eigenen Wagen erfolgt oder ob ein offener, ein ganz- oder halbverdeckter Stationswagen verlangt wird sowie ob und mit welchen Unterbrechungen die Reise stattfinden soll. Der Laufzettel ist von dem Reisenden abzufassen und zu unterschreiben. Ist der Reisende nicht am Orte ansässig oder sonst nicht hinlänglich bekannt, so muß er seinen Stand und Wohnort angeben. Für die Beförderung des Laufzettels mit den Posten ist eine Gebühr nicht zu entrichten.

XII Jeder Extrapostreisende, welcher sich an einem unterwegs gelegenen Orte länger als eine halbe Stunde aufhalten will, ist verpflichtet, hiervon der Postanstalt vor der Abfahrt Nachricht zu geben. Dauert der Aufenthalt über eine Stunde, so ist von der fünften Viertelstunde an ein Wartegeld von 25 Pf. für Pferd und Stunde zu entrichten. Ein längerer Aufenthalt als 24 Stunden darf nicht stattfinden.

XIII Wenn von vorausbestellten Pferden nicht zu der angegebenen Zeit Gebrauch gemacht wird, so ist für Pferd und Stunde ein Wartegeld von 25 Pf.

a) bei weiterher kommenden Reisenden von der siebzehnten Viertelstunde an,
b) bei im Orte befindlichen Reisenden von der fünften Viertelstunde an

zu entrichten.

XIV Benutzt ein im Orte befindlicher Reisender die bestellten Extrapostpferde nicht, so hat er, wenn die Abbestellung vor der Anspannung erfolgt, keine Entschädigung, wenn dagegen die Pferde zur Zeit der Abbestellung bereits angespannt waren, den Betrag des Pferde-, Wagen- und Trinkgeldes für fünf Kilometer, sowie die Bestellgebühr als Entschädigung zu entrichten.

XV Der Reisende kann verlangen, daß ihm auf

langen oder sonst beschwerlichen Stationen auf schriftliche Bestellung Pferde und Wagen entgegengesendet und möglichst auf der Hälfte des Weges, sofern dort ein Unterkommen zu finden ist, aufgestellt werden. Für die Beförderung solcher Bestellungen mit den Posten ist eine Gebühr nicht zu entrichten. Die Bestellung muß die Stunde enthalten, zu welcher die Pferde und Wagen auf dem Umspannungsorte bereit sein sollen. Trifft der Reisende später ein, so ist von der siebzehnten Viertelstunde an das Wartegeld (XII) zu zahlen.

XVI Für entgegengesendete Extraposten wird erhoben:

1) das bestimmungsmäßige Pferde-, Wagen- und Trinkgeld,
   a) wenn die Entfernung von einem Pferdewechsel zum andern 15 Kilometer oder mehr beträgt, nach der wirklichen Entfernung,
   b) wenn solche weniger als 15 Kilometer beträgt, nach dem Satze für 15 Kilometer;
2) die einfache Bestellgebühr, welche von der Postanstalt am Stations-Abgangsorte der Extrapost zu berechnen ist.

Für das Hinsenden der ledigen Pferde und Wagen wird, wenn damit die Fahrt nach der Station, zu welcher die Pferde gehören, zurückgelegt wird, keine Vergütung gezahlt. Geht aber die Fahrt nach einem anderen Orte, so ist zu entrichten:

1) für das Hinsenden der ledigen Pferde und Wagen von der Station bis zum Orte der Abfahrt die Hälfte des Pferde=, Wagen= und Trinkgeldes nach der wirklichen Entfernung;
2) für die Beförderung des Reisenden der volle Betrag dieser Gebühren;
3) für das Zurückgehen der ledigen Pferde und Wagen von dem Orte ab, wohin die Extrapost gebracht worden ist, bis zu der Station, zu welcher die Pferde gehören, die Hälfte des Pferde=, Wagen= und Trinkgeldes für den Theil des Rückwegs, der übrig bleibt, wenn die Entfernung abgerechnet wird, auf welcher die Extrapostbeförderung stattgefunden hat.

XVII Für Extraposten auf Entfernungen unter 15 Kilometer werden die Gebühren für eine Entfernung von 15 Kilometer erhoben.

XVIII Wenn die Reise an einem Orte endigt, der nicht über 10 Kilometer hinter oder seitwärts einer Station liegt, so hat der Reisende nicht nöthig, auf der letzten Station die Pferde zu wechseln, vielmehr müssen ihm auf der vorletzten Station die Pferde gleich bis zum Bestimmungsorte gegen Entrichtung der vorgeschriebenen Sätze für die wirkliche Entfernung, jedoch mindestens für 15 Kilometer, gestellt werden.

XIX Erstreckt sich die Fahrt von einer Station oder von einem Eisenbahn=Haltepunkt ab über eine Station hinaus, die nicht über 10 Kilometer vom

Abfahrtsort entfernt liegt, so kann über diese Station ebenfalls ohne Pferdewechsel gegen Entrichtung der vorgeschriebenen Sätze für die wirkliche Entfernung, jedoch mindestens für 15 Kilometer, hinausgefahren werden.

XX Bei jeder Extrapoststation befindet sich im Postdienstzimmer ein Extraposttarif, dessen Vorlegung der Reisende verlangen und aus dem er die für jede Station zu zahlenden Beträge ersehen kann.

§. 65. Zahlung und Quittung.

I Die Gebühren für die Extrapostreisen müssen, mit Ausschluß des Trinkgeldes, das erst nach zurückgelegter Fahrt dem Postillone gezahlt zu werden braucht, in der Regel stationsweise vor der Abfahrt entrichtet werden.

II Jedem Reisenden wird über die gezahlten Extrapostgelder und Nebenkosten eine Quittung ertheilt, die er zu seinem Ausweis unterwegs bei sich führen muß, widrigenfalls er zu gewärtigen hat, daß in zweifelhaften Fällen seine Beförderung bis zur Aufklärung über die Höhe des gezahlten Betrags unterbrochen oder die nochmalige Zahlung von ihm verlangt wird.

III Die Vorausbezahlung der Extrapostgelder für mehrere Stationen ist nur insoweit statthaft, als hierauf berechnete Einrichtungen bestehen.

IV Macht der Reisende hiervon Gebrauch, so hat er für die Besorgung des Rechnungsgeschäfts, und zwar für jede Beförderung, welche die Ausstellung eines besonderen Begleitzettels erfordert, eine gleichzeitig mit dem Extrapostgelde zu erhebende Rechnungsgebühr von 1 Mark zu zahlen.

V Im Falle der Vorausbezahlung werden Pferdegeld, Wagengeld, Bestellgebühr und Wege- ꝛc. Abgaben von der Postanstalt am Abgangsorte für alle Stationen, für welche der Reisende es wünscht, erhoben, Postillonstrinkgeld jedoch nur dann, wenn der Reisende auch dieses vorausbezahlen will. Das Schmiergeld und die Erleuchtungskosten werden da bezahlt, wo der Wagen des Reisenden wirklich geschmiert wird oder wo der Posthalter für die Erleuchtung des Wagens sorgt.

VI Wenn der Reisende den Weg, für welchen die Vorausbezahlung stattgefunden hat, unterwegs verläßt oder auf einer Zwischenstation die Reise einstellt, so wird ihm das zuviel bezahlte Extrapostgeld ohne Abzug, jedoch mit Ausnahme der Rechnungsgebühr, von der Postanstalt an dem Orte, wo er seine Reise ändert oder einstellt, gegen Rückgabe der ihm ertheilten Quittung (II) und gegen Empfangsbescheinigung erstattet.

§. 66. Bespannung.

I Die Bespannung richtet sich nach der Beschaffenheit der Wege und Wagen sowie nach dem Umfang und dem Gewichte der Ladung.

II Findet der Postschaffner oder der Posthalter

die von dem Reisenden bestellte Anzahl Pferde nicht ausreichend, so ist dies zunächst dem abfertigenden Beamten und von diesem dem Reisenden vorzustellen. Kommt keine Einigung zu Stande, so steht dem Vorsteher der Postanstalt die Entscheidung zu und bei dieser behält es, unbeschadet des sowohl dem Reisenden als auch dem Posthalter zustehenden Rechtes der Beschwerde bei der Ober-Postdirektion, sein Bewenden.

III Bei mehr als vier Pferden müssen zwei Postillone gestellt werden.

§. 67. Abfertigung.

I Sind die Pferde und Wagen vorausbestellt worden, so müssen sie dergestalt bereit gehalten werden, daß zur bestimmten Zeit abgefahren werden kann.

II Für weiterher kommende Reisende müssen die Pferde schon vor der Ankunft angeschirrt stehen und auf Stationen, wo die Posthalterei über 200 Schritte vom Posthaus entfernt liegt, in dessen Nähe aufgestellt werden.

III Die Abfertigung muß, sofern der Reisende sich nicht länger aufhalten will, bei vorausbestellten Extraposten innerhalb 10 Minuten erfolgen. Wird ein Stationswagen verwendet, so tritt dieser Frist noch soviel Zeit hinzu, als zur ordnungsmäßigen Verladung des Reisegepäcks erforderlich ist.

IV Sind Pferde und Wagen nicht vorausbestellt

worden, so müssen Extraposten, wenn der Reisende einen Wagen mit sich führt, innerhalb einer Viertelstunde und, wenn ein Stationswagen gestellt werden muß, innerhalb einer halben Stunde weiterbefördert werden.

V Auf Stationen, wo selten Extraposten vorkommen und wo zu deren Beförderung Postpferde nicht besonders unterhalten werden können, müssen sich die Reisenden den Aufenthalt gefallen lassen, der zur Beschaffung der Pferde nothwendig ist.

§. 68. Beförderungszeit.

I Die Beförderung der Extraposten muß innerhalb der durch die Postbehörde vorgeschriebenen Fristen erfolgen. Eine Uebersicht der Beförderungsfristen befindet sich im Postdienstzimmer bei jeder Extrapoststation und wird dem Reisenden auf Verlangen zur Einsicht vorgelegt

II Hat auf Verlangen des Reisenden eine Einigung dahin stattgefunden, daß die Beförderung durch eine geringere Anzahl von Pferden erfolgt, als nach dem Umfange der Ladung und nach der Beschaffenheit der Wege und der Wagen eigentlich erforderlich waren, so kann der Reisende auf das Einhalten der vorgeschriebenen Beförderungszeit keinen Anspruch machen.

III Beträgt die zurückzulegende Entfernung nicht über 20 Kilometer, so darf der Postillon ohne Verlangen des Reisenden unterwegs nicht anhalten. Bei größerer Entfernung ist ihm zwar gestattet, zur

Erholung der Pferde einmal höchstens eine Viertelstunde anzuhalten, die vorgeschriebene Beförderungszeit muß jedoch auch in diesem Falle eingehalten werden. Während des Anhaltens darf der Postillon die Pferde nicht ohne Aufsicht lassen.

§. 69. Postillone.

I Der Postillon muß die vorschriftsmäßige Dienstkleidung tragen und mit dem Posthorne versehen sein. Die Hülfsanspänner haben zu ihrem Ausweis ein von der Postbehörde festgesetztes Abzeichen zu tragen.

II Bei zweispännigem Fuhrwerke gebührt dem Postillon ein Sitz auf dem Wagen. Ist daselbst kein Platz für ihn vorhanden, so muß der Reisende ein drittes Pferd nehmen. Bei ganz leichtem Fuhrwerk und, wenn der leichte Wagen etwa nur mit einem Reisenden besetzt ist, der kein umfangreiches Gepäck mit sich führt, kann jedoch bei geringen Entfernungen eine zweispännige Beförderung auch dann stattfinden, wenn der Postillon vom Sattel fahren muß. Bei drei- oder vierspännigem Fuhrwerke muß der Postillon vom Sattel fahren, wenn ihm der Reisende keinen Platz auf dem Wagen einräumt. Bei einer Bespannung mit mehr als vier Pferden muß stets lang gespannt und vom Sattel gefahren werden, sofern nicht der Reisende das Fahren vom Bocke verlangt.

III Ein Wechseln der Pferde mit entgegenkommenden Posten ist nicht zulässig. Bei sich begegnenden Extraposten dürfen die Pferde nur mit ausdrücklicher Einwilligung der Reisenden gewechselt werden. Der entstehende Aufenthalt ist bei der Fahrt wieder einzuholen. Das Trinkgeld erhält derjenige Postillon, welcher den Reisenden auf die Station bringt.

IV Der Reisende hat zu bestimmen, wo bei der Ankunft auf der Station vorgefahren werden soll. Wird nicht beim Posthause vorgefahren, so muß der Postillon auf Verlangen des Reisenden die Pferde zur Weiterreise bestellen.

V Dem Postillon allein gebührt es, die Pferde zu führen. Wenn der Reisende oder dessen Leute an dem Postillone Thätlichkeiten verüben oder die Pferde durch Schläge antreiben, so ist der Postillon befugt, sogleich auszuspannen.

Beleidigung bezw. Mißhandlung des Postillons wird nach Str.G.B. §§ 185, 196 und 223 bestraft.

§. 70. Beschwerden.

Sofern der Extrapostreisende Anlaß zur Beschwerde hat, ist er berechtigt, diese in den Begleitzettel einzutragen.

§. 71. Inkrafttreten.

Gegenwärtige Postordnung tritt am 1. April 1900 in Kraft.

Berlin, den 20. März 1900.

Der Reichskanzler.

In Vertretung:

von Podbielski.

XII.

Weltpostvertrag

vom 15. Juni 1897.

R.G.Bl. 1898 S. 1079—1114.

a. Am 9. Oktober 1874 wurde auf dem Postkongreß zu Bern der „Allgemeine Postvertrag" abgeschlossen, der auf dem Pariser Kongreß 1878 den Namen „Weltpostvertrag" erhielt und auf den Kongressen zu Lissabon 1885, Wien 1891 und Washington 1897 weiter ausgestaltet wurde. Der jetzt gültige Vertrag ist am 15. Juni 1897 zu Washington abgeschlossen worden und regelt den Postverkehr zwischen den Vereinsstaaten bezüglich der gewöhnlichen und eingeschriebenen Briefe, Postkarten, Drucksachen, Geschäftspapiere und Waarenproben.

Der Vertrag ist abgeschlossen zwischen 1. Deutschland und den deutschen Schutzgebieten, 2. der Größeren Republik von Central-Amerika, 3. den Vereinigten Staaten von Amerika, 4. der Argentinischen Republik, 5. Oesterreich-Ungarn (mit Bosnien-Herzegowina), 6. Belgien, 7. Bolivien, 8. Brasilien, 9. Bulgarien, 10. Chile, 11. dem Chinesischen Kaiserreiche, 12. der Republik Columbien, 13. dem Unabhängigen Kongostaate, 14. dem Königreiche Korea, 15. der Republik Costa-Rica, 16. Dänemark und den dänischen Kolonien, 17. der Republik San Domingo, 18. Egypten, 19. Ecuador, 20. Spanien und den spanischen Kolonien, 21. Frankreich, 22. den französischen Kolonien, 23. Großbritannien und verschiedenen britischen Kolonien, 24. Britisch-Indien, 25. den britischen Kolonien von Australasien, 26. Canada, 27. den britischen Kolonien Südafrikas,

28. Griechenland, 29. Guatemala, 30. der Republik Haiti, 31. der Republik Hawai, 32. Italien, 33. Japan, 34. der Republik Liberia, 35. Luxemburg, 36. Mexico, 37. Montenegro, 38. Norwegen, 39. dem Oranje-Freistaate, 40. Paraguay, 41. den Niederlanden, 42. den niederländischen Kolonien, 43. Peru, 44. Persien, 45. Portugal und den portugisischen Kolonien, 46. Rumänien, 47. Rußland, 48. Serbien, 49. dem Königreiche Siam, 50. der Südafrikanischen Republik, 51. Schweden, 52. der Schweiz, 53. der Regentschaft Tunis, 54. der Türkei, 55. Uruguay und den 56. Vereinigten Staaten von Venezuela.

Dem Hauptvertrage sind im Laufe der Zeit folgende, sämmtlich am 15. Juni 1897 zu Washington erneuerte Nebenabkommen (vgl. Art. 19 des Hauptvertrags) hinzugetreten:

Uebereinkommen, betreffend den Austausch von Briefen und Kästchen mit Werthangabe (1878), R.G.Bl. 1898 S. 1115, umfassend die Länder unter 1, 2, 4, 5, 6, 8, 9, 10, 16, 17, 18, 20, 21, 22, 32, 35, 38, 41, 45, 46, 47, 48, 51, 52, 53, 54.

Uebereinkommen, betreffend den Postanweisungsdienst (1878), R.G.Bl. 1898 S. 1133, umfassend die Länder unter 1, 2, 4, 5, 6, 8, 9, 10, 16, 17, 18, 21, 28, 29, 32, 33, 34, 35, 38, 41, 42, 45, 46, 48, 49, 51, 52, 53, 54, 55.

Uebereinkommen, betreffend den Austausch von Postpacketen (Konferenz Paris 1880), R.G.Bl. 1898 S. 1145, umfassend die Länder unter 1, 2, 4, 5, 6, 8, 9, 10, 12, 16, 17, 18, 20, 21, 22, 24, 28, 29, 32, 34, 35, 37, 38, 41, 42, 45, 46, 47, 48, 49, 51, 52, 53, 54, 55, 56.

Uebereinkommen, betreffend den Postauftragsdienst (1885), R.G.Bl. 1898 S. 1166, umfassend die Länder unter 1, 2, 5, 6, 8, 10, 17, 18, 21, 32, 35, 38, 41, Niederländisch-Indien, 45, 46, 51, 52, 53, 54.

Uebereinkommen, betreffend den Postbezug von Zeitungen und Zeitschriften (1891), R.G.Bl. 1898

S. 1176, umfassend die Länder unter 1, 2, 5, 6, 8, 9, 10, 12, 16 (nicht dänische Kolonien), 17, 18, 28, 32, 35, 38, 41, 44, 45, 46, 48, 51, 52, 54, 55.

b. Der nachstehend mitgetheilte deutsche Text des Weltpostvertrags ist amtliche Uebersetzung; der Urtext ist französisch.

c. Der Weltpostvertrag und die Nebenabkommen nebst den zugehörigen Vollzugsordnungen sind französisch und deutsch in dem R.G.Bl. an den oben angegebenen Stellen abgedruckt und in einer besonderen Ausgabe, „Weltposthandbuch" (Druck der Reichsdruckerei) erschienen. Die für den Auslandsverkehr sich ergebenden Tarifsätze und sonstigen Bedingungen sind in dem Briefposttarif und Packetposttarif (Berlin, Reichsdruckerei) ersichtlich, sowie in dem vierteljährlich erscheinenden Postblatt (vgl. Posttar.-G., Nr. V, § 11 Anm. b).

Die Unterzeichneten, Bevollmächtigte der Regierungen der vorstehend aufgeführten Länder, haben, nachdem sie auf Grund des Artikels 25 des am 4. Juli 1891 in Wien abgeschlossenen Weltpostvertrags zu einem Kongreß in Washington zusammengetreten sind, in gemeinschaftlichem Einverständniß und unter Vorbehalt der Ratifikation den gedachten Vertrag im Wege der Revision folgendermaßen abgeändert:

Art. 1. Verkehrsgebiet.

Die am gegenwärtigen Vertrage theilnehmenden sowie die demselben später beitretenden Länder bilden, für den gegenseitigen Austausch der Korrespondenzen zwischen ihren Postanstalten, ein einziges Postgebiet, welches den Namen „Weltpostverein" führt.

Art. 2. Gegenstände des Vertrags.

Die Bestimmungen dieses Vertrags erstrecken sich auf Briefe, einfache Postkarten und Postkarten mit bezahlter Antwort, Drucksachen jeder Art, Geschäftspapiere und Waarenproben, welche aus einem der Vereinsländer herrühren und nach einem anderen gerichtet sind. Auch finden diese Bestimmungen in gleicher Weise Anwendung auf den Postaustausch der vorbezeichneten Gegenstände zwischen Vereinsländern und fremden, dem Vereine nicht angehörigen Ländern, sofern bei diesem Austausche das Gebiet von mindestens zweien der vertragschließenden Theile berührt wird.

Wegen des Austausches von Packeten, Postanweisungen, Werthsendungen, Postaufträgen und wegen des internationalen Zeitungsbezuges vgl. die Vorbemerkungen.

Art. 3. Unmittelbarer Austausch von Briefposten; Leistungen dritter Verwaltungen.

1. Die Postverwaltungen angrenzender oder solcher Länder, welche, ohne sich der Vermittelung einer dritten Verwaltung zu bedienen, in unmittelbare Verbindung treten können, ordnen im gemeinsamen Einverständnisse die Bedingungen der Beförderung der beiderseitigen Briefposten über die Grenze oder von einer Grenze zur anderen.

2. Wofern keine gegentheilige Abmachung besteht, werden als Leistungen dritter Verwaltungen die-

jenigen Seebeförderungen angesehen, welche unmittelbar zwischen zwei Ländern mittelst der von einem derselben abhängigen Postdampfer oder anderen Schiffe ausgeführt werden. Diese Beförderungen sowie diejenigen, welche zwischen zwei Postanstalten eines und desselben Landes durch Vermittelung der von einem anderen Lande abhängigen See- oder Landpostverbindungen ausgeführt werden, unterliegen den Bestimmungen des folgenden Artikels.

Art. 4. Transitgebühren.

1. Die Freiheit des Transits ist im gesammten Gebiete des Vereins gewährleistet.

2. In Folge dessen können sich die verschiedenen Vereins-Postverwaltungen durch Vermittelung einer oder mehrerer anderer derselben sowohl geschlossene Briefposten als lose Korrespondenzen, je nach dem Verkehrsbedürfniß und den Erfordernissen des Postdienstes, gegenseitig zufertigen.

3. Die Korrespondenzen, welche zwischen zwei Vereinsverwaltungen entweder im offenen Transit oder in geschlossenen Briefposten mittelst der Postverbindungen einer oder mehrerer anderer Vereinsverwaltungen ausgetauscht werden, unterliegen zu Gunsten jedes der Transitländer oder derjenigen Länder, deren Postverbindungen bei der Beförderung betheiligt sind, den nachstehenden Transitgebühren:

1) für die Landbeförderung 2 Franken für das Kilogramm Briefe und Postkarten und 25

Centimen für das Kilogramm anderer Gegenstände;

2) für die Seebeförderung:

a) den Sätzen des Landtransits, wenn die Beförderungsstrecke 300 Seemeilen nicht übersteigt. Die Seebeförderung für eine Strecke von nicht mehr als 300 Seemeilen findet jedoch unentgeltlich statt, wenn die betheiligte Verwaltung für die beförderten Briefposten oder Korrespondenzen schon die Vergütung für Landtransit empfängt;

b) 5 Franken für das Kilogramm Briefe und Postkarten und 50 Centimen für das Kilogramm anderer Gegenstände bei Beförderungen von mehr als 300 Seemeilen zwischen europäischen Ländern, zwischen Europa und den afrikanischen und asiatischen Hafenplätzen am Mittelländischen Meere und am Schwarzen Meere oder zwischen diesen Hafenplätzen untereinander, und zwischen Europa und Nordamerika. Die nämlichen Sätze finden im gesammten Bereiche des Vereins Anwendung auf die Beförderungen zwischen zwei Hafenplätzen eines und desselben Staates, wie auch zwischen den durch eine und dieselbe Dampferlinie mit einander verbundenen Hafenplätzen von zwei Staaten, sofern die Seebeförderung nicht mehr als 1500 Seemeilen beträgt;

c) 15 Franken für das Kilogramm Briefe und Postkarten und 1 Frank für das Kilogramm anderer Gegenstände für alle Beförderungen, die nicht zu den in den vorstehenden Absätzen a und b aufgeführten Fällen gehören. In dem Falle der Betheiligung zweier oder mehrerer Verwaltungen an der Seebeförderung dürfen die Seetransitgebühren für die gesammte Beförderung 15 Franken für das Kilogramm Briefe und Postkarten und 1 Frank für das Kilogramm anderer Gegenstände nicht übersteigen; diese Gebühren werden eintretenden Falles zwischen den betheiligten Verwaltungen nach Verhältniß der zurückgelegten Strecken getheilt, unbeschadet anderweiter etwa zwischen den betreffenden Verwaltungen getroffenen Vereinbarungen.

4. Die im gegenwärtigen Artikel angegebenen Transitvergütungssätze gelten weder für Posttransporte der nicht zum Vereine gehörigen Verwaltungen, noch für Posttransporte innerhalb des Vereins mittelst solcher außergewöhnlichen Verbindungen, die von einer Verwaltung im Interesse oder auf Verlangen einer oder mehrerer anderer Verwaltungen besonders hergestellt oder unterhalten werden. Die

Bedingungen für diese letztere Art von Postbeförderungen werden zwischen den betheiligten Verwaltungen in freier Vereinbarung geregelt.

Außerdem wird überall, wo der Transit schon gegenwärtig unentgeltlich oder unter vortheilhafteren Bedingungen stattfindet, dieses Verhältniß beibehalten.

5. Man ist jedoch darüber einverstanden:

1) daß die Landtransitgebühren in folgender Weise ermäßigt werden:

um 5 Prozent während der beiden ersten Jahre des Inkraftseins des gegenwärtigen Vertrags;

um 10 Prozent während der beiden folgenden Jahre;

um 15 Prozent über 4 Jahre hinaus;

2) daß diejenigen Länder, deren Einnahmen und Ausgaben für Landtransit zusammen über die Summe von 5000 Franken jährlich nicht hinausgehen und deren Ausgaben die Einnahmen für diesen Transit übersteigen, von jeder Zahlung dafür befreit sind;

3) daß der im vorstehenden §. 3, Buchstabe c vorgesehene Seetransitsatz von 15 Franken für das Kilogramm Briefe und Postkarten ermäßigt wird:

auf 14 Franken während der beiden ersten Jahre des Inkraftseins des gegenwärtigen Vertrags;

auf 12 Franken während der beiden folgenden Jahre;

auf 10 Franken über 4 Jahre hinaus.

6. Die Transitgebühren sind von der Verwaltung des Aufgabegebiets zu tragen.

7. Die Abrechnung über diese Gebühren erfolgt nach den Vorschriften, welche durch die im nachfolgenden Artikel 20 vorgesehene Ausführungs-Uebereinkunft zu treffen sind.

8. Von Land- und See-Transitgebühren gänzlich befreit sind der im §. 2 des nachfolgenden Artikels 11 erwähnte amtliche Schriftwechsel, die nach dem Ursprungslande zurückgesandten Antwort-Postkarten, nachgesandte oder unrichtig geleitete Gegenstände, unanbringliche Sendungen, Rückscheine, Postanweisungen und alle anderen postdienstlichen Papiere.

Art. 5. Taxirung der gewöhnlichen Sendungen; besondere Anforderungen bezüglich der Geschäftspapiere, Waarenproben und Drucksachen.

1. Das Porto für die Beförderung der Postsendungen im gesammten Vereinsgebiet, einschließlich der Bestellung derselben in denjenigen Vereinsländern, in welchen ein Bestellungsdienst besteht oder später eingerichtet wird, beträgt:

1) bei Briefen 25 Centimen im Frankirungsfall, anderenfalls das Doppelte, für jeden Brief und für je 15 Gramm oder einen Theil von 15 Gramm;

2) bei Postkarten im Frankirungsfalle 10 Centimen für die einfache Karte oder für jeden der beiden Theile der Karte mit bezahlter Antwort, anderenfalls das Doppelte;

3) bei Drucksachen jeder Art, Geschäftspapieren und Waarenproben 5 Centimen für jeden mit einer besonderen Aufschrift versehenen Gegenstand oder jedes derartige Packet und für je 50 Gramm oder einen Theil von 50 Gramm, vorausgesetzt, daß dieser Gegenstand oder dieses Packet weder einen Brief, noch einen geschriebenen Vermerk enthält, welcher die Eigenschaft einer eigentlichen und persönlichen Korrespondenz hat, und daß die Sendung derart beschaffen ist, daß der Inhalt leicht geprüft werden kann.

Die Taxe der Geschäftspapiere darf nicht weniger als 25 Centimen für jede Sendung, und die Taxe der Waarenproben nicht weniger als 10 Centimen für jede Sendung betragen.

2. Außer den in den vorstehenden Paragraphen festgesetzten Taxen können zur Erhebung kommen:

1) für jede Sendung, welche den See-Transitgebühren von 15 Franken für das Kilogramm Briefe oder Postkarten, und 1 Frank für das Kilogramm anderer Gegenstände unterliegt, und zwar in allen Verkehrsbeziehungen, auf welche diese Transitsätze anwendbar sind, eine einheitliche Zuschlagtaxe, welche 25 Centimen

für das einfache Briefporto, 5 Centimen für jede Karte und 5 Centimen für je 50 Gramm oder einen Theil von 50 Gramm bei den anderen Gegenständen nicht übersteigen darf;

2) für jeden Gegenstand, der mit Postverbindungen von nicht zum Vereine gehörigen Verwaltungen, oder mit außergewöhnlichen Verbindungen innerhalb des Vereins gegen besondere Gebühren befördert wird, eine zu diesen Gebühren im Verhältnisse stehende Zuschlagtaxe.

Wenn für die einfache frankirte Postkarte die eine oder die andere der nach den beiden vorhergehenden Absätzen zulässigen Zuschlagtaxen erhoben wird, so gilt dieselbe Taxe für jeden der Theile der Postkarte mit bezahlter Antwort.

3. Bei ungenügender Frankirung werden Korrespondenzgegenstände jeder Art zu Lasten der Empfänger mit dem Doppelten des Fehlbetrags taxirt, doch darf diese Taxe niemals dasjenige Porto übersteigen, welches im Bestimmungslande für unfrankirte Korrespondenzen von gleicher Gattung, gleichem Gewicht und gleicher Herkunft erhoben wird.

4. Andere Gegenstände als Briefe und Postkarten müssen wenigstens theilweise frankirt sein.

5. Waarenprobensendungen dürfen keinen Gegenstand von Handelswerth enthalten; sie sollen nicht über 350 Gramm schwer sein und in ihren Ausdehnungen 30 Centimeter in der Länge, 20 Centimeter in der Breite und 10 Centimeter in der Höhe oder,

wenn sie Rollenform haben, 30 Centimeter in der Länge und 15 Centimeter im Durchmesser nicht überschreiten.

6. Sendungen mit Geschäftspapieren und Drucksachen sollen das Gewicht von 2 Kilogramm nicht überschreiten und an keiner Seite eine Ausdehnung von mehr als 45 Centimeter haben. Jedoch können Packete in Rollenform, deren Durchmesser 10 Centimeter und deren Länge 75 Centimeter nicht übersteigt, zur Postbeförderung zugelassen werden.

a. Das Weltpostvereins-Porto ist in Deutschland einheitlich festgesetzt auf 20 Pf. für frankirte Briefe, 40 Pf. für unfrankirte Briefe, 10 Pf. für einfache Postkarten, 20 Pf. für Postkarten mit Rückantwort nach bezw. aus allen anderen Vereinsländern. Im Wechselverkehr mit Oesterreich-Ungarn sind die billigeren Sätze von 10 Pf. für frankirte Briefe, 20 Pf. für unfrankirte Briefe, 5 Pf. für einfache Postkarten, 10 Pf. für Postkarten mit Rückantwort aufrecht erhalten. Wegen der Taxen im Grenzverkehr vgl. Art. 20 Nr. 3 und Anm.

b. Das Weltpostvereins-Porto für Drucksachen, Geschäftspapiere und Waarenproben beträgt in Deutschland 5 Pf. für je 50 Gramm, jedoch mindestens 20 Pf. für jede Sendung von Geschäftspapieren, und 10 Pf. für jede Sendung Waarenproben.

c. Das Porto nach dem Vereins-Ausland ist in Deutschland das gleiche wie in den Vereinsländern.

d. Sendungen, welche den Bestimmungen zu 4—6 nicht entsprechen, werden nicht befördert. Art. 16.

e. Deutscherseits werden Drucksachen in Rollen von 10 Centimetern Durchmesser und 75 Centimetern Länge zugelassen.

Art. 6. Einschreibsendungen; Rückscheine; Nachfragen.

1. Die im Artikel 5 bezeichneten Gegenstände können unter Einschreibung versandt werden.

2. Für jede Einschreibsendung hat der Absender zu entrichten:

1) das gewöhnliche Porto einer frankirten Sendung gleicher Gattung;
2) eine Einschreibgebühr von höchstens 25 Centimen, einschließlich der Ausfertigung eines Einlieferungsscheins für den Absender.

3. Der Absender einer Einschreibsendung kann gegen eine bei der Einlieferung zu entrichtende Gebühr von höchstens 25 Centimen einen Rückschein erhalten. Die gleiche Gebühr kann für die nach erfolgter Einlieferung gehaltenen Nachfragen nach dem Verbleibe von Einschreibsendungen erhoben werden, sofern der Absender nicht schon die besondere Gebühr für Erlangung eines Rückscheins entrichtet hat.

Die Einschreibgebühr ist in Deutschland auf 20 Pf. festgesetzt, ebenso die Rückscheingebühr.

Art. 7. Einschreibsendungen mit Nachnahme.

1. Die eingeschriebenen Korrespondenzen können im Verkehre derjenigen Länder, deren Verwaltungen über die Ausführung eines solchen Dienstes sich verständigen, mit Nachnahme belastet versandt werden.

Die Gegenstände mit Nachnahme unterliegen der=

selben Behandlung und Taxirung wie Einschreibsendungen.

Der Höchstbetrag der Nachnahme wird für die einzelne Sendung auf 1 000 Franken oder den Gegenwerth dieser Summe in der Münze des Bestimmungslandes festgesetzt. Jede Verwaltung hat jedoch das Recht, diesen Höchstbetrag auf 500 Franken für die einzelne Sendung oder auf den Gegenwerth dieser Summe nach ihrem Münzsysteme herunterzusetzen.

2. Sofern keine gegentheilige Abmachung zwischen den Verwaltungen der betheiligten Länder besteht, ist der vom Empfänger eingezogene Betrag nach Abzug der gewöhnlichen Postanweisungsgebühr und einer Einziehungsgebühr von 10 Centimen dem Absender mittelst Postanweisung zuzusenden.

Der Betrag einer unbestellbaren Nachnahme-Postanweisung verbleibt zur Verfügung der Verwaltung des Ursprungslandes der Nachnahmesendung.

3. Im Falle des Verlustes einer eingeschriebenen, mit Nachnahme belasteten Sendung ist die Post zur Ersatzleistung nach Maßgabe der Vorschriften verpflichtet, welche durch den nachfolgenden Artikel 8 für die eingeschriebenen, mit Nachnahme nicht versehenen Sendungen getroffen sind. Nach Aushändigung des Gegenstandes ist die Verwaltung des Bestimmungslandes für den Nachnahmebetrag haftbar, und sie muß im Falle der Nachfrage die Uebersendung der eingezogenen Summe, abzüglich der im §. 2 vorgesehenen Taxe und Gebühr, an den Absender nachweisen.

Art. 8. Gewährleistung für Einschreibsendungen.

1. Geht eine Einschreibsendung verloren, so hat der Absender, oder auf dessen Verlangen der Empfänger, den Fall höherer Gewalt ausgenommen, Anspruch auf eine Entschädigung von 50 Franken.

2. Die Länder, welche für den durch höhere Gewalt entstehenden Schaden einzustehen sich bereit erklären, sind befugt, hierfür vom Absender eine Zuschlagtaxe von höchstens 25 Centimen für jede eingeschriebene Sendung zu erheben.

3. Die Verpflichtung zur Zahlung des Ersatzbetrags liegt derjenigen Verwaltung ob, welcher die Aufgabe-Postanstalt angehört. Dieser Verwaltung wird vorbehalten, ihren Anspruch gegen die verantwortliche Verwaltung, d. h. gegen diejenige, auf deren Gebiet oder in deren Betrieb der Verlust stattgefunden hat, geltend zu machen.

Wenn durch höhere Gewalt auf dem Gebiet oder im Betrieb eines Landes, welches für den im vorhergehenden Paragraphen erwähnten Schaden eintritt, eine aus einem anderen Lande herrührende Einschreibsendung verloren geht, so ist das Land, wo der Verlust stattgefunden hat, der Aufgabe-Verwaltung gegenüber für die Sendung verantwortlich, sofern die letztere Verwaltung ihrerseits ihren Absendern gegenüber die Ersatzverbindlichkeit im Falle der höheren Gewalt übernimmt.

4. Bis zum Nachweise des Gegentheils liegt die

Verantwortlichkeit derjenigen Verwaltung ob, welche den Gegenstand unbeanstandet übernommen hat und weder dessen Aushändigung an den Empfänger, noch, eintretenden Falles, die vorschriftsmäßige Weitersendung an die folgende Verwaltung nachweisen kann. Die Verantwortlichkeit für die postlagernden Sendungen hört auf, sobald dieselben einer Person behändigt sind, welche nach Maßgabe der im Bestimmungslande bestehenden Vorschriften die Uebereinstimmung ihres Namens und ihrer Eigenschaft mit den Angaben der Adresse nachgewiesen hat.

5. Die Zahlung des Ersatzbetrags durch die Verwaltung des Aufgabegebiets soll sobald als möglich und spätestens innerhalb eines Jahres, vom Tage der Nachfrage ab gerechnet, stattfinden. Die verantwortliche Verwaltung ist verpflichtet, der Verwaltung des Aufgabegebiets den von derselben gezahlten Ersatzbetrag ohne Verzug zu erstatten.

Die Aufgabe-Verwaltung ist berechtigt, den Absender für Rechnung der Vermittelungs- oder der Bestimmungs-Verwaltung zu entschädigen, wenn diese, nachdem die Sache ordnungsmäßig anhängig gemacht worden ist, ein Jahr hat verstreichen lassen, ohne ihr Folge zu geben. Wenn ferner eine Verwaltung, deren Verantwortlichkeit gehörig festgestellt ist, anfangs die Zahlung der Entschädigung abgelehnt hat, so muß sie, außer dem Ersatzbetrage die Nebenkosten tragen, welche aus der bei der Zahlung verursachten, ungerechtfertigten Verzögerung entstehen.

6. Man ist darüber einverstanden, daß der Anspruch auf Entschädigung nur zulässig ist, wenn derselbe innerhalb eines Jahres, vom Tage der Aufgabe der Einschreibsendung an gerechnet, erhoben wird; nach Ablauf dieses Zeitraums steht dem Absender ein Anspruch auf irgend eine Entschädigung nicht zu.

7. Wenn der Verlust während der Beförderung stattgefunden hat, ohne daß festgestellt werden kann, auf dem Gebiet oder im Betriebe welchen Landes dies geschehen ist, so wird der Schaden von den betheiligten Verwaltungen zu gleichen Theilen getragen.

8. Die Ersatzverbindlichkeit der Postverwaltungen für Einschreibsendungen hört auf, sobald der Empfangsberechtigte Quittung ertheilt und die Sendung in Empfang genommen hat.

a. Nach dem Schlußprotokoll zum W.P.V. Nr. II ist als Uebergangsmaßregel denjenigen Verwaltungen der außereuropäischen Länder, deren Gesetzgebung gegenwärtig dem Grundsatze der Gewährleistung entgegensteht, auch ferner gestattet, die Anwendung dieses Grundsatzes so lange auszusetzen, bis sie von ihrer gesetzgebenden Gewalt die Ermächtigung zu seiner Einführung erhalten haben. Bis zu diesem Zeitpunkte sind die anderen Vereinsverwaltungen zur Zahlung einer Entschädigung für die in ihrem Betriebe verloren gehenden Einschreibsendungen nach oder aus den gedachten Ländern nicht verbunden. — Eine Ersatzpflicht übernehmen zur Zeit noch nicht: die Vereinigten Staaten von Amerika, Argentinien, Brasilien, die Britischen Kolonien von Australasien mit Ausnahme von Neu-Seeland und Queensland, die Britische Kolonie Natal, Canada, die Kap-Kolonie, Ecuador, Guatemala, Mexiko, Oranje-Freistaat, Paraguay, Peru, die Südafrikanische Republik.

b. In Deutschland werden als Entschädigung für den Verlust einer Einschreibsendung, sofern der Anspruch nicht durch die Bestimmung im Schlußprotokoll II (vgl. Anm. a) ausgeschlossen ist, 40 Mark gezahlt.

Art. 9. Zurückziehung von Briefsendungen und Abänderung der Aufschrift.

1. Der Absender einer Briefsendung kann dieselbe zurücknehmen oder ihre Aufschrift abändern lassen, so lange die Sendung dem Empfänger noch nicht ausgehändigt ist.

2. Das hierauf bezügliche Verlangen wird entweder brieflich oder telegraphisch auf Kosten des Absenders übermittelt. Letzterer hat dafür zu entrichten:

1) wenn die Uebermittelung brieflich erfolgt, die Taxe für einen einfachen Einschreibbrief;
2) wenn die Uebermittelung auf telegraphischem Wege geschieht, die Taxe des Telegramms nach dem gewöhnlichen Tarife.

3. Die Bestimmungen des gegenwärtigen Artikels sind für diejenigen Länder nicht verbindlich, deren Gesetzgebung dem Absender nicht gestattet, über eine Sendung während der Beförderung derselben zu verfügen.

Ausgeschlossen ist das im Art. 9 vorgesehene Verfügungsrecht des Absenders wegen der Landesgesetze in Bolivien, Britisch-Indien, Canada, Columbien, Großbritannien und den britischen Kolonien (ausgenommen Kap-Kolonie), Haiti und S. Domingo. In der Schweiz kann, sofern der

Adressat von dem Eingange der Sendung bereits Kenntniß erhalten oder um deren Aushändigung ersucht hat, der Absender nur mit Zustimmung des Adressaten über die Sendung verfügen. Im Verkehr mit den britischen Kolonien von Australasien ist die Zurückforderung nur bedingt zugelassen.

Art. 10. Festsetzung der Taxen.

Diejenigen Vereinsländer, welche nicht den Frank zur Münzeinheit haben, setzen die Taxen in ihrer eigenen Währung fest, zum entsprechenden Werthe der in den verschiedenen Artikeln des gegenwärtigen Vertrags bestimmten Beträge. Diese Länder sind befugt, die Bruchtheile nach Maßgabe der Uebersicht abzurunden, welche in der im Artikel 20 des gegenwärtigen Vertrags erwähnten Ausführungs-Uebereinkunft enthalten ist.

Art. 11. Frankirung der Sendungen mittelst Postwerthzeichen; Portofreiheit der postdienstlichen Korrespondenzen.

1. Die Frankirung der Sendungen kann nur mittelst der im Aufgabelande für die Privatkorrespondenz gültigen Postwerthzeichen bewirkt werden. Es ist jedoch nicht gestattet, im internationalen Verkehre von Postwerthzeichen Gebrauch zu machen, die zu einem besonderen und das Ausgabeland allein berührenden Zwecke hergestellt sind, wie die sogenannten Erinnerungsmarken mit vorübergehender Gültigkeit.

Als gültig frankirt werden die Antwort-Postkarten

angesehen, auf welchen sich Postwerthzeichen des Ursprungslandes dieser Karten befinden, sowie die Zeitungen oder Zeitungspackete, die nicht mit Postwerthzeichen versehen sind, in der Aufschrift aber die Angabe „Abonnements-poste" tragen und auf Grund des im Artikel 19 des gegenwärtigen Vertrags vorgesehenen besonderen Abkommens über den Postbezug von Zeitungen versandt werden.

2. Die auf den Postdienst bezüglichen, zwischen den Postverwaltungen, zwischen diesen Verwaltungen und dem Internationalen Büreau des Weltpostvereins und zwischen den Postanstalten der Vereinsländer ausgetauschten amtlichen Korrespondenzen sind von der Frankirung durch gewöhnliche Postwerthzeichen ausgenommen, und sie allein werden portofrei befördert.

3. Die auf offenem Meere mittelst Schiffsbriefkastens oder bei den Schiffsführern aufgelieferten Korrespondenzgegenstände können nach dem Tarif und mit Postwerthzeichen desjenigen Landes frankirt werden, welchem das Schiff angehört oder dessen Flagge es führt. Wenn die Auflieferung an Bord während des Aufenthalts am Anfangs- oder Endpunkte der Fahrt oder in einem der Zwischenhäfen statt hat, kann die Frankirung nur nach dem Tarif und mit Werthzeichen desjenigen Landes bewirkt werden, in dessen Gewässern sich das Schiff befindet.

Art. 12. **Porto- und Gebührenbezug.**

1. Jede Verwaltung behält unverkürzt die von ihr auf Grund der vorhergehenden Artikel 5, 6, 7,

10 und 11 erhobenen Summen, abgesehen von der Vergütung, welche für die im §. 2 des Artikels 7 bezeichneten Postanweisungen zu zahlen ist.

2. Es findet daher eine Abrechnung hierüber, vorbehaltlich der im §. 1 des gegenwärtigen Artikels vorgesehenen Vergütung, zwischen den verschiedenen Vereinsverwaltungen nicht statt.

3. Briefe und andere Postsendungen dürfen weder im Ursprungslande, noch im Bestimmungslande, sei es zu Lasten der Absender oder der Empfänger, einem anderen Porto oder einer anderen Postgebühr unterworfen werden, als in den vorbezeichneten Artikeln festgesetzt sind.

Art. 13. Eilsendungen.

1. In denjenigen Vereinsländern, welche einwilligen, sich in ihrem gegenseitigen Verkehre mit diesem Dienstzweige zu befassen, werden Briefsendungen jeder Art auf Verlangen des Absenders dem Empfänger sogleich nach der Ankunft durch besonderen Boten zugestellt.

2. Diese Sendungen, welche „Eilsendungen" genannt werden, unterliegen einer besonderen Bestellgebühr, welche auf 30 Centimen festgesetzt ist und vom Absender, neben dem gewöhnlichen Porto, zum vollen Betrage im voraus entrichtet werden muß. Diese Gebühr verbleibt der Verwaltung des Aufgabegebiets.

In Deutschland ist die Eilbestellgebühr auf 25 Pf. festgesetzt.

3. Ist der Gegenstand nach einem Orte ohne Postanstalt gerichtet, so kann die Postverwaltung des Bestimmungsgebiets eine Ergänzungsgebühr bis zur Höhe desjenigen Betrags erheben, den sie in ihrem inneren Verkehre für die Eilbestellung festgesetzt hat, unter Anrechnung der vom Absender entrichteten Gebühr oder des entsprechenden Betrags in der Währung des die Ergänzungsgebühr erhebenden Landes.

4. Eilsendungen, welche nicht zum vollen Betrage der im voraus zu entrichtenden Taxen frankirt sind, werden auf dem gewöhnlichen Wege bestellt.

Art. 14. Nachsendung und Unbestellbarkeit.

1. Für die Nachsendung von Postsendungen innerhalb des Vereinsgebiets wird ein Nachschußporto nicht erhoben.

2. Bei unbestellbar gebliebenen Sendungen tritt eine Erstattung der den betheiligten Verwaltungen für die erstmalige Beförderung dieser Sendungen zukommenden Transitgebühren nicht ein.

3. Unfrankirte Briefe und Postkarten sowie unzureichend frankirte Briefsendungen jeder Art, welche wegen Unbestellbarkeit oder in Folge von Nachsendung nach dem Aufgabelande zurückgelangen, unterliegen zu Lasten der Empfänger oder der Absender denselben Taxen, wie gleichartige Gegenstände, welche unmittelbar aus dem ersten Bestimmungslande nach dem Ursprungslande versandt werden.

Art. 15. Austausch geschlossener Briefposten mit Kriegsschiffen.

1. Zwischen den Postanstalten eines der vertragschließenden Länder und den Befehlshabern der in fremden Gewässern weilenden Geschwader oder Kriegsschiffe desselben Landes können mittelst der Land- und Seepostverbindungen anderer Länder geschlossene Briefposten ausgetauscht werden.

2. In diesen Briefposten dürfen nur solche Korrespondenzen enthalten sein, welche an die Stäbe und Mannschaften der die Briefposten empfangenden oder absendenden Schiffe gerichtet sind oder von denselben herrühren. Die in Anwendung zu bringenden Tarife und Versendungsbedingungen werden von der Postverwaltung desjenigen Landes, welchem die Schiffe angehören, nach Maßgabe ihrer inländischen Verordnungen bestimmt.

3. Vorbehaltlich anderer Vereinbarung zwischen den betheiligten Verwaltungen hat diejenige Postverwaltung, welche solche Briefposten absendet oder empfängt, den transitleistenden Verwaltungen Transitgebühren nach Maßgabe der Bestimmungen im Artikel 4 zu zahlen.

Art. 16. Von der Beförderung ausgeschlossene Gegenstände.

1. Es werden nicht befördert solche Geschäftspapiere, Mustersendungen und Drucksachen, welche nicht den für diese Gattungen von Sendungen gemäß

Artikel 5 des gegenwärtigen Vertrags und gemäß der im Artikel 20 vorgesehenen Ausführungs-Uebereinkunft erforderlichen Bedingungen entsprechen.

2. Vorkommenden Falles werden solche Gegenstände nach dem Aufgabeorte zurückgeleitet und daselbst dem Absender, wenn möglich, wieder zugestellt.

3. Es ist verboten:

1. mit der Post zu versenden:
   a) Mustersendungen und andere Gegenstände, welche ihrer Natur nach für die Postbeamten Gefahren mit sich bringen oder die Korrespondenzgegenstände beschmutzen oder verderben können;
   b) explodirbare, leicht entzündliche oder gefährliche Stoffe; lebende oder todte Thiere und Insekten, soweit hierfür nicht Ausnahmen in den Ausführungs-Bestimmungen vorgesehen sind;
2. in die gewöhnlichen oder eingeschriebenen Briefpostsendungen einzulegen:
   a) im Umlaufe befindliche Münzen;
   b) zollpflichtige Gegenstände;
   c) Gold- oder Silbersachen, Edelsteine, Schmucksachen und andere kostbare Gegenstände, aber nur in dem Falle, daß das Einlegen oder die Beförderung derselben durch die Gesetzgebung der betreffenden Länder verboten ist.

Vgl. P.O. § 5 und Anm.

4. Die Sendungen, welche unter die Verbote des vorhergehenden Paragraphen 3 fallen und etwa unrichtig zur Beförderung zugelassen worden sind, müssen nach dem Aufgabeorte zurückgesandt werden, es sei denn, daß die Verwaltung des Bestimmungslandes durch ihre Gesetzgebung oder inländischen Verordnungen ermächtigt ist, anderweit darüber zu verfügen.

Explodirbare, leicht entzündliche oder gefährliche Stoffe werden jedoch nicht nach dem Aufgabeorte zurückgesandt, sondern von derjenigen Verwaltung, welche deren Vorhandensein feststellt, auf der Stelle vernichtet.

5. Der Regierung jedes Vereinslandes ist übrigens das Recht vorbehalten, sowohl die der ermäßigten Taxe unterworfenen Gegenstände, in Betreff deren den bestehenden Gesetzen, Verordnungen und Vorschriften über die Bedingungen ihrer Veröffentlichung oder Verbreitung in diesem Lande nicht genügt sein sollte, als auch Korrespondenzgegenstände jeder Art, welche augenscheinlich Bemerkungen, Zeichen u. s. w. tragen, die nach den gesetzlichen oder reglementarischen Vorschriften dieses Landes unstatthaft sind, von der Beförderung und Bestellung auf ihrem Gebiet auszuschließen.

Art. 17. Beförderung von Sendungen nach Ländern außerhalb des Vereins; Transitgebühren für derartige Sendungen.

1. Diejenigen Vereinsverwaltungen, welche mit außerhalb des Vereinsgebiets belegenen Ländern

Verbindungen unterhalten, müssen allen anderen Vereinsverwaltungen ihre Beihülfe und Vermittelung zur Beförderung von losen Korrespondenzen nach oder aus den gedachten Ländern gewähren.

2. Hinsichtlich der Transitgebühren für Gegenstände jeder Art und der Gewährleistung bei Einschreibsendungen werden die betreffenden Korrespondenzen wie folgt behandelt:

in Ansehung der Beförderung im Vereinsgebiete nach den Festsetzungen des gegenwärtigen Vertrags;

in Ansehung der Beförderung außerhalb der Grenzen des Vereins nach den von derjenigen Vereinsverwaltung, welche zur Vermittelung dient, bekannt gegebenen Bedingungen.

Jedoch dürfen die Gebühren für die gesammte Seebeförderung, im Verein und außerhalb des Vereins, 20 Franken für das Kilogramm Briefe und Postkarten und 1 Frank für das Kilogramm anderer Gegenstände nicht übersteigen; eintretenden Falles werden diese Gebühren nach dem Verhältnisse der Entfernungen zwischen den an der Seebeförderung Theil nehmenden Verwaltungen getheilt.

Die Land- und Seetransitgebühren, außerhalb der Grenzen des Vereins wie innerhalb des Vereinsgebiets, für diejenigen Korrespondenzen, auf welche der gegenwärtige Artikel Anwendung findet, werden in derselben Weise ermittelt, wie die Transitgebühren für die zwischen Vereinsländern ausgetauschten Korrespondenzen.

3. Die Transitgebühren für Korrespondenzen nach Ländern außerhalb des Weltpostvereins sind von der Verwaltung des Aufgabelandes zu tragen, welche die in ihrem Betriebe für die gedachten Korrespondenzen zu erhebenden Taxen selbständig festsetzt; doch dürfen diese Taxen nicht niedriger sein als die Normalsätze des Vereins.

4. Die Transitgebühren für Korrespondenzen aus Nichtvereinsländern sind nicht von der Verwaltung des Bestimmungslandes zu tragen. Diese Verwaltung händigt diejenigen Korrespondenzen, welche ihr als vollständig frankirt überliefert werden, ohne Erhebung von Porto aus; sie belegt die unfrankirten Korrespondenzen mit dem Doppelten des Frankobetrags, welcher in ihrem eigenen Betriebe für gleichartige Sendungen nach dem Lande, aus welchem die gedachten Korrespondenzen herrühren, zur Erhebung gelangt, und die unzureichend frankirten Korrespondenzen mit dem Doppelten des fehlenden Frankos; doch darf der zu erhebende Betrag denjenigen Satz nicht übersteigen, welcher für unfrankirte Korrespondenzen von gleicher Gattung, gleichem Gewicht und gleicher Herkunft berechnet wird.

5. Die von einem Vereinslande nach einem Lande außerhalb des Vereins und umgekehrt durch Vermittelung einer Vereinsverwaltung abgesandten Korrespondenzen können in der einen wie in der

anderen Richtung in geschlossenen Briefposten überliefert werden, wenn diese Art der Ueberlieferung zwischen der Ursprungs- und der Bestimmungs-Verwaltung der Briefposten vereinbart ist und die Vermittelungs-Verwaltung ihre Zustimmung dazu ertheilt hat.

Art. 18. Betrügerische Verwendung oder Herstellung falscher Postwerthzeichen.

Die Hohen vertragschließenden Theile verpflichten sich, die nothwendigen Maßregeln zu ergreifen oder bei ihrer Gesetzgebung vorzuschlagen, um die betrügerische Verwendung von gefälschten oder schon gebrauchten Postwerthzeichen zur Frankirung von Postsendungen unter Strafe zu stellen. Sie verpflichten sich gleicherweise, die nothwendigen Maßregeln zu treffen oder bei ihrer Gesetzgebung vorzuschlagen, um alle betrügerischen Handlungen zur Herstellung, zum Verkaufe, Vertrieb oder zur Verbreitung postdienstlicher Vignetten und Werthzeichen, welche gefälscht oder derart nachgemacht sind, daß sie mit den von der Verwaltung eines der vertragschließenden Länder ausgegebenen Vignetten und Werthzeichen verwechselt werden können, zu verbieten und zu verhindern.

Vgl. Post-G. 27 Nr. 3, Str.G.B. §§ 275, 276, 360 (4 und 5), 364.

Art. 19. Vertragsmäßige Regelung der durch den Hauptvertrag nicht berührten Dienstzweige.

Der Dienst der Briefe und Kästchen mit Werthangabe, der Postanweisungen, der Postpackete, der

Postaufträge, der Ausweisbücher und des Zeitungsbezugs bilden den Gegenstand besonderer Abkommen zwischen den verschiedenen Ländern oder Ländergruppen des Vereins.

Vgl. Vorbemerkungen. Dem Uebereinkommen wegen der Ausweisbücher ist Deutschland nicht beigetreten.

Art. 20. Vollzugsordnung; besondere Vereinbarungen in nicht gemeinsamen Angelegenheiten; Taxermäßigungen im Grenzverkehre.

1. Die Postverwaltungen der verschiedenen Länder, welche den Verein bilden, sind befugt, im gemeinsamen Einverständnisse mittelst einer Ausführungs-Uebereinkunft alle für nothwendig erachteten Dienstvorschriften festzusetzen.

2. Die verschiedenen Verwaltungen können außerdem unter sich die erforderlichen Abkommen über solche Angelegenheiten treffen, welche nicht die Gesammtheit des Vereins angehen, vorausgesetzt, daß diese Abkommen den Festsetzungen des gegenwärtigen Vertrags nicht widersprechen.

3. Den betheiligten Verwaltungen ist jedoch gestattet, sich unter einander über die Annahme ermäßigter Taxen in einem Umkreise von 30 Kilometern zu verständigen.

Kraft dieser Bestimmung bleiben die bisherigen ermäßigten Taxen für Briefe im Grenzverkehr Deutschlands mit Belgien, Dänemark, Niederland und der Schweiz bestehen (10 Pf. für frankirte, 20 Pf. für unfrankirte Briefe, für je 15 Gramm).

Art. 21. Anwendbarkeit der inneren Gesetzgebung; besondere Verträge und engere Vereine.

1. Der gegenwärtige Vertrag berührt in keiner Weise die innere Gesetzgebung der Länder in Allem, was durch die in diesem Vertrag enthaltenen Bestimmungen nicht vorgesehen ist.

2. Auch beschränkt der Vertrag nicht die Befugniß der vertragschließenden Theile, behufs Herabsetzung der Taxen oder jeder anderen Verbesserung des Postverkehrs Verträge unter sich bestehen zu lassen oder neu zu schließen, sowie engere Vereine aufrecht zu erhalten oder neu zu gründen.

Wegen des Wechselverkehrs mit Oesterreich-Ungarn vgl. Art. 5 Anm. a und P.G.N. (Nr. VIII) Art. 1 I Anm. c.

Art. 22. Internationales Büreau des Weltpostvereins.

1. Unter dem Namen Internationales Büreau des Weltpostvereins soll die Centralstelle, welche unter der oberen Leitung der schweizerischen Postverwaltung wirkt, und deren Kosten von sämmtlichen Postverwaltungen des Vereins bestritten werden, aufrecht erhalten bleiben.

2. Dieses Büreau wird auch ferner die den internationalen Postverkehr betreffenden dienstlichen Mittheilungen sammeln, zusammenstellen, veröffentlichen und vertheilen, in streitigen Fragen auf Verlangen der Betheiligten sich gutachtlich äußern, An-

trägen auf Abänderung der Kongreß-Urkunden die geschäftliche Folge geben, angenommene Aenderungen bekannt geben und überhaupt sich mit denjenigen Gegenständen und Aufgaben befassen, welche ihm im Interesse des Postvereins übertragen werden.

Der Sitz dieses Büreaus ist Bern. Die von ihm herausgegebene Monatsschrift **Union Postale** erscheint deutsch, französisch und englisch, sie dient als amtliches Organ des Weltpostvereins. Vgl. auch J.T.V. Art. 14.

Art. 23. Schiedsgerichte in Vereinsangelegenheiten.

1. Meinungsverschiedenheiten zwischen zwei oder mehreren Mitgliedern des Vereins über die Auslegung des gegenwärtigen Vertrags oder hinsichtlich der Verantwortlichkeit einer Verwaltung im Falle des Verlustes einer Einschreibsendung sollen durch ein Schiedsgericht ausgetragen werden, zu welchem jede der betheiligten Verwaltungen ein anderes, bei der Angelegenheit nicht unmittelbar betheiligtes Vereinsmitglied wählt.

2. Das Schiedsgericht entscheidet nach einfacher Stimmenmehrheit.

3. Bei Stimmengleichheit wählen die Theilnehmer des Schiedsgerichts zur Entscheidung der streitigen Frage eine andere, bei der Angelegenheit gleichfalls unbetheiligte Verwaltung.

4. Die Bestimmungen dieses Artikels finden auch

Anwendung auf alle Uebereinkommen, welche in Gemäßheit des vorstehenden Artikels 19 abgeschlossen sind.

Art. 24. Beitritt neuer Länder zum Weltpostvereine.

1. Diejenigen Länder, welche an dem gegenwärtigen Vertrage nicht Theil genommen haben, können demselben auf ihren Antrag beitreten.

2. Dieser Beitritt wird auf diplomatischem Wege der Regierung der Schweizerischen Eidgenossenschaft angezeigt, welche allen Vereinsländern davon Nachricht giebt.

3. Der Beitritt hat mit voller Rechtskraft die Zustimmung zu allen im gegenwärtigen Vertrage festgesetzten Bestimmungen, sowie die Zulassung zu allen durch denselben gewährten Vortheilen zur Folge.

4. Es ist Sache der Regierung der Schweizerischen Eidgenossenschaft, im gemeinsamen Einverständnisse mit der Regierung des betheiligten Landes die Höhe des Beitrags, welchen die Verwaltung dieses Landes zu den Kosten für das Internationale Büreau zu zahlen hat, sowie eintretenden Falles die Taxen zu bestimmen, welche von dieser Verwaltung in Gemäßheit des vorhergehenden Artikels 10 zu erheben sind.

Art. 25. Kongresse und Konferenzen.

1. Auf Verlangen oder nach Zustimmung von mindestens zwei Dritteln der Regierungen oder Verwaltungen werden, je nach der Wichtigkeit der zu

erledigenden Fragen, entweder Kongresse von Bevollmächtigten der vertragschließenden Länder oder einfache Konferenzen der Verwaltungen zusammentreten.

2. Mindestens alle fünf Jahre soll jedoch ein Kongreß abgehalten werden.

3. Jedes Land kann sich entweder durch einen oder mehrere Bevollmächtigte, oder durch die Bevollmächtigten eines anderen Landes vertreten lassen; indeß dürfen der oder die Bevollmächtigten eines Landes nur mit der Vertretung von zwei Ländern, das eigene Land einbegriffen, beauftragt werden.

4. Bei den Berathungen hat jedes Land nur eine Stimme.

5. Von jedem Kongresse wird bestimmt, wo der nächste Kongreß stattfinden soll.

6. Für die Konferenzen setzen die Verwaltungen, auf Vorschlag des Internationalen Büreaus, den Ort der Zusammenkunft fest.

Art. 26. Vorschläge im Zeitabschnitte zwischen den Versammlungen.

1. Innerhalb der Zeit, welche zwischen den Versammlungen liegt, ist jede Postverwaltung eines Vereinslandes berechtigt, den anderen Vereinsverwaltungen durch Vermittelung des Internationalen Büreaus Vorschläge in Betreff des Vereinsverkehrs zu unterbreiten.

Um zur Berathung gestellt zu werden, muß jeder

Vorschlag von mindestens zwei Verwaltungen unterstützt sein, diejenige nicht eingerechnet, von welcher der Vorschlag ausgeht. Wenn dem Internationalen Büreau nicht zu gleicher Zeit mit dem Vorschlage die erforderliche Zahl von Unterstützungs-Erklärungen zugeht, so bleibt der Vorschlag ohne jede Folge.

2. Jeder Vorschlag unterliegt folgendem Verfahren:

Den Vereinsverwaltungen wird eine Frist von sechs Monaten gelassen, um die Vorschläge zu prüfen und um dem Internationalen Büreau eintretenden Falles ihre Bemerkungen zukommen zu lassen. Abänderungsvorschläge sind nicht zulässig. Die Antworten werden von dem Internationalen Büreau zusammengestellt und den Verwaltungen mit der Aufforderung mitgetheilt, sich für oder gegen den Vorschlag auszusprechen. Diejenigen Verwaltungen, welche nicht innerhalb 6 Monate, vom Datum des zweiten Rundschreibens ab gerechnet, mit dem das Internationale Büreau die gemachten Bemerkungen zu ihrer Kenntniß gebracht hat, ihre Stimme abgegeben haben, werden als sich enthaltend angesehen.

3. Um vollstreckbar zu werden, müssen die Vorschläge erhalten:

1) Einstimmigkeit, wenn es sich um die Aufnahme neuer Bestimmungen oder um die Abänderung der Bestimmungen des gegenwärtigen Artikels und der Artikel 2, 3, 4, 5, 6, 7, 8, 9, 12, 13, 15, 18, 27, 28 und 29 handelt;

2) zwei Drittel der Stimmen, wenn es sich um

die Abänderung anderer Vertragsbestimmungen handelt, als derjenigen der Artikel 2, 3, 4, 5, 6, 7, 8, 9, 12, 13, 15, 18, 26, 27, 28 und 29;

3) einfache Stimmenmehrheit, wenn es sich um die Auslegung der Vertragsbestimmungen handelt, abgesehen von dem im vorhergehenden Artikel 23 vorgesehenen Falle einer Streitigkeit.

4. Die gültigen Beschlüsse werden in den beiden ersten Fällen durch eine diplomatische Erklärung bestätigt, welche die Regierung der Schweizerischen Eidgenossenschaft auszufertigen und den Regierungen aller vertragschließenden Länder zu übersenden hat, im dritten Falle durch eine einfache Bekanntgabe des Internationalen Büreaus an alle Vereinsverwaltungen.

5. Die angenommenen Abänderungen oder gefaßten Beschlüsse sind frühestens drei Monate nach ihrer Bekanntgabe vollstreckbar.

Art. 27. Stimmverhältniß der Vereinsstaaten.

Hinsichtlich der Anwendung der vorhergehenden Artikel 22, 25 und 26 werden je nach Umständen als ein einziges Land oder als eine einzige Verwaltung angesehen:

1) die Gesammtheit der Deutschen Kolonien;
2) das Britisch-indische Kaiserreich;
3) das Dominium Canada;

4) die Gesammtheit der Britischen Kolonien Australasiens;
5) die Gesammtheit aller anderen Britischen Kolonien;
6) die Gesammtheit der Dänischen Kolonien;
7) die Gesammtheit der Spanischen Kolonien;
8) die Französischen Kolonien und Schutzgebiete von Indo-China;
9) die Gesammtheit der anderen Französischen Kolonien;
10) die Gesammtheit der Niederländischen Kolonien;
11) die Gesammtheit der Portugiesischen Kolonien.

Art. 28. Dauer des Vertrags.

Der gegenwärtige Vertrag soll am 1. Januar 1899 zur Ausführung gebracht werden und auf unbestimmte Zeit in Kraft bleiben; jeder der vertragschließenden Theile hat indeß das Recht, auf Grund einer von seiner Regierung bei der Regierung der Schweizerischen Eidgenossenschaft ein Jahr im voraus gemachten Ankündigung aus dem Verein auszutreten.

Art. 29. Außerkrafttreten älterer Sonderverträge; Ratifikationen.

1. Mit dem Tage der Ausführung des gegenwärtigen Vertrags treten alle Bestimmungen der früher zwischen den verschiedenen Ländern oder Verwaltungen abgeschlossenen Verträge, Uebereinkommen

oder sonstigen Akte insoweit außer Kraft, als sie mit den Festsetzungen des gegenwärtigen Vertrags nicht im Einklange stehen, unbeschadet der im vorhergehenden Artikel 21 vorbehaltenen Rechte.

2. Der gegenwärtige Vertrag soll sobald als möglich ratifizirt werden. Die Auswechselung der Ratifikations-Urkunden soll zu Washington stattfinden.

3. Zu Urkund dessen haben die Bevollmächtigten der oben bezeichneten Länder den gegenwärtigen Vertrag unterzeichnet zu Washington, den fünfzehnten Juni Eintausend achthundertsiebenundneunzig.

Folgen die Unterschriften.

XIII.

Gesetz
über das Telegraphenwesen des Deutschen Reichs.
Vom 6. April 1892.

R.G.Bl. S. 467—470.
Ausgegeben zu Berlin den 12. April 1892.
Gesetzeskraft mit dem 26. April 1892.

Wir **Wilhelm**, von Gottes Gnaden Deutscher Kaiser, König von Preußen rc.
verordnen im Namen des Reichs, nach erfolgter Zustimmung des Bundesraths und des Reichstags, was folgt:

§. 1. Das Recht, Telegraphenanlagen für die Vermittelung von Nachrichten zu errichten und zu betreiben, steht ausschließlich dem Reich zu. Unter Telegraphenanlagen sind die Fernsprechanlagen mitbegriffen.

a. Das Telegraphenregal, dessen Feststellung den Hauptzweck des G. bildet, umfaßt nicht nur den Betrieb, sondern auch die Errichtung von Tel.-Anlagen für die Vermittelung von Nachrichten, und zwar ohne Unterschied, ob der Betrieb unentgeltlich oder gegen Bezahlung geschieht. Vgl. Post-G. § 1.

b. In Bayern und Württemberg steht das Telegraphenregal diesen Bundesstaaten zu. § 15.

c. Durch Kaiserl. Verordnung vom 16. Oktober 1901

(R.G.Bl. 379) ist das Telegraphenregal auch für das Kiautschou-Gebiet eingeführt worden.

d. Wegen des Schutzes der öffentlichen Telegraphenanlagen vgl. Str.G.B. §§ 317—320.

§ 2. Die Ausübung des im §. 1 bezeichneten Rechts kann für einzelne Strecken oder Bezirke an Privatunternehmer und muß an Gemeinden für den Verkehr innerhalb des Gemeindebezirks verliehen werden, wenn die nachsuchende Gemeinde die genügende Sicherheit für einen ordnungsmäßigen Betrieb bietet und das Reich eine solche Anlage weder errichtet hat, noch sich zur Errichtung und zum Betriebe einer solchen bereit erklärt.

Die Verleihung erfolgt durch den Reichskanzler oder die von ihm hierzu ermächtigten Behörden.

Die Bedingungen der Verleihung sind in der Verleihungsurkunde festzustellen.

a. Die Verleihung für einzelne Strecken oder Bezirke an Privatunternehmer ist fakultativ zulässig, die an Gemeinden für im Verkehr innerhalb des Gemeindebezirks ist unter den in Abs. 1 bezeichneten Voraussetzungen obligatorisch.

b. Als ordnungsmäßig würde ein den Vorschriften dieses Gesetzes und der Telegraphenordnung entsprechender Betrieb anzusehen sein.

c. In Bayern und Württemberg würde die Verleihung durch das Staatsministerium zu erfolgen haben.

§ 3. Ohne Genehmigung des Reichs können errichtet und betrieben werden:

1) Telegraphenanlagen, welche ausschließlich dem

inneren Dienste von Landes- oder Kommunal-behörden, Deichkorporationen, Siel- und Ent-wässerungsverbänden gewidmet sind;

2) Telegraphenanlagen, welche von Transport-anstalten auf ihren Linien ausschließlich zu Zwecken ihres Betriebes oder für die Ver-mittelung von Nachrichten innerhalb der bis-herigen Grenzen benutzt werden;

3) Telegraphenanlagen
 a) innerhalb der Grenzen eines Grundstücks,
 b) zwischen mehreren einem Besitzer gehörigen oder zu einem Betriebe vereinigten Grund-stücken, deren keines von dem anderen über 25 Kilometer in der Luftlinie entfernt ist,

wenn diese Anlagen ausschließlich für den der Benutzung der Grundstücke entsprechen-den unentgeltlichen Verkehr bestimmt sind.

a. Die im öffentlichen Interesse zugelassenen Befreiungen von dem Telegraphenregal (zu 1) beschränken sich auf die im Ge-setz namhaft gemachten Behörden, Korporationen und Verbände.

b. Nach dem Reglement vom 7. März 1876 (C.Bl. S. 155 f.) dürfen die Eisenbahn-Tel.-Stationen Telegramme annehmen: wenn keine Reichs-Tel.-Anstalt an demselben Orte ist, von Jedermann; wenn eine Reichs-Tel.-Anstalt an demselben Orte ist, nur von solchen Personen, die mit den Zügen ankommen, abreisen oder durchreisen. In diesem Umfange und unter den sonst im Regl. v. 7. März 1876 festgesetzten Bedingungen können nunmehr von Transport-anstalten auf ihre Linien Telegraphenanlagen ohne Ge-nehmigung des Reichs für die Vermittelung von Nachrichten betrieben werden.

c. Zu 3 b vgl. Post-G. § 1 Abs. 1.

§ 4. Durch die Landes-Zentralbehörde wird, vorbehaltlich der Reichsaufsicht (Art. 4 Ziffer 10 der Reichsverfassung), die Kontrole darüber geführt, daß die Errichtung und der Betrieb der im §. 3 bezeichneten Telegraphenanlagen sich innerhalb der gesetzlichen Grenzen halten.

§ 5. Jedermann hat gegen Zahlung der Gebühren das Recht auf Beförderung von ordnungsmäßigen Telegrammen und auf Zulassung zu einer ordnungsmäßigen telephonischen Unterhaltung durch die für den öffentlichen Verkehr bestimmten Anlagen.

Wegen Einziehung der Gebühren vgl. F.G.O. (Nr. XVI) § 8.

Vorrechte bei der Benutzung der dem öffentlichen Verkehr dienenden Anlagen und Ausschließungen von der Benutzung sind nur aus Gründen des öffentlichen Interesses zulässig.

a. Vgl. J.T.V. Art. 1, T.O. § 1 und Post-G. § 3.

b. Der Vorrang bei der Beförderung dringender Privattelegramme vor den gewöhnlichen Privattelegrammen (T.O. § 2) ist nach wie vor zulässig, da Jedermann gegen Zahlung der Gebühren das Recht auf Beförderung dringender Privattelegramme verlangen kann.

§ 6. Sind an einem Orte Telegraphenlinien für den Ortsverkehr, sei es von der Reichs-Telegraphenverwaltung, sei es von der Gemeindeverwaltung oder von einem anderen Unternehmer, zur Benutzung gegen Entgelt errichtet, so kann jeder Eigenthümer eines Grundstücks gegen Erfüllung der von jenen zu erlassenden und öffentlich bekannt zu machenden Bedingungen den Anschluß an das Lokalnetz verlangen.

Die Benutzung solcher Privatstellen durch Unbefugte gegen Entgelt ist unzulässig.

a. Die Bedingungen für die Betheiligung an den Fernsprech-Einrichtungen der Telegr.-Verwaltung sind in der F.G.O. nebst Ausf.-Bestimmungen, Nr. XVI u. XVIII enthalten. Zu Abs. 2 vgl. F.G.O. (Nr. XVI) § 2 2. Abs., § 5 3. Abs., § 9 Nr. 3.

§ 7. Die für die Benutzung von Reichs-Telegraphen- und Fernsprech-Anlagen bestehenden Gebühren können nur auf Grund eines Gesetzes erhöht werden. Ebenso ist eine Ausdehnung der gegenwärtig bestehenden Befreiungen von solchen Gebühren nur auf Grund eines Gesetzes zulässig.

a. Die Festsetzung der Gebühren für Telegramme und Fernsprechanschlüsse ist bisher gemäß Art. 48 R.V. ausschließlich im Verwaltungswege erfolgt. Vgl. T.O. §§ 8 ff., J.T.V. Art. 10. Jetzt können Herabsetzungen der Gebühren nach wie vor im Verwaltungswege, allgemeine Erhöhungen dagegen nur auf Grund eines Gesetzes bewirkt werden. In Folge dessen ist die Neuregelung der Fernsprechgebühren durch Gesetz, die F.G.O. (Nr. XVI), erfolgt.

b. Die Bestimmungen über die gebührenfreie Beförderung von Telegrammen sind durch die Kaiserliche Verordnung vom 2. Juni 1877, Nr. XXI, festgesetzt. Eine Ausdehnung der Befreiungen ist nur auf Grund eines Gesetzes zulässig. Vgl. Portofreiheits-G. § 10.

§ 8. Das Telegraphengeheimniß ist unverletzlich, vorbehaltlich der gesetzlich für strafgerichtliche Untersuchungen, im Konkurse und in civilprozessualischen Fällen oder sonst durch Reichsgesetz festgestellten Ausnahmen. Dasselbe erstreckt sich auch darauf, ob und zwischen welchen Personen telegraphische Mittheilung stattgefunden haben.

a. J.T.V. Art. 2, Strafprozeßordnung §§ 99—100, Konkursordnung § 121. Vgl. P.G. (Nr. II) § 5.

b. Verletzung des Telegraphengeheimnisses bildet für Tel.-Beamte ein Amtsvergehen und wird gemäß Str.G.B. § 355 bestraft.

§ 9. Mit Geldstrafe bis zu eintausendfünfhundert Mark oder mit Haft oder mit Gefängniß bis zu sechs Monaten wird bestraft, wer vorsätzlich entgegen den Bestimmungen dieses Gesetzes eine Telegraphenanlage errichtet oder betreibt.

§ 10. Mit Geldstrafe bis zu einhundertundfünfzig Mark wird bestraft, wer den in Gemäßheit des §. 4 erlassenen Kontrolvorschriften zuwiderhandelt.

§ 11. Die unbefugt errichteten oder betriebenen Anlagen sind außer Betrieb zu setzen oder zu beseitigen. Den Antrag auf Einleitung des hierzu nach Maßgabe der Landesgesetzgebung erforderlichen Zwangsverfahrens stellt der Reichskanzler, oder die vom Reichskanzler dazu ermächtigten Behörden.

Der Rechtsweg bleibt vorbehalten.

Durch die Beschreitung des Rechtsweges wird das Zwangsverfahren nicht aufgehalten.

§ 12. Elektrische Anlagen sind, wenn eine Störung des Betriebes der einen Leitung durch die andere eingetreten oder zu befürchten ist, auf Kosten desjenigen Theiles, welcher durch eine spätere Anlage oder durch eine später eintretende Aenderung seiner bestehenden Anlage diese Störung oder die

Gefahr derselben veranlaßt, nach Möglichkeit so auszuführen, daß sie sich nicht störend beeinflussen.

a. Vgl. Telegraphenwege-G. (Nr. XIV) §§ 5 u. 6.

b. In Preußen sind die Verwaltungsbehörden durch Circular vom 16. März 1886 (Minist.-Bl. f. d. innere Verwaltung S. 85) angewiesen, die für elektrische Anlagen erforderliche straßenbau- bezw. verkehrspolizeiliche Erlaubniß nicht zu ertheilen, ohne wegen der im Interesse der Reichs-Tel.-Verwaltung zu stellenden besonderen Bedingungen mit der betheiligten Ober-Postdirektion in Verbindung getreten zu sein. Bei Genehmigung elektrischer Kleinbahnen auf Preußischem Staatsgebiet haben die im Runderlaß des Preuß. Ministers der öffentlichen Arbeiten vom 31. Dezbr. 1896 festgestellten Bedingungen nebst den beigegebenen „Vorschriften zum Schutze der Reichs-Telegraphen- und Fernsprechanlagen, welche beim Bau und Betrieb elektrischer, mit Gleichstrom betriebener Straßen- und Kleinbahnen zu beachten sind", als Grundlage zu dienen.

§ 13. Die auf Grund der vorstehenden Bestimmung entstehenden Streitigkeiten gehören vor die ordentlichen Gerichte.

Das gerichtliche Verfahren ist zu beschleunigen (§§. 198, 202 bis 204 der Reichs-Civilprozeßordnung). Der Rechtsstreit gilt als Feriensache (§. 202 des Gerichtsverfassungsgesetzes, § 201 der Reichs-Civilprozeßordnung).

Jetzt §§ 221, 224—226 und 223 der C.P.O. in der Fassung vom 20. Mai 1898, R.G.Bl. 410 ff.

§ 14. Das Reich erlangt durch dieses Gesetz keine weitergehenden als die bisher bestehenden Ansprüche auf die Verfügung über fremden Grund und Boden, insbesondere über öffentliche Wege und Straßen.

Die Materie ist jetzt geregelt durch das Telegraphenwege-G., Nr. XIV.

§ 15. Die Bestimmungen dieses Gesetzes gelten für Bayern und Württemberg mit der Maßgabe, daß für ihre Gebiete die für das Reich festgestellten Rechte diesen Bundesstaaten zustehen und daß die Bestimmungen des §. 7 auf den inneren Verkehr dieser Bundesstaaten keine Anwendung finden.

Urkundlich unter Unserer Höchsteigenhändigen Unterschrift und beigedrucktem Kaiserlichen Insiegel.

Gegeben im Schloß zu Berlin, den 6. April 1892.

(L. S.) **Wilhelm.**

Graf von Caprivi.

XIV.

Telegraphenwege-Gesetz.

Vom 18. Dezember 1899.

(R.G.Bl. S. 705.)
Gesetzeskraft mit dem 1. Januar 1900 (§ 19).
(Begründung zu dem Entwurf des G., Drucksachen des Deutschen Reichstags, 10. Legislatur-Periode, I. Session 1898/1900 Nr. 17a, Kommissionsber. ebendas. Nr. 498.)

Wir **Wilhelm**, von Gottes Gnaden Deutscher Kaiser, König von Preußen ꝛc.
verordnen im Namen des Reichs, nach erfolgter Zustimmung des Bundesraths und des Reichstags, was folgt:

§ 1. Die Telegraphenverwaltung ist befugt, die Verkehrswege für ihre zu öffentlichen Zwecken dienenden Telegraphenlinien zu benutzen, soweit nicht dadurch der Gemeingebrauch der Verkehrswege dauernd beschränkt wird. Als Verkehrswege im Sinne dieses Gesetzes gelten, mit Einschluß des Luftraums und des Erdkörpers, die öffentlichen Wege, Plätze, Brücken und die öffentlichen Gewässer nebst deren dem öffentlichen Gebrauche dienenden Ufern.

Unter Telegraphenlinien sind die Fernsprechlinien mitbegriffen.

a. Der Begriff der zu öffentlichen Zwecken dienenden Telegraphenlinien ist derselbe wie in den §§ 317 u. 318

Str.G.B. Vgl. Urtheil des Reichs-Gerichts vom 10. Dezbr. 1896, Entsch. i. Strafs. Bd. 29 S. 244.

b. Der Begriff der öffentlichen Wege, Plätze, Brücken und Gewässer richtet sich nach dem Landesrecht.

§ 2. Bei der Benutzung der Verkehrswege ist eine Erschwerung ihrer Unterhaltung und eine vorübergehende Beschränkung ihres Gemeingebrauchs nach Möglichkeit zu vermeiden.

Wird die Unterhaltung erschwert, so hat die Telegraphenverwaltung dem Unterhaltungspflichtigen die aus der Erschwerung erwachsenden Kosten zu ersetzen.

Nach Beendigung der Arbeiten an der Telegraphenlinie hat die Telegraphenverwaltung den Verkehrsweg sobald als möglich wieder in Stand zu setzen, sofern nicht der Unterhaltungspflichtige erklärt hat, die Instandsetzung selbst vornehmen zu wollen. Die Telegraphenverwaltung hat dem Unterhaltungspflichtigen die Auslagen für die von ihm vorgenommene Instandsetzung zu vergüten und den durch die Arbeiten an der Telegraphenlinie entstandenen Schaden zu ersetzen.

§ 3. Ergiebt sich nach Errichtung einer Telegraphenlinie, daß sie den Gemeingebrauch eines Verkehrswegs, und zwar nicht nur vorübergehend, beschränkt oder die Vornahme der zu seiner Unterhaltung erforderlichen Arbeiten verhindert oder der Ausführung einer von dem Unterhaltungspflichtigen beabsichtigten Aenderung des Verkehrswegs entgegensteht, so ist die Telegraphenlinie, soweit erforderlich, abzuändern oder gänzlich zu beseitigen.

Soweit ein Verkehrsweg eingezogen wird, erlischt die Befugniß der Telegraphenverwaltung zu seiner Benutzung.

In allen diesen Fällen hat die Telegraphenverwaltung die gebotenen Aenderungen an der Telegraphenlinie auf ihre Kosten zu bewirken.

Die Voraussetzungen und das Verfahren für die Einziehung oder Verlegung eines Verkehrsweges richten sich nach dem Landesrecht.

§ 4. Die Baumpflanzungen auf und an den Verkehrswegen sind nach Möglichkeit zu schonen, auf das Wachsthum der Bäume ist thunlichst Rücksicht zu nehmen. Ausästungen können nur insoweit verlangt werden, als sie zur Herstellung der Telegraphenlinien oder zur Verhütung von Betriebsstörungen erforderlich sind; sie sind auf das unbedingt nothwendige Maß zu beschränken.

Die Telegraphenverwaltung hat dem Besitzer der Baumpflanzungen eine angemessene Frist zu setzen, innerhalb welcher er die Ausästungen selbst vornehmen kann. Sind die Ausästungen innerhalb der Frist nicht oder nicht genügend vorgenommen, so bewirkt die Telegraphenverwaltung die Ausästungen. Dazu ist sie auch berechtigt, wenn es sich um die dringliche Verhütung oder Beseitigung einer Störung handelt.

Die Telegraphenverwaltung ersetzt den an den

Baumpflanzungen verursachten Schaden und die Kosten der auf ihr Verlangen vorgenommenen Ausästungen.

Wegen der Ausästung vgl. Ausführungs-Bestimmungen (Nr. XV) 1.

§ 5. Die Telegraphenlinien sind so auszuführen, daß sie vorhandene besondere Anlagen (der Wegeunterhaltung dienende Einrichtungen, Kanalisations-, Wasser-, Gasleitungen, Schienenbahnen, elektrische Anlagen und dergleichen) nicht störend beeinflussen. Die aus der Herstellung erforderlicher Schutzvorkehrungen erwachsenden Kosten hat die Telegraphenverwaltung zu tragen

Die Verlegung oder Veränderung vorhandener besonderer Anlangen kann nur gegen Entschädigung und nur dann verlangt werden, wenn die Benutzung des Verkehrswegs für die Telegraphenlinie sonst unterbleiben müßte und die besondere Anlage anderweit ihrem Zwecke entsprechend untergebracht werden kann.

Auch beim Vorhandensein dieser Voraussetzungen hat die Benutzung des Verkehrswegs für die Telegraphenlinie zu unterbleiben, wenn der aus der Verlegung oder Veränderung der besonderen Anlage entstehende Schaden gegenüber den Kosten, welche der Telegraphenverwaltung aus der Benutzung eines anderen ihr zur Verfügung stehenden Verkehrswegs erwachsen, unverhältnißmäßig groß ist.

Diese Vorschriften finden auf solche in der Vorbereitung befindliche besondere Anlagen, deren Herstellung im öffentlichen Interesse liegt, entsprechende Anwendung. Eine Entschädigung auf Grund des Abs. 2 wird nur bis zu dem Betrage der Aufwendungen gewährt, die durch die Vorbereitung entstanden sind. Als in der Vorbereitung begriffen gelten Anlagen, sobald sie auf Grund eines im Einzelnen ausgearbeiteten Planes die Genehmigung des Auftraggebers und, soweit erforderlich, die Genehmigungen der zuständigen Behörden und des Eigenthümers oder des sonstigen Nutzungsberechtigten des in Anspruch genommenen Weges erhalten haben.

a. Vgl. T.G. (Nr. XIII) § 12.

b. Wegen Mitwirkung der Telegraphenverwaltung bei der Genehmigung von Kleinbahnen in Preußen vgl. die §§ 4 und 8 des Preuß. Kleinbahn-G. vom 28. Juli 1892 (Pr. G.S. S. 225), und wegen der elektrischen Kleinbahnen T.G. § 12 Anm. b.

§ 6. Spätere besondere Anlagen sind nach Möglichkeit so auszuführen, daß sie die vorhandenen Telegraphenlinien nicht störend beeinflussen.

Dem Verlangen der Verlegung oder Veränderung einer Telegraphenlinie muß auf Kosten der Telegraphenverwaltung stattgegeben werden, wenn sonst die Herstellung einer späteren besonderen Anlage unterbleiben müßte oder wesentlich erschwert werden würde, welche aus Gründen des öffentlichen Interesses, insbesondere aus volkswirthschaftlichen oder Verkehrsrücksichten, von den Wegeunterhaltungspflichtigen oder unter überwiegender Betheiligung eines oder mehrerer derselben zur Ausführung gebracht werden soll. Die Verlegung einer nicht lediglich dem Orts-, Vororts- oder Nachbarortsverkehr dienenden Telegraphenlinie kann nur dann verlangt werden, wenn die Telegraphenlinie ohne Aufwendung unverhältnißmäßig hoher Kosten anderweitig ihrem Zwecke entsprechend untergebracht werden kann.

Muß wegen einer solchen späteren besonderen Anlage die schon vorhandene Telegraphenlinie mit Schutzvorkehrungen versehen werden, so sind die dadurch entstehenden Kosten von der Telegraphenverwaltung zu tragen.

Ueberläßt ein Wegeunterhaltungspflichtiger seinen Antheil einem nicht unterhaltungspflichtigen Dritten, so sind der Telegraphenverwaltung die durch die Verlegung oder Veränderung oder durch die Herstellung der Schutzvorkehrungen erwachsenden Kosten, soweit sie auf dessen Antheil fallen, zu erstatten.

Die Unternehmer anderer als der in Abs. 2 bezeichneten besonderen Anlagen haben die aus der Verlegung oder Veränderung der vorhandenen Telegraphenlinien oder aus der Herstellung der erforderlichen Schutzvorkehrungen an solchen erwachsenden Kosten zu tragen.

Auf spätere Aenderungen vorhandener besonderer Anlagen finden die Vorschriften der Abs. 1 bis 5 entsprechende Anwendung.

Vgl. Anm. a zu § 5.

§ 7. Vor der Benutzung eines Verkehrswegs

zur Ausführung neuer Telegraphenlinien oder wesentlicher Aenderungen vorhandener Telegraphenlinien hat die Telegraphenverwaltung einen Plan aufzustellen. Der Plan soll die in Aussicht genommene Richtungslinie, den Raum, welcher für die oberirdischen oder unterirdischen Leitungen in Anspruch genommen wird, bei oberirdischen Linien auch die Entfernung der Stangen von einander und deren Höhe, soweit dies möglich ist, angeben.

Der Plan ist, sofern die Unterhaltungspflicht an dem Verkehrsweg einem Bundesstaat, einem Kommunalverband oder einer anderen Körperschaft des öffentlichen Rechtes obliegt, dem Unterhaltungspflichtigen, andernfalls der unteren Verwaltungsbehörde mitzutheilen; diese hat, soweit thunlich die Unterhaltungspflichtigen von dem Eingange des Planes zu benachrichtigen. Der Plan ist in allen Fällen, in denen die Verlegung oder Veränderung einer der im §. 5 bezeichneten Anlagen verlangt wird oder die Störung einer solchen Anlage zu erwarten ist, dem Unternehmer der Anlage mitzutheilen.

Außerdem ist der Plan bei den Post- oder Telegraphenämtern, soweit die Telegraphenlinie deren Bezirke berührt, auf die Dauer von vier Wochen öffentlich auszulegen. Die Zeit der Auslegung soll mindestens in einer der Zeitungen, welche im betreffenden Bezirke zu den Veröffentlichungen der unteren Verwaltungsbehörden dienen, bekannt gemacht werden. Die Auslegung kann unterbleiben, soweit es sich lediglich um die Führung von Telegraphenlinien durch den Luftraum über den Verkehrswegen handelt.

a. Vgl. Ausf.-Bestimmungen (Nr. XV) 2, 3, 4.

b. Untere Verwaltungsbehörden sind in Preußen die Landräthe und in den Stadtkreisen die Gemeindevorstände, höhere Verwaltungsbehörden die Regierungs-Präsidenten. Für die übrigen Bundesstaaten vgl. A.D.Anw. Abschn. II Anl. D. zu B.

§ 8. Die Telegraphenverwaltung ist zur Ausführung des Planes befugt, wenn nicht gegen diesen von den Betheiligten binnen vier Wochen bei der Behörde, welche den Plan ausgelegt hat, Einspruch erhoben wird.

Die Einspruchsfrist beginnt für diejenigen, denen der Plan gemäß den Vorschriften des §. 7 Abs. 2 mitgetheilt ist, mit der Zustellung, für andere Betheiligte mit der öffentlichen Auslegung.

Der Einspruch kann nur darauf gestützt werden, daß der Plan eine Verletzung der Vorschriften der §§. 1 bis 5 dieses Gesetzes oder der auf Grund des §. 18 erlassenen Anordnungen enthält.

Ueber den Einspruch entscheidet die höhere Verwaltungsbehörde. Gegen die Entscheidung findet, sofern die höhere Verwaltungsbehörde nicht zugleich Landes-Zentralbehörde ist, binnen einer Frist von zwei Wochen nach der Zustellung die Beschwerde an die Landes-Zentralbehörde statt. Die Landes-Zentralbehörde hat in allen Fällen vor der Entscheidung die Zentral-Telegraphenbehörde zu hören.

Auf Antrag der Telegraphenverwaltung kann die Entscheidung der höheren Verwaltungsbehörde für vorläufig vollstreckbar erklärt werden. Wird eine für vorläufig vollstreckbar erklärte Entscheidung aufgehoben oder abgeändert, so ist die Telegraphenverwaltung zum Ersatze des Schadens verpflichtet, der dem Gegner durch die Ausführung der Telegraphenlinie entstanden ist.

Vgl. Ausf.-Bestimmungen (Nr. XV), 5.

§ 9. Auf Verlangen einer Landes-Zentralbehörde ist den von ihr bezeichneten öffentlichen Behörden Kenntniß von dem Plane durch Mittheilung einer Abschrift zu geben.

§ 10. Wird ohne wesentliche Aenderung vorhandener Telegraphenlinien die Ueberschreitung des in dem ursprünglichen Plane für die Leitungen in Anspruch genommenen Raumes beabsichtigt und ist davon eine weitere Beeinträchtigung der Baumpflanzungen durch Ausästungen zu befürchten, so ist den Eigenthümern der Baumpflanzungen vor der Ausführung Gelegenheit zur Wahrnehmung ihrer Interessen zu geben.

a. Wegen des Begriffs „wesentliche Aenderungen" vgl. Ausführungs-Bestimmungen (Nr. XV) 2.

b. Die Entscheidung hinsichtlich der vom Besitzer erhobenen Bedenken steht der Telegr.-Verwaltung zu.

c. Wegen der Ausästungen und des Schadenersatzes vgl. § 4.

§ 11. Die Reichs-Telegraphenverwaltung kann die Straßenbau- und Polizeibeamten mit der Beaufsichtigung und vorläufigen Wiederherstellung der Telegraphenleitungen nach näherer Anweisung der Landes-Zentralbehörde beauftragen; sie hat dafür den Beamten im Einvernehmen mit der ihnen vorgesetzten Behörde eine besondere Vergütung zu zahlen.

Vgl. Ausf.-Bestimmungen (Nr. XV) 6.

§ 12. Die Telegraphenverwaltung ist befugt, Telegraphenlinien durch den Luftraum über Grundstücken, die nicht Verkehrswege im Sinne dieses Gesetzes sind, zu führen, soweit nicht dadurch die Benutzung des Grundstücks nach den zur Zeit der Herstellung der Anlage bestehenden Verhältnissen wesentlich beeinträchtigt wird. Tritt später eine solche Beeinträchtigung ein, so hat die Telegraphenverwaltung auf ihre Kosten die Leitungen zu beseitigen.

Beeinträchtigungen in der Benutzung eines Grundstücks, welche ihrer Natur nach lediglich vorübergehend sind, stehen der Führung der Telegraphenlinien durch den Luftraum nicht entgegen, doch ist der entstehende Schaden zu ersetzen. Ebenso ist für Beschädigungen des Grundstücks und seines Zubehörs, die in Folge der Führung der Telegraphenlinien durch den Luftraum eintreten, Ersatz zu leisten.

Die Beamten und Beauftragten der Telegraphenverwaltung, welche sich als solche ausweisen, sind befugt, zur Vornahme nothwendiger Arbeiten an Telegraphenlinien, insbesondere zur Verhütung und Beseitigung von Störungen, die Grundstücke nebst den darauf befindlichen Baulichkeiten und deren Dächern mit Ausnahme der abgeschlossenen Wohnräume während der Tagesstunden nach vorheriger schriftlicher Ankündigung zu betreten. Der dadurch entstehende Schaden ist zu ersetzen.

a. Vgl. Bürgerl. Gesetzbuch § 905.

b. Ein Recht zur Aufstellung von Gestängen auf Gebäuden und Grundstücken giebt der § 12 der Telegraphen-Verwaltung nicht. Vgl. Ausf.-Bestimmungen zur F.G.O. (Nr. XVIII) 2.

c. § 12 findet auch auf das Eisenbahngelände Anwendung, wenn nichts Anderes vereinbart ist (vgl. § 15).

§ 13. Die auf den Vorschriften dieses Gesetzes beruhenden Ersatzansprüche verjähren in zwei Jahren. Die Verjährung beginnt mit dem Schlusse des Jahres, in welchem der Anspruch entstanden ist.

Ersatzansprüche aus den §§. 2, 4, 5 und 6 sind bei der von der Landes-Zentralbehörde bestimmten Verwaltungsbehörde geltend zu machen. Diese setzt die Entschädigung vorläufig fest.

Gegen die Entscheidung der Verwaltungsbehörde steht binnen einer Frist von einem Monat nach der Zustellung des Bescheids die gerichtliche Klage zu.

Für alle anderen Ansprüche steht der Rechtsweg sofort offen.

Verwaltungsbehörden im Sinne des Abs. 2 sind in Preußen die Regierungs-Präsidenten. Für die übrigen Bundesstaaten vgl. A.D.Anw. Abschn. II Anl. D zu B.

§ 14. Die Bestimmung darüber, welche Behörden in jedem Bundesstaat untere und höhere Verwaltungsbehörden im Sinne dieses Gesetzes sind, steht der Landes-Zentralbehörde zu.

Vgl. Anm. b zu § 7 und Anm. zu § 13.

§ 15. Die bestehenden Vorschriften und Vereinbarungen über die Rechte der Telegraphenverwaltung zur Benutzung des Eisenbahngeländes werden durch dieses Gesetz nicht berührt.

a. Die Verpflichtungen der Eisenbahnen im Interesse der Reichstelegraphie sind durch Bundesrathsbeschluß vom 21. Dezbr. 1868 festgesetzt (Handb. für Post u. Telegraphie, Berlin 1900 bei v. Decker, S. 293.

b. Kleinbahnen auf öffentlichen Wegen fallen unter die §§ 1—8, auf privatem Grund und Boden unter § 12.

§ 16. Telegraphenverwaltung im Sinne dieses Gesetzes ist die Reichs-Telegraphenverwaltung, die Königlich bayerische und die Königlich württembergische Telegraphenverwaltung.

§ 17. Die Vorschriften dieses Gesetzes finden auf Telegraphenlinien, welche die Militärverwaltung oder die Marineverwaltung für ihre Zwecke herstellen läßt, entsprechende Anwendung.

§ 18. Unter Zustimmung des Bundesraths kann der Reichskanzler Anordnungen treffen:

1) über das Maß der Ausästungen;
2) darüber, welche Aenderungen der Telegraphenlinien im Sinne des §. 7 Abs. 1 als wesentlich anzusehen sind;
3) über die Anforderungen, welche an den Plan auf Grund des §. 7 Abs. 1 im Einzelnen zu stellen sind;

4) über die unter Zuziehung der Betheiligten vorzunehmenden Ortsbesichtigungen und über die dabei entstehenden Kosten;
5) über das Einspruchsverfahren und die dabei entstehenden Kosten;
6) über die Höhe der den Straßenbau- und Polizeibeamten zu gewährenden Vergütungen für die im Interesse der Reichs-Telegraphenverwaltung geforderten Dienstleistungen.

Vgl. Nr. XV.

§ 19. Dieses Gesetz tritt am 1. Januar 1900 in Kraft.

Auf die vorhandenen, zu öffentlichen Zwecken dienenden Linien der Telegraphenverwaltung (§§. 16 und 17) findet dieses Gesetz Anwendung, soweit nicht entgegenstehende besondere Vereinbarungen getroffen sind.

Urkundlich unter Unserer Höchsteigenhändigen Unterschrift und beigedrucktem Kaiserlichen Insiegel.

Gegeben Neues Palais, den 18. Dezember 1899.

(L. S.) **Wilhelm.**

Fürst zu Hohenlohe.

XV.

Ausführungsbestimmungen

zum

Telegraphenwege-Gesetze.

Vom 26. Januar 1900.

R.G.Bl. S. 7.

Auf Grund des §. 18 des Telepraphenwege-Gesetzes vom 18. Dezember 1899 (Reichs-Gesetzbl. S. 705) wird nach Zustimmung des Bundesraths Folgendes angeordnet:

1. Die Ausästungen sind in dem Maße zu bewirken, daß die Baumpflanzungen mindestens 60 Centimeter nach allen Richtungen von den Leitungen entfernt sind. Ausästungen über die Entfernung von 1 Meter im Umkreise der Leitungen können nicht verlangt werden. Innerhalb dieser Grenzen sind die Ausästungen soweit vorzunehmen, als zur Sicherung des Telegraphenbetriebs erforderlich ist.

2. Wesentliche Aenderungen der Telegraphenlinien im Sinne des §. 7 Abs. 1 sind;

A. bei oberirdischen Linien, für deren Stützpunkte die Verkehrswege benutzt werden,

die Umwandelung einer Linie mit einfachen

Gestängen in eine solche mit Doppelgestängen,

die erstmalige Ausrüstung des Gestänges mit Querträgern, wenn diese weiter als 60 Centimeter von der Stange seitlich ausladen,

die Aenderung der Richtungslinie, insbesondere die Umlegung der Linie von der einen auf die andere Seite des Verkehrswegs;

B. bei oberirdischen Linien, welche die Verkehrswege nur im Luftraum überschreiten,

die Aenderung der Richtungslinie.

Beschränken sich die unter A und B bezeichneten Aenderungen auf einzelne Stützpunkte, so sind sie als wesentliche nicht anzusehen.

C. bei unterirdischen Linien,

die Vermehrung, Vergrößerung oder Umlegung der zur Aufnahme der Kabel dienenden Kanäle,

die Vermehrung oder Umlegung der unmittelbar in den Erdboden eingebetteten Kabel.

Umlegungen auf kurzen Strecken, welche mit Zustimmung des Wegeunterhaltungspflichtigen sowie der Unternehmer der von der Umlegung betroffenen besonderen Anlagen geschehen, sind als wesentliche Aenderungen nicht anzusehen.

3. Der nach §. 7 Abs. 1 aufzustellende Plan soll im Einzelnen folgenden Anforderungen entsprechen:

Er soll eine Wegezeichnung im Maßstabe von mindestens 1 : 50 000 enthalten, in welche die Richtung der Telegraphenlinie eingetragen ist und aus der sich erkennen läßt, welcher Theil des Verkehrswegs benutzt werden soll. Ferner sind in dem Plane anzugeben:

A. bei oberirdischen Linien, für deren Stützpunkte die Verkehrswege benutzt werden,
   - der mittlere Stangenabstand,
   - die für die Linie oder für deren einzelne Theile in Aussicht genommenen Stangenlängen,
   - das Stangenbild,
   - bei Kreuzungen der Wege die Mindesthöhe des untersten Drahtes über der Oberfläche des Verkehrswegs, im Uebrigen die Mindesthöhe des untersten Drahtes über dem Fußpunkte der Stange;

B. bei oberirdischen Linien, welche die Verkehrswege nur im Luftraum überschreiten,
   - die Bezeichnung der beiden seitlichen Stützpunkte,
   - deren Stangenbild,
   - die Mindesthöhe des untersten Drahtes über der Oberfläche des Verkehrswegs;

C. bei unterirdischen Linien,

die Tiefe des Kabellagers unter der Oberfläche des Verkehrswegs,

die Art und Größe der zur Einbettung der Kabel etwa herzustellenden Kanäle.

Wird die Umlegung oder Veränderung vorhandener oder solcher in der Vorbereitung befindlicher besonderer Anlagen verlangt, deren Herstellung im öffentlichen Interesse liegt, so ist in dem Plane darauf hinzuweisen.

Die Behörde, welche den Plan auslegt, hat ihn mit ihrer Unterschrift zu versehen. Die Post- oder Telegraphenämter, bei welchen der Plan ausgelegt wird, haben den ersten Tag der Auslegung auf dem Plane zu vermerken.

4. Die Telegraphenverwaltung hat vor der Feststellung des Planes auf Verlangen eines der Betheiligten, welchen nach §. 7 Abs. 2 der Plan besonders mitzutheilen ist, bei einer Ortsbesichtigung mitzuwirken. Die Kosten der Ortsbesichtigung trägt die Telegraphenverwaltung.

Den Betheiligten wird für ihr Erscheinen oder für ihre Vertretung vor der Behörde eine Entschädigung nicht gewährt.

5. Für das Einspruchsverfahren gelten folgende Bestimmungen:

A. Der Einspruch ist schriftlich oder zu Protokoll zu erklären. Die Einspruchsschrift soll die zur Begründung des Einspruchs dienenden Thatsachen enthalten.

Zur Entgegennahme des Einspruchs sind an Stelle der Behörde, die den Plan ausgelegt hat, auch die Post- und Telegraphenämter ermächtigt, bei denen der Plan ausgelegt ist.

B. Nach Ablauf der Einspruchsfrist werden die Einsprüche gegen den Plan, sofern dies die Behörde, die den Plan ausgelegt hat, zur Aufklärung der Sachlage oder zur Herbeiführung einer Verständigung für zweckdienlich erachtet, in einem Termine vor einem Beauftragten der genannten Behörde erörtert.

C. Zu dem Termine werden diejenigen, welche Einspruch erhoben haben, vorgeladen.

Denjenigen, welchen der Plan gemäß §. 7 Abs. 2 mitgetheilt ist, wird von dem Termine Kenntniß gegeben.

Die Erschienenen werden mit ihren Erklärungen zu Protokoll gehört.

Der Beauftragte hat die Verhandlungen nach ihrem Abschlusse der Behörde, die den Plan ausgelegt hat, einzureichen.

D. Die Behörde, die den Plan ausgelegt hat, übersendet die Verhandlungen, sofern die erhobenen Einsprüche nicht zurückgenommen sind, der höheren Verwaltungsbehörde.

E. Die höhere Verwaltungsbehörde entscheidet auf Grund der ihr übersandten Verhandlungen und des Ergebnisses der etwa weiter von ihr angestellten Ermittelungen.

Sie hat ihre Entscheidung der Behörde, die den Plan ausgelegt hat, sowie denjenigen, welche Einspruch erhoben haben, zuzustellen.

F. Die Beschwerde ist bei der höheren Verwaltungsbehörde, deren Entscheidung angefochten werden soll, oder bei der Landes-Zentralbehörde schriftlich einzulegen und zu rechtfertigen.

G. Zustellungen erfolgen unter entsprechender Anwendung der §§. 208 bis 213 der Civilprozeßordnung (Reichs-Gesetzbl. 1898 S. 410 ff.).

H. Die in dem Einspruchsverfahren zugezogenen Zeugen und Sachverständigen erhalten Gebühren nach Maßgabe der Gebührenordnung für Zeugen und Sachverständige (Reichs-Gesetzbl. 1898 S. 689 ff.).

J. Im Einspruchsverfahren kommen Gebühren und Stempel nicht zum Ansatze.

Die durch unbegründete Einwendungen erwachsenen Kosten fallen demjenigen zur Last, der sie verursacht hat; die übrigen Kosten trägt die Telegraphenverwaltung. Die Bestimmung der Nr. 4 Abs. 2 findet Anwendung.

K. Im Einspruchsverfahren ist von Amtswegen über die Verpflichtung zur Tragung der entstandenen Kosten und über die Höhe der zu erstattenden Beträge zu entscheiden.

Die Kosten werden durch Vermittelung der höheren Verwaltungsbehörde in derselben Weise beigetrieben wie Gemeindeabgaben.

L. Das Einspruchsverfahren ist in allen Instanzen als schleunige Angelegenheit zu behandeln.

6. Soweit den Straßenbau- und Polizeibeamten die Beaufsichtigung und die vorläufige Wiederherstellung der Reichs-Telegraphenleitungen übertragen wird, erhalten sie dafür eine Vergütung von 3 Mark bis 4 Mark für das Jahr und das Kilometer Linie. Für die Ermittelung der Thäter vorsätzlicher oder fahrlässiger Beschädigungen der Reichs-Telegraphenlinien erhalten die Straßenbau- und Polizeibeamten Belohnungen bis zur Höhe von 15 Mark.

Berlin, den 26. Januar 1900.

Der Reichskanzler.

In Vertretung:

von Podbielski.

XVI.

Fernsprechgebühren-Ordnung.

Vom 20. Dezember 1899.

R.G.Bl. S. 711.

Geltung vom 1. April 1900 ab (§ 11).

Begründung zu dem Entwurf des G.: Drucksachen des D. Reichstags, 10. Legislaturperiode I. Session 1898/1900 Nr. 129, Kommissionsbericht ebenda Nr. 387.

Wir **Wilhelm**, von Gottes Gnaden Deutscher Kaiser, König von Preußen &c.

verordnen im Namen des Reichs, nach erfolgter Zustimmung des Bundesraths und des Reichstags, was folgt:

§ 1. Für jeden Anschluß an ein Fernsprechnetz wird eine Bauschgebühr erhoben.

§ 2. Die Bauschgebühr beträgt

in Netzen von nicht über 50 Theilnehmeranschlüssen	80 Mark,
bei mehr als 50 bis einschließlich 100 Theilnehmeranschlüssen . .	100 „
bei mehr als 100 bis einschließlich 200 Theilnehmeranschlüssen . .	120 „
bei mehr als 200 bis einschließlich 500 Theilnehmeranschlüssen . .	140 „

bei mehr als 500 bis einschließlich 1 000 Theilnehmeranschlüssen .	150 Mark,
bei mehr als 1 000 bis einschließlich 5 000 Theilnehmeranschlüssen .	160 „
bei mehr als 5000 bis einschließlich 20 000 Theilnehmeranschlüssen .	170 „
bei mehr als 20 000 Theilnehmeranschlüssen	180 „

jährlich für jeden Anschluß, welcher von der Vermittelungsstelle nicht weiter als 5 Kilometer entfernt ist. In Netzen mit mehreren Vermittelungsstellen wird diese Entfernung von der Hauptvermittelungsstelle gerechnet.

Die Entfernung von 5 Kilometer wird nach der Luftlinie gemessen.

Theilnehmer, welche die Bauschgebühr zahlen, sind berechtigt, die Benutzung ihres Anschlusses zu Gesprächen mit anderen Theilnehmern desselben Netzes Dritten unentgeltlich zu gestatten.

Eine Vergütung darf auch nicht in der Form einer Entschädigung für Hergabe des Raumes oder in anderer Form erhoben werden. Vgl. § 5 Abs. 4 u. § 9 Nr. 3.

§ 3. Für die Berechnung der Bauschgebühr ist die Zahl der bei Beginn des Kalenderjahrs vorhandenen Theilnehmeranschlüsse maßgebend. Die hiernach festgestellte Bauschgebühr tritt mit dem folgenden 1. April in Kraft. Aenderungen der Bauschgebühr gegenüber dem Vorjahre sind in den Orten, für welche sie gelten, amtlich bekannt zu machen.

Soweit auf Grund der neuen Feststellung eine Erhöhung der Bauschgebühr eintritt, sind die Theilnehmer berechtigt, ihre Anschlüsse zum Zeitpunkte des Inkrafttretens der Erhöhung mit einmonatiger Frist zu kündigen.

§ 4. An Orten ohne Fernsprechnetz wird für jeden Theilnehmeranschluß, welcher nicht mehr als 5 Kilometer von der Vermittelungsstelle entfernt ist, eine Bauschgebühr von 80 Mark für den Anschluß erhoben.

§ 5. Jeder Theilnehmer ist berechtigt, an Stelle der Bauschgebühr eine Grundgebühr für die Ueberlassung und Unterhaltung der Apparate sowie für den Bau und die Instandhaltung der Sprechleitungen und Gesprächsgebühren für jede hergestellte Verbindung, mindestens jedoch für 400 Gespräche jährlich, zu zahlen.

Die Grundgebühr beträgt

in Netzen von nicht über 1 000 Theilnehmeranschlüssen	60 Mark,
bei mehr als 1 000 bis einschließlich 5 000 Theilnehmeranschlüssen . .	75 „
bei mehr als 5 000 bis einschließlich 20 000 Theilnehmeranschlüssen . .	90 „
bei mehr als 20 000 Theilnehmeranschlüssen	100 „

jährlich für jeden Anschluß, welcher von der Vermittelungsstelle nicht weiter als 5 Kilometer entfernt ist. In Netzen mit mehreren Vermittelungsstellen wird diese Entfernung von der Hauptvermittelungsstelle gerechnet.

Die Entfernung wird nach der Luftlinie gemessen.

Die Gesprächsgebühr beträgt 5 Pf. für jede Verbindung.

Die Gebühr von 5 Pf. gilt nur für den Tagesdienst. Wegen der Gebühr für die Nachtzeit vgl. § 10 Nr. 2 u. Ausf.-Bestimmungen (Nr. XVIII) 12.

Der Theilnehmer, welcher Gesprächsgebühr entrichtet, darf sich von Dritten, die seinen Anschluß benutzen, diese Gebühr erstatten lassen.

Vgl. § 2 Abs. 2.

Der Theilnehmer hat die Erklärung, daß er Gesprächsgebühren entrichten wolle, entweder bei Gelegenheit seines ersten Anschlusses oder spätestens einen Monat vor Beginn eines neuen Rechnungsjahrs abzugeben. Wenn er eine solche Erklärung nicht abgegeben hat, so wird er zur Zahlung der Bauschgebühr herangezogen.

Die Bestimmungen des §. 3 finden auf die Grundgebühr entsprechende Anwendung.

Der Anschluß gegen Gesprächsgebühren findet in Netzen, in welchen die Bauschgebühr 80 Mark beträgt, nicht statt.

§ 6. Die in den §§. 1 bis 5 bestimmten Gebührensätze können durch den Reichskanzler ermäßigt werden.

Vgl. T.G. (Nr. XIII) § 7.

§ 7. Für die Benutzung der Verbindungsanlagen zwischen verschiedenen Netzen oder Orten mit öffentlichen Fernsprechstellen werden Gesprächsgebühren erhoben. Sie betragen für eine Verbindung von nicht mehr als 3 Minuten Dauer bei einer Entfernung

bis zu	25	Kilometer	einschließlich		20	Pfennig,
" "	50	"	"		25	"
" "	100	"	"		50	"
" "	500	"	"	1 Mark,		
" "	1 000	"	"	1 "	50	"
von mehr als	1 000	Kilometer		2 " .		

Auf die Berechnung der Entfernung finden die Vorschriften im §. 2 Abs. 2 des Gesetzes über das Posttaxwesen vom 28. Oktober 1871 (Reichs-Gesetzbl. S. 358) sinngemäß Anwendung.

§ 8. Soweit sich die Gebühren vorher feststellen lassen, sind sie vierteljährlich im voraus fällig.

Auf die Einziehung der Telegraphengebühren einschließlich der Fernsprechgebühren findet §. 25 des Postgesetzes vom 28. Oktober 1871 (Reichs-Gesetzbl. S. 347) Anwendung.

§ 9. 1. Für dringende Gespräche wird die dreifache Gebühr (§. 10) erhoben.

2. Für Anschlüsse, welche nach vorheriger Ankündigung während mindestens acht aufeinander folgender Wochen nicht benutzt werden, wird für jede angefangene Woche der Benutzungszeit der fünfzigste Theil der Bauschgebühr (§. 2), für jede Woche der übrigen Zeit des Jahres der fünfzigste Theil der Grundgebühr (§. 5) erhoben.

3. Die Fernsprech-Theilnehmer solcher benachbarten Orte, welche zufolge Anordnung des Reichskanzlers eine gemeinsame Ortstaxe für Briefe erhalten, dürfen

mit den Netzen der anderen benachbarten Orte ohne Zuschlag sprechen; wollen sie von dieser Befugniß Gebrauch machen, so haben sie, falls die Bauschgebühr in einem dieser Nachbarorte höher ist, als die in ihrem eigenen Netz, an Stelle der letzteren jene höhere Bauschgebühr zu zahlen. Die Theilnehmer sind berechtigt, die Benutzung ihres Anschlusses zu Gesprächen mit Theilnehmern der anderen benachbarten Orte, mit denen sie selbst für die Bauschgebühr sprechen dürfen, Dritten unentgeltlich zu gestatten.

a. Wegen der Nachbarorte vgl. P.G.N. (Nr. VIII) Art. 1 II und P.O. § 37 I und II.

b. Vgl. Anm. zu § 2 letzter Abs.

§ 10. Die Bedingungen für die Benutzung der Fernsprecheinrichtungen und die Gebühren für den Fernsprechverkehr werden, soweit vorstehend nicht Bestimmungen getroffen sind, durch Anordnung des Reichskanzlers festgesetzt.

Der Reichskanzler bestimmt insbesondere:

1) die Zuschläge für Bausch- und Grundgebühr für Anschlüsse, welche weiter als 5 Kilometer von der Hauptvermittelungsanstalt entfernt sind, für die Hergabe besonderer Apparate und für die Benutzung besonders kostspieliger Sprechleitungen;
2) die Gebühr für Verbindungen zur Nachtzeit;
3) die Gebühren für Anschlüsse, welche mehreren Personen unter Benutzung einer und derselben Anschlußleitung gewährt werden;
4) die Gebühren für die Benutzung öffentlicher

Fernsprechstellen und für die Uebermittelung von Telegrammen durch den Fernsprecher;

5) die Gebühren für die Verlegung oder die vorzeitige Aufhebung von Sprechstellen;

6) die Gebühren für die Gesprächsverbindungen im Vororts-, Nachbarorts- und Bezirksverkehr, unbeschadet der Bestimmungen im §. 9 Nr. 3;

7) die Gebühren für die besonderen Telegraphenanlagen und die Nebentelegraphenanlagen;

8) die Festsetzung von Bauschgebühren für die Benutzung von Fernleitungen zur Nachtzeit;

9) die Gebühren für die Benutzung der Verbindungsanlagen nach dem Auslande, unbeschadet der Bestimmungen im Artikel 52 Abs. 3 der Reichsverfassung.

Die Anordnungen des Reichskanzlers sind bekannt zu machen.

Vgl. Nr. XVII u. XVIII.

Außerdem sind zu Nr. 2 folgende zwei Erlasse des Reichskanzlers ergangen:

I. Bestimmungen über die Benutzung der Fernsprechverbindungsleitungen zur Nachtzeit.

Vom 19. September 1901. (C.Bl. S. 342).

---

1. Die Fernsprechverbindungen zwischen Orten, in welchen Nacht-Fernsprechdienst abgehalten wird, können von den Fernsprech-Theilnehmern in der Zeit von 9 Uhr

Nachmittags bis 7 Uhr Vormittags im Sommer und bis 8 Uhr Vormittags im Winter sowohl zu Einzelgesprächen als auch zu Gesprächen im Abonnement benutzt werden.

2. Gewöhnliche und dringende Einzelgespräche sind unter denselben Bedingungen, wie am Tage zulässig. Sie können indeß nur zu den durch Abonnements nicht belegten Zeiten abgewickelt werden.

3. Abonnementsgespräche sind für solche Gesprächsverbindungen zulässig, welche täglich zwischen denselben Theilnehmern zu denselben Zeiten hergestellt werden.

Jedes Abonnement umfaßt mindestens die Dauer eines Monats. Es kann jederzeit beginnen, aber die Monatsdauer wird stets vom folgenden 1. oder 16. des Monats gerechnet. Für die Zeit bis zum Beginn des Monatsabonnements ist der antheilige Betrag der Monatsabonnementsgebühr mit der ersten Monatsgebühr zu entrichten. Die Lösung des Abonnements findet nur statt mit Ablauf des 15. oder zu Ende eines Monats.

Für Abonnementsgespräche ist die Hälfte der Gebühren gleich langer gewöhnlicher Tagesgespräche zu entrichten. Die Gebühr ist im Voraus fällig. Bei Berechnung des Monatsbetrages wird der Monat zu 30 Tagen berechnet.

Eine Erstattung von Gebühren für nicht benutzte Gesprächsverbindungen erfolgt nicht. Ist indeß die Gesprächszeit nicht oder nicht völlig ausgenutzt worden, weil der Betrieb gestört war, so wird dem Theilnehmer, wenn möglich, in derselben Nacht ein Ausgleich geboten. Ist wegen Störung des Betriebs das Gespräch überhaupt nicht zu Stande gekommen, und hat ein Ausgleich nicht erfolgen können, so wird auf Antrag des Theilnehmers ein Dreißigstel der Monatsgebühr für das Gespräch zurückgezahlt.

4. Der Antrag auf Ueberlassung eines Abonnements

ist bei der Vermittelungsanstalt am Orte anzubringen, mit welcher auch die Zeit der Abonnementsgespräche im voraus vereinbart wird.

Die Mindestdauer eines Gesprächs beträgt 6, die Höchstdauer 12 Minuten.

5. Abonnementsgespräche dürfen nur in Angelegenheiten des Theilnehmers oder der zu seinem Hausstand oder Geschäfte gehörigen Personen geführt werden.

II. Verbindungen zur Nachtzeit im Nachbarorts-, Vororts- und Bezirks-Fernsprechverkehre.

Vom 9. Januar 1902. (C.Bl. S. 8).

Vom 15. Januar d. J. ab finden auf Verbindungen zur Nachtzeit im Nachbarorts-, Vororts- und Bezirksverkehre die Bestimmungen über die Benutzung der Fernsprech-Verbindungsleitungen zur Nachtzeit vom 19. September 1901 (Central-Blatt S. 342) mit der Maßgabe Anwendung, daß zwischen Sprechstellen verschiedener Ortsnetze ohne Fernsprechnachtdienst dauernde Nachtverbindungen hergestellt werden können, welche hinsichtlich der Gebührenfestsetzung als gewöhnliche Gesprächsverbindungen von drei Minuten Dauer gelten.

Demgemäß wird im Nachbarorts-, Vororts- und Bezirksverkehr erhoben:

a. für jedes gewöhnliche oder dringende Einzelgespräch zur Nachtzeit die nach den Festsetzungen in den §§. 7 und 9 der Fernsprechgebühren-Ordnung und unter Nr. 13 und 18 der dazu erlassenen Ausführungsbestimmungen (Central-Blatt S. 242) zu berechnende Gebühr für ein Tagesgespräch von gleicher Dauer,

b. für Gesprächsverbindungen zur Nachtzeit im Abonnement, die täglich zwischen denselben Theilnehmern zu denselben Zeiten hergestellt werden, die Hälfte der nach der Fernsprechgebühren-Ordnung und den zugehörigen Ausführungsbestimmungen für gewöhnliche Tagesgespräche von gleicher Dauer sich ergebenden Gebühren

gleichviel, ob der Theilnehmer, welcher die Verbindung verlangt, eine jährliche Bauschgebühr für den Verkehr innerhalb des Netzes zahlt oder nicht.

§ 11. Dies Gesetz tritt mit dem 1. April 1900 in Kraft.

Die erste Bekanntmachung der Bauschgebühren und der Grundgebühren hat bis zum 15. Januar 1900 zu erfolgen.

Die im §. 5 Abs. 5 erwähnte Erklärung ist seitens der vorhandenen Theilnehmer erstmalig bis zum 15. Februar 1900 abzugeben.

Theilnehmer, deren Jahresgebühren vor dem Inkrafttreten dieses Gesetzes niedriger waren, als die Bauschgebühr nach den Bestimmungen dieses Gesetzes, sind befugt, ihre Anschlüsse zum 1. April 1900 zu kündigen. Die Kündigung hat bis zum 15. Februar 1900 zu erfolgen.

§ 12. Auf den inneren Verkehr von Bayern und den inneren Verkehr von Württemberg finden die §§. 1 bis 7, 9, 10 und 11 dieses Gesetzes keine Anwendung.

Urkundlich unter Unserer Höchsteigenhändigen Unterschrift und beigedrucktem Kaiserlichen Insiegel.

Gegeben Neues Palais, den 20. Dezember 1899.

(L. S.) **Wilhelm.**

Fürst zu Hohenlohe.

XVII.

Bestimmungen

über Fernsprech-Nebenanschlüsse.

Vom 31. Januar 1900.

C.Bl. S. 23.

Geltung vom 1. April 1900 ab.

I. Zulassung von Nebenanschlüssen.

1. Die Theilnehmer an den Fernsprechnetzen können in ihren auf dem Grundstück ihres Hauptanschlusses befindlichen Wohn- oder Geschäftsräumen Nebenstellen errichten und mit dem Hauptanschlusse verbinden lassen.

Flächen, die durch fremden Grund und Boden, öffentliche Wege, Plätze oder öffentliche Gewässer von dem Grundstücke des Hauptanschlusses getrennt sind, gelten als besondere Grundstücke.

Der Abs. 2 ist durch Reichskanzler-Erlaß v. 15. Novbr. 1901 hinzugefügt (C.Bl. S. 409).

2. Diejenigen Theilnehmer an den Fernsprechnetzen, welche die Bauschgebühr zahlen, können in den auf dem Grundstück ihres Hauptanschlusses befindlichen Wohn- oder Geschäftsräumen anderer Personen oder in Wohn- und Geschäftsräumen auf anderen Grundstücken, mit Zustimmung

der Berechtigten, Nebenstellen, die nicht weiter als 15 km von der (Haupt-)Vermittelungsanstalt entfernt sind, errichten und mit ihrem Hauptanschlusse verbinden lassen.

3. Mehr als 5 Nebenanschlüsse dürfen mit demselben Hauptanschlusse nicht verbunden werden. Den Theilnehmern ist überlassen, die Herstellung und Instandhaltung der auf dem Grundstücke des Hauptanschlusses befindlichen Nebenanschlüsse durch die Reichs-Telegraphenverwaltung oder durch Dritte bewirken zu lassen. Die nicht von der Reichs-Telegraphenverwaltung hergestellten Nebenanschlüsse müssen den von der Reichs-Telegraphenverwaltung festzusetzenden technischen Anforderungen entsprechen.

Vor der Inbetriebnahme sind die Nebenanschlüsse dem Postamte, Telegraphenamte oder Stadt-Fernsprechamt anzumelden, welchem die Vermittelungsanstalt unterstellt ist. Dieses ist befugt, jederzeit zu prüfen, ob die Nebenanschlüsse den technischen Anforderungen genügen.

Die Herstellung und Instandhaltung der nicht auf dem Grundstücke des Hauptanschlusses befindlichen Nebenanschlüsse wird der Reichs-Telegraphenverwaltung vorbehalten.

4. Die Inhaber der Nebenstellen sind zum Sprechverkehr mit der Hauptstelle sowie mit anderen an dieselbe Hauptstelle angeschlossenen Nebenstellen befugt. Sprechverbindungen mit dritten

Personen werden ihnen in demselben Umfange gewährt, wie dem Inhaber der Hauptstelle.

Soweit nichts Abweichendes bestimmt ist, finden für die Benutzung des Nebenanschlusses die für den Hauptanschluß geltenden Bestimmungen entsprechend Anwendung.

Die unter 2. bezeichneten Nebenanschlüsse werden, sofern nichts Gegentheiliges verlangt wird, in das Theilnehmerverzeichniß aufgenommen.

5. Der Inhaber des Hauptanschlusses ist Schuldner der durch die Benutzung des Nebenanschlusses erwachsenden Gebühren.

6. Das Recht zur Benutzung des Nebenanschlusses erlischt mit dem Rechte zur Benutzung des Hauptanschlusses. Außerdem kann es durch die Reichs-Telegraphenverwaltung entzogen werden: im Falle mißbräuchlicher Benutzung des Nebenanschlusses oder wenn sich ergiebt, daß dieser den technischen Anforderungen nicht genügt, oder falls sonst aus der Benutzung des Nebenanschlusses erhebliche Schwierigkeiten für den Fernsprechbetrieb entstehen.

II. Gebühren für Nebenanschlüsse.

Die Gebühren für Nebenanschlüsse werden auf Grund des §. 10 der Fernsprechgebühren-Ordnung vom 20. Dezember 1899 (Reichs-Gesetzbl. S. 711), wie folgt, festgesetzt:

A. Für die Errichtung und Instandhaltung des Nebenanschlusses durch die Reichs-Telegraphenverwaltung werden erhoben:

1. für Nebenanschlüsse in den auf dem Grundstücke des Hauptanschlusses befindlichen Wohn- oder Geschäftsräumen des Inhabers des Hauptanschlusses
   für jeden Nebenanschluß jährlich . 20 ℳ.
2. für andere Nebenanschlüsse
   für jeden Nebenanschluß jährlich . 30 ℳ.
3. Sind zur Verbindung der Nebenstelle mit dem Hauptanschlusse mehr als 100 Meter Leitung erforderlich, so werden außerdem für jede angefangenen weiteren 100 Meter Leitung erhoben
   bei einfacher Leitung jährlich . . . . 3 ℳ.
   bei Doppelleitung jährlich . . . . . 5 ℳ.
4. Bei Nebenanschlüssen, die weiter als 10 km von der (Haupt-)Vermittelungsanstalt entfernt sind, werden für die überschießende, von der Haupt-Sprechstelle zu messende Leitungslänge dieselben Baukostenzuschüsse erhoben, wie bei Hauptanschlüssen.

B. Für Nebenanschlüsse, die nicht von der Reichs-Telegraphenverwaltung hergestellt und instandzuhalten sind, werden erhoben:

1. für Nebenanschlüsse in den auf dem Grundstücke des Hauptanschlusses befindlichen Wohn- oder Geschäftsräumen des Inhabers des Hauptanschlusses
   für jeden Nebenanschluß jährlich . 10 ℳ.

2. für andere Nebenanschlüsse
für jeden Nebenanschluß jährlich 15 ℳ.

C. In Bezirks-Fernsprechnetzen wird für Nebenanschlüsse an solche Hauptanschlüsse, deren Inhaber die Bauschgebühr für die Benutzung der Verbindungsleitungen zahlen, zu den nach II A 2 und B 2 zu entrichtenden Gebühren ein Zuschlag von 100 ℳ. jährlich für jeden Nebenanschluß erhoben. Für Nebenanschlüsse, deren Inhaber die Vergütung nach II A 1 und B 1 zu entrichten haben, wird dieser Zuschlag nicht erhoben.

III. Vorstehende Bestimmungen treten mit dem 1. April 1900 in Kraft.

Berlin, den 31. Januar 1900.

Der Reichskanzler.

In Vertretung:

von Podbielski.

XVIII.

Ausführungsbestimmungen

zur

Fernsprechgebühren-Ordnung.

Vom 26. März 1900.

C.Bl. S. 242.

Geltung vom 1. April 1900 ab.

Auf Grund des §. 10 der Fernsprechgebühren-Ordnung vom 20. Dezember 1899 (Reichs-Gesetzbl. S. 711) wird Folgendes bestimmt:

I. Bedingungen für die Benutzung der Anlagen.

1. Die Dienststunden der Vermittelungsanstalten werden durch die Telegraphenverwaltung festgesetzt.

Vgl. P.O. § 30 und T.O. § 6.

2. Wer die Herstellung eines Haupt- oder Nebenanschlusses an ein Fernsprechnetz oder an eine öffentliche Fernsprechstelle oder die Verlegung seiner Fernsprechstelle beantragt, hat vor der Herstellung des Anschlusses oder vor der Ausführung der Verlegung nach näherer Bestimmung der Telegraphenverwaltung die schriftliche Genehmigung des Eigenthümers zur Einführung der Leitungen in das anzuschließende

Gebäude und zur Einrichtung der Sprechstellen in dem Gebäude beizubringen. Die Genehmigung hat sich auch auf die Anbringung aller Vorrichtungen (Gestänge, Stützen u. s. w.) zu erstrecken, welche zur Herstellung, Instandhaltung und Erweiterung des Telegraphen- und Fernsprechnetzes erforderlich sind. Die Beibringung dieser Genehmigung des Eigenthümers ist Bedingung für die Herstellung oder Verlegung des Fernsprechanschlusses.

Vgl. Telegraphenwege-G. (Nr. XIV) § 12 u. Anm. b.

3. Die Verlegung eines Fernsprechanschlusses innerhalb des Bereichs desselben Fernsprechnetzes kann verlangt werden, sofern den vorbezeichneten Voraussetzungen genügt ist. Die Verlegung in den Anschlußbereich eines anderen Fernsprechnetzes ist nicht zulässig.

4. Der Theilnehmer haftet für die von ihm selbst oder von Anderen verschuldeten sowie für alle durch Feuer verursachten Beschädigungen des Fernsprechanschlusses und seines Zubehörs sowie für alle durch Diebstahl entstehenden Verluste innerhalb der Grenzen des angeschlossenen Gebäudes.

5. Die Telegraphenverwaltung hat das Recht, die Einstellung des Fernsprechbetriebs zeitweise ganz oder für gewisse Gattungen von Nachrichten anzuordnen.

Vgl. T.G. § 5, J.T.V. Art. 1 und 8, T.O. § 1.

Bei nicht pünktlicher Zahlung der Gebühren, bei mißbräuchlicher Benutzung des Fernsprechers, bei eigenmächtiger Abänderung der technischen Einrichtungen oder bei vorsätzlicher Beschädigung der Einrichtungen durch den Theilnehmer, dessen Angehörige, Hausgenossen oder Dienstleute, bei Einschaltung von selbstbeschafften Apparaten ohne Genehmigung der Verwaltung, bei der Anschließung von Nebenstellen ohne Vorwissen der Verwaltung sowie bei ungebührlichem Benehmen der den Anschluß benutzenden Personen gegenüber den Beamten der Vermittelungsanstalt steht der Telegraphenverwaltung das Recht zu, den Fernsprechanschluß ohne Kündigung aufzuheben. Die Aufhebung befreit den Theilnehmer weder von seiner Vertretungsverbindlichkeit nach Nr. 4 noch von der Verpflichtung zur Gebührenzahlung bis zum Ablaufe des unter Nr. 8 festgesetzten Zeitraums.

6. Die Telegraphenverwaltung haftet nicht für den durch die Einstellung des Betriebs, durch Betriebsstörungen oder durch unrichtige Nachrichtenübermittelung entstehenden Schaden.

Vgl. T.O. § 22.

7. Besondere Telegraphenanlagen zur unmittelbaren Verbindung von Wohn- oder Geschäftsräumen derselben Person oder von Wohn- oder Geschäftsräumen verschiedener Personen sowie Nebentelegraphenanlagen zum unmittelbaren Anschluß eines Wohn- oder Geschäftsraums an eine Telegraphenanstalt werden für Rechnung der Telegraphenverwaltung auf kürzere Entfernungen hergestellt, sofern

davon keine erheblichen Schwierigkeiten für den Telegraphen- oder Fernsprechbetrieb zu erwarten sind. Die besonderen Telegraphenanlagen und die Nebentelegraphenanlagen werden entweder zu Morsebetrieb oder zu Fernsprechbetrieb eingerichtet.

Die Bestimmungen unter Nr. 1 finden auf Nebentelegraphenanlagen, die Bestimmungen unter Nr. 2 bis 6 auf besondere Telegraphenanlagen und auf Nebentelegraphenanlagen sinngemäß Anwendung. Soweit für eine besondere, nicht zu öffentlichen Zwecken dienende Telegraphenanlage die Benutzung eines Verkehrswegs erforderlich ist, hat der Antragsteller die Genehmigung des Wegeunterhaltungspflichtigen beizubringen.

An welche Telegraphenanstalten die Nebentelegraphenanlagen anzuschließen sind, bestimmt die Telegraphenverwaltung, in deren Ermessen es auch steht, eine Nebentelegraphenanlage von der einen Telegraphenanstalt abzuzweigen und an eine andere anzuschließen.

Die Anlagen dürfen nur durch den Inhaber oder die zu seinem Hausstand oder seinem Geschäfte gehörigen Personen benutzt werden. Anderen Personen darf der Inhaber die Benutzung weder gegen Bezahlung noch unentgeltlich gestatten.

Vgl. F.G.O. Anm. zu § 2 letzter Abs.

Ein unmittelbarer Verkehr zwischen mehreren an dieselbe Telegraphenanstalt angeschlossenen Nebentelegraphenanlagen findet nicht statt.

An Orten, an welchen sich eine Fernsprech-Vermittelungsanstalt oder eine öffentliche Fernsprechstelle befindet, werden Nebentelegraphenanlagen zu Fernsprechbetrieb nicht errichtet. Sobald bei Telegraphenanstalten, an welche Nebentelegraphenanlagen zu Fernsprechbetrieb angeschlossen sind, Fernsprech-Vermittelungsanstalten oder öffentliche Fernsprechstellen eingerichtet werden, wird die Nebentelegraphenanlage zu Fernsprechbetrieb in einen Fernsprechanschluß umgewandelt.

8. Die Ueberlassung der Fernsprechanschlüsse geschieht zunächst auf die Dauer eines Jahres, die der Nebentelegraphenanlagen auf 5 Jahre, die der besonderen Telegraphenanlagen auf 10 Jahre vom Tage der Uebergabe ab. Fällt der Endpunkt des Zeitraums nicht mit dem Ablauf eines Kalendervierteljahrs zusammen, so dauert die Ueberlassung bis zum Ablaufe des Vierteljahrs. Erfolgt nicht drei Monate vorher eine schriftliche Kündigung, so dauert die Ueberlassung weiter auf unbestimmte Zeit unter Vorbehalt einer dreimonatigen nur zum Ende eines Kalendervierteljahrs zulässigen schriftlichen Kündigung.

Die Bestimmung im zweiten Absatze des §. 3 der Fernsprechgebühren-Ordnung wird hierdurch nicht berührt.

Der Telegraphenverwaltung bleibt vorbehalten, die Verpflichteten bei Todesfall des Inhabers der Anlage, bei Verlegung des Wohnsitzes oder des Geschäfts an einen anderen Ort, bei Aufgabe des Geschäfts oder aus anderen erheblichen Billigkeitsgründen auf Antrag schon vor Ablauf der Ueberlassungsdauer aus ihrer Verbindlichkeit zu entlassen.

Für Ausstellungen und ähnliche Veranstaltungen können Fernsprechanschlüsse mit kürzerer Ueberlassungsdauer als 1 Jahr hergestellt werden. Die Bedingungen und Gebühren für solche Anschlüsse werden von der Telegraphenverwaltung festgesetzt.

II. Gebühren.

9. Bei Fernsprechanschlüssen, welche in der Luftlinie weiter als 5 km von der (Haupt-)Vermittelungsanstalt entfernt sind, wird eine jährliche Zuschlaggebühr erhoben, welche

bei einfachen Leitungen . . . . 3 *M.*,
bei Doppelleitungen . . . . . 5 "

für jede angefangenen 100 Meter der überschießenden Leitungslänge beträgt. Diese ist nach dem nächsten ohne Aufwendung besonderer Kosten für die Herstellung der Leitung benutzbaren Wege zu messen, auch wenn die Leitung thatsächlich auf einem Umwege geführt wird.

Bei Fernsprechanschlüssen, welche in der Luftlinie weiter als 10 km von der (Haupt-)Vermittelungsanstalt entfernt sind, wird für die überschießende Leitungslänge außerdem ein Baukostenzuschuß erhoben, welcher

bei einfachen Leitungen . . . . 10 M.,
bei Doppelleitungen . . . . . 15 „

für jede angefangenen 100 Meter der nach der wirklichen Länge gemessenen Leitungsstrecke beträgt.

10. Für die Benutzung besonders kostspieliger Leitungen wird neben den sonst fälligen Gebühren eine auf volle Mark aufwärts abzurundende jährliche Zuschlaggebühr von 10 Prozent der Mehrkosten erhoben.

Als besonders kostspielige Leitungen werden solche angesehen, deren Herstellungskosten die unter gewöhnlichen Verhältnissen aufzuwendenden Beträge um mehr als 300 M. übersteigen.

11. Die jährliche Zuschlaggebühr für die Anbringung und Instandhaltung eines zweiten oder mehrerer Wecker auf demselben Grundstücke wie die Sprechstelle beträgt

für jeden Wecker . . . . 3 M.

Für die Anbringung und Instandhaltung eines zweiten Mikrophons werden jährlich 5 M. erhoben.

Für besondere Wecker anderer als der in der Telegraphenverwaltung gebräuchlichen Art sind neben einer Jahresgebühr von 3 M. die Selbstkosten der Beschaffung, Anbringung und Instandhaltung zu erstatten. Für die auf Verlangen der Theilnehmer angebrachten zweiten Fernhörer sind ebenfalls die Selbstkosten zu erstatten. Diese besonderen Wecker und Fernhörer gehen in das Eigenthum der Theilnehmer über.

12. Die Gebühr für eine Verbindung zur Nachtzeit innerhalb desselben Fernsprechnetzes beträgt 20 Pf.

In Fernsprechnetzen ohne Nachtdienst beträgt die Bauschgebühr für vorher angemeldete Verbindungen zwischen denselben Theilnehmern

monatlich . . . . 1 ℳ.,
vierteljährlich . . . . 2 „ 50 Pf.

13. Bei Benutzung der öffentlichen Fernsprechstellen beträgt die Gebühr für eine Verbindung von nicht mehr als drei Minuten Dauer

im Ortsverkehre . . . . 10 Pf.,
im Nachbarorts- und Vorortsverkehre 20 „ .

Für Gespräche im Fernverkehre werden die im §. 7 der Fernsprechgebühren-Ordnung festgesetzten Gebühren erhoben.

14. Die Gebühr für die Aufnahme von Nachrichten durch die Vermittelungsanstalt zum Zwecke der Weiterbeförderung beträgt 1 Pf. für das Wort, mindestens 20 Pf. Ueberschießende Beträge sind auf die nächste höhere durch 10 theilbare Summe abzurunden. Für die Weiterbeförderung durch die Post, durch Eilboten oder Telegraph werden außerdem die tarifmäßigen Gebühren erhoben; Stundungsgebühren kommen nicht zum Ansatze.

Die Gebühr für das Zusprechen eines angekommenen Telegramms an den Theilnehmer beträgt ohne Rücksicht auf die Wortzahl 10 Pf.

Vgl. T.O. § 20 II.

15. Bei der Verlegung von Fernsprechstellen werden erhoben für Verlegungen innerhalb desselben Raumes

bei einfachen Leitungen . . . . 4 ℳ.,
bei Doppelleitungen . . . . . . 6 „ ,

für Verlegungen innerhalb desselben Grundstücks

bei einfachen Leitungen . . . . 6 ℳ.,
bei Doppelleitungen . . . . . . 10 „ ,

für Verlegungen nach anderen Grundstücken

bei einfachen Leitungen . . . . 15 ℳ.,
bei Doppelleitungen . . . . . . 25 „ .

Ist die neue Stelle weiter als 10 km von der (Haupt-)Vermittelungsanstalt entfernt, so ist für die außerhalb der Entfernungsgrenze von 10 km herzustellende neue Leitung der Baukostenzuschuß nach Nr. 9 auch dann zu zahlen, wenn die frühere Stelle ebenfalls außerhalb jener Entfernungsgrenze lag.

16. Die Gebühr für die Aufhebung von Fernsprechanschlüssen vor Ablauf der Ueberlassungsdauer beträgt

für jede Fernsprechstelle . . . . . 15 ℳ.

Daneben ist für abzubrechende Gestänge und Leitungen der der nicht abgelaufenen Ueberlassungsdauer entsprechende Theil der Herstellungs- und Abbruchskosten zu erstatten.

Diese Beträge bleiben unerhoben, wenn die Ueberlassungsdauer zu dem Zeitpunkte, bis zu welchem die fortlaufenden Gebühren für den Fernsprechanschluß im voraus entrichtet sind, abgelaufen ist.

17. Für die Herstellung und Unterhaltung von

besonderen Telegraphenanlagen und von Nebentelegraphenanlagen werden erhoben

für jeden Apparat

bei Anwendung von Morseapparaten . . . . 50 M.,

bei Anwendung von Fernsprechern 20 „

jährlich. Wenn mehr als 2 dieser Apparate mit einander in Verbindung gesetzt werden können, wird für jeden Apparat eine jährliche Zuschlaggebühr von 10 M. erhoben.

Für jedes angefangene Kilometer Verbindungsleitung werden erhoben

bei einfachen Leitungen an Holzgestänge . . . . 30 M.,

bei Doppelleitungen an Holzgestänge . . . . 50 „ ,

bei einfachen Leitungen an eisernem Gestänge . . . . 45 „ ,

bei Doppelleitungen an eisernem Gestänge . . . . 75 „

jährlich

Die Leitungslänge ist nach dem nächsten ohne Aufwendung besonderer Kosten für die Herstellung der Leitung benutzbaren Wege zu messen, auch wenn die Leitung thatsächlich auf einem Umwege geführt wird.

Die Bestimmungen unter Nr. 10, 11, 15 und 16 finden auf besondere Telegraphenanlagen und Nebentelegraphenanlagen entsprechend Anwendung, die Bestimmungen unter Nr. 14 gelten für Nebentelegraphen-anlagen mit der Maßgabe, daß für die Beförderung der Nachrichten zwischen der Telegraphenanstalt und der Nebentelegraphenstelle mittelst der Verbindungsleitung besondere Gebühren nicht erhoben werden.

18. Die Gesprächsgebühr für eine Verbindung von nicht mehr als 3 Minuten Dauer beträgt im Nachbarorts- und Vorortsverkehre 20 Pfennig.

Die Bauschgebühren für Verbindungen im Vororts- und Bezirksverkehre, die Gebühren für die Benutzung von Fernleitungen zur Nachtzeit und für die Benutzung der Verbindungsleitungen nach dem Ausland, unbeschadet der Bestimmungen im Artikel 52 Abs. 3 der Reichsverfassung, werden von der Telegraphenverwaltung festgesetzt und bekannt gemacht.

Die Theilnehmer, welche die Bauschgebühr im Vorortsverkehre zahlen, sind berechtigt, die Benutzung ihres Anschlusses zu Gesprächen mit Theilnehmern an anderen Orten desselben Vorortsnetzes, mit denen sie selbst für die Bauschgebühr sprechen dürfen, Dritten unentgeltlich zu gestatten. Im Bezirksverkehre verbleibt es bei den für die einzelnen Bezirksnetze geltenden besonderen Bestimmungen.

Die Fassung des letzten Absatzes gründet sich auf den Erlaß des Reichskanzlers vom 28. Juni 1901 (C.Bl. 235).

19. Soll ein Fernsprechanschluß, eine besondere Telegraphenanlage oder eine Nebentelegraphenanlage im Laufe eines Vierteljahrs in Betrieb genommen werden, so ist die Gebühr für die Zeit bis zum

Ende dieses Vierteljahrs am Tage der Uebergabe der Anlagen fällig.

Die Baukostenzuschüsse, die Kosten für Wecker besonderer Art und für zweite Fernhörer sowie die Kosten für die Verlegung und die vorzeitige Aufhebung der Anlagen sind vor der Ausführung der Arbeiten zu entrichten.

Im Uebrigen werden die Gebühren, welche sich nicht vierteljährlich vorher feststellen lassen, sofort nach der die Gebührenerhebung begründenden Handlung fällig.

Der Inhaber eines Fernsprechanschlusses, einer besonderen Telegraphenanlage oder einer Nebentelegraphenanlage ist Schuldner sämmtlicher für die Benutzung der Anlage zu entrichtenden Gebühren. Er hat die von der Telegraphenverwaltung in Rechnung gestellten Gebühren zu bezahlen, vorbehaltlich seines Rechtes auf Rückforderung im Falle der nachgewiesenen Unrichtigkeit.

20. Wenn eine ohne Verschulden des Inhabers eingetretene Unterbrechung eines Fernsprechanschlusses, einer besonderen Telegraphenanlage oder einer Nebentelegraphenanlage, nachdem sie zur Kenntniß der Telegraphenverwaltung gelangt ist, länger als vier Wochen fortdauernd bestanden hat, so wird für diese Zeit eine Gebühr nicht erhoben.

Für die Dauer der Schließung eines Fernsprechanschlusses, einer besonderen Telegraphenanlage oder einer Nebentelegraphenanlage nach Nr. 5 wird eine Gebühr nicht erhoben.

III. Schlußbestimmungen.

21. Die vorstehenden Bestimmungen treten mit dem 1. April 1900 in Kraft. Die über die vorhandenen besonderen Telegraphenanlagen und Nebentelegraphenanlagen geschlossenen Verträge bleiben bis zu dem Zeitpunkt in Geltung, zu welchem sie durch Kündigung gelöst werden können. Die Telegraphenverwaltung ist jedoch befugt, die Anwendung dieser Bestimmungen auf vorhandene besondere Telegraphenanlagen und Nebentelegraphenanlagen auf Antrag der Betheiligten schon zu einem früheren Zeitpunkte zu bewilligen.

22. Auf den inneren Verkehr von Bayern und den inneren Verkehr von Württemberg finden diese Bestimmungen keine Anwendung.

Berlin, den 26. März 1900.

Der Reichskanzler.
In Vertretung:
von Podbielski.

XIX.

Telegraphenordnung

vom 9. Juni 1897.

(C.Bl. S. 163 ff.)

---

a. Die T.O. vom 9. Juni 1897, die am 1. Juli 1897 an die Stelle der seit dem 1. Juli 1891 gültig gewesenen T.O. vom 15. Juni 1891 getreten ist, hat durch die Verordnung des Reichskanzlers vom 18. August 1901 (C.Bl. 313) einzelne Abänderungen erfahren, die in den Text aufgenommen sind.

b. Auf den innern Verkehr in Bayern und in Württemberg findet die T.O. keine Anwendung, wohl aber auf den Verkehr zwischen dem Reichs-Telegraphengebiet einerseits, Bayern und Württemberg andererseits, sowie zwischen Bayern und Württemberg. R.V. Art. 52.

Auf Grund des Artikels 48 der Reichsverfassung wird nachstehende Telegraphenordnung erlassen.

§ 1. Benutzung des Telegraphen.

I Die Benutzung der für den öffentlichen Verkehr bestimmten Telegraphen steht Jedermann zu. Die Verwaltung hat jedoch das Recht, ihre Linien und Telegraphenanstalten zeitweise ganz oder zum Theil für alle oder für gewisse Gattungen von Korrespondenz zu schließen.

Vgl. T.G. § 5, J.T.V. Art. 1 und 8, Ausf.-Bestimm. zur F.G.O. 5.

II Privattelegramme, deren Inhalt gegen die Gesetze verstößt oder aus Rücksichten des öffentlichen Wohles oder der Sittlichkeit für unzulässig erachtet wird, werden zurückgewiesen. Die Entscheidung über die Zulässigkeit des Inhalts steht dem Vorsteher der Aufgabeanstalt, bezw. der Zwischen- oder Ankunftsanstalt oder dessen Vertreter, in zweiter Instanz der dieser Anstalt vorgesetzten Ober-Post-direktion und in letzter Instanz dem Reichs-Postamte zu, gegen dessen Entscheidung eine Berufung nicht stattfindet. Bei Staatstelegrammen steht den Telegraphenanstalten eine Prüfung der Zulässigkeit des Inhalts nicht zu.

§ 2. Eintheilung der Telegramme.

I Die Telegramme zerfallen rücksichtlich ihrer Behandlung in folgende Gattungen:

1. Staatstelegramme,
2. Telegraphen-Diensttelegramme,
3. a) dringende } Privattelegramme.
   b) gewöhnliche }

Bei der Beförderung genießen die Staatstelegramme, welche als solche bezeichnet und durch Siegel oder Stempel beglaubigt sein müssen, vor den übrigen Telegrammen, die Telegraphen-Diensttelegramme vor den Privattelegrammen und die dringenden Privattelegramme vor den gewöhnlichen Privattelegrammen den Vorrang.

II In Bezug auf die Abfassung sind zu unterscheiden:

1. Telegramme in *offener* Sprache,
2. Telegramme in *geheimer* Sprache.

Die geheime Sprache scheidet sich in

a) *verabredete* Sprache,
b) *chiffrirte* Sprache.

III Unter „*Telegrammen in offener Sprache*" werden solche Telegramme verstanden, welche in einer oder in mehreren der für den telegraphischen Verkehr zugelassenen Sprachen derart abgefaßt sind, daß sie einen verständlichen Sinn geben. Sie behalten die Eigenschaft als Telegramme in offener Sprache auch, wenn sie Handelszeichen enthalten. Welche Sprachen neben der deutschen für Telegramme in offener Sprache gestattet sind, wird von der Telegraphenverwaltung bekannt gemacht. Für Telegramme, welche streckenweise, oder ausschließlich durch Telegraphen der innerhalb des Deutschen Reiches gelegenen Eisenbahnen zu befördern sind, ist jedoch die Fassung in deutscher Sprache Bedingung, soweit nicht für einzelne Bahnen und Stationen der Gebrauch fremder Sprachen ausdrücklich nachgegeben wird.

Die bis jetzt als zulässig bezeichneten Sprachen sind: anamitisch, arabisch, dänisch, armenisch, deutsch, englisch, flämisch, französisch, griechisch, hebräisch, holländisch, italienisch, japanisch, lateinisch, luxemburgisch, malayisch, norwegisch, persisch, portugiesiich, rumänisch, schwedisch, siamesisch, slawisch, (böhmisch, bulgarisch, kroatisch, illyrisch, polnisch, russisch, kleinrussisch, ruthenisch, serbisch, slavonisch, slowakisch, slowenisch), spanisch, ungarisch und türkisch.

IV Als „Telegramme in verabredeter Sprache" werden diejenigen Telegramme angesehen, in denen Wörter angewendet sind, welche, obwohl jedes für sich eine sprachliche Bedeutung hat, keine für die betheiligten Dienststellen verständlichen Sätze bilden.

Diese Wörter werden aus Wörterbüchern, welche für die Korrespondenz in verabredeter Sprache zugelassen sind, entnommen. Von einem noch festzusetzenden Zeitpunkte ab sind alle Wörter, die zur Abfassung von Telegrammen in verabredeter Sprache gebraucht werden sollen, aus dem vom Internationalen Büreau der Telegraphenverwaltungen aufgestellten Wörterverzeichniß zu entnehmen. Die Wörter der verabredeten Sprache dürfen höchstens 10 Buchstaben nach dem Morse-Alphabete enthalten und müssen einer oder mehreren der nachgenannten Sprachen, nämlich der deutschen, englischen, spanischen, französischen, holländischen, italienischen, portugiesischen und lateinischen Sprache, entnommen sein. Eigennamen dürfen in den ganz oder theilweise in verabredeter Sprache abgefaßten Telegrammen nur mit ihrer Bedeutung in offener Sprache vorkommen. Die in das amtliche Wörterbuch aufgenommenen Eigennamen können jedoch mit einer verabredeten Bedeutung gebraucht werden.

Die Aufgabeanstalt kann von dem Aufgeber die

Vorlegung des Wörterbuches fordern, um die Ausführung der vorstehenden Vorschriften einer Prüfung zu unterziehen

V Unter „Telegrammen in chiffrirter Sprache" versteht man diejenigen Telegramme, deren Text gänzlich oder zum Theil aus Gruppen oder aus Reihen von Ziffern oder Buchstaben mit geheimer Bedeutung besteht.

Der chiffrirte Text der Privattelegramme muß ausschließlich aus arabischen Ziffern zusammengesetzt sein; der Gebrauch von Buchstaben oder Gruppen von Buchstaben mit geheimer Bedeutung ist nicht gestattet. Als Gruppen von Buchstaben mit geheimer Bedeutung werden nicht angesehen die zu Handelsmarken verwendeten Buchstaben, sowie in Seetelegrammen (vergl. §. 16) die durch Buchstaben dargestellten Zeichen des allgemeinen Handelskodex.

In Staatstelegrammen kann der chiffrirte Text sowohl in Gruppen oder Reihen von Ziffern, als auch in Gruppen oder Reihen von Buchstaben mit geheimer Bedeutung abgefaßt werden; jedoch dürfen Ziffern und Buchstaben mit geheimer Bedeutung nebeneinander in einem und demselben Telegramm nicht vorkommen.

Nach J.T.V. Art. 6 können internationale Staats- und Diensttelegramme im gesammten Verkehr in geheimer Sprache abgefaßt werden; Privattelegramme in geheimer Sprache können nur zwischen denjenigen Staaten gewechselt werden, welche diese Art der Korrespondenz zulassen.

§ 3. Allgemeine Erfordernisse der zu befördernden Telegramme.

I Die Urschrift jedes zu befördernden Telegramms muß in solchen deutschen oder lateinischen Buchstaben bezw. in solchen Zeichen, welche sich durch den Telegraphen wiedergeben lassen, leserlich geschrieben sein. Einschaltungen, Randzusätze, Streichungen oder Ueberschreibungen müssen vom Aufgeber des Telegramms oder von seinem Beauftragten bescheinigt werden.

II Der Absender eines Privattelegramms ist verpflichtet, auf Verlangen der Aufgabeanstalt sich über seine Persönlichkeit auszuweisen. Andererseits steht es ihm frei, in sein Telegramm die Beglaubigung seiner Unterschrift aufnehmen zu lassen (vergl. unter XI).

Die Beglaubigung ist in der Weise, wie sie befördert wird, bei der Wortzählung (§ 7) mitzurechnen.

III Die einzelnen Theile eines Telegramms müssen in folgender Ordnung aufgeführt werden:

1. die besonderen Angaben,
2. die Aufschrift,
3. der Text und
4. die Unterschrift.

IV Die etwaigen **besonderen Angaben** bezüglich der Bestellung am Bestimmungsorte, der bezahlten Antwort, der Empfangsanzeige, der Dringlichkeit, der Vergleichung, der Nachsendung, der Weiterbeförderung, der offenen oder der eigenhändigen (nur an den Empfänger selbst zu bewirkenden) Bestellung des Telegramms 2c. müssen vom Aufgeber in der Urschrift, und zwar unmittelbar vor die Aufschrift niedergeschrieben werden. Für diese Vermerke sind folgende, zwischen Klammern zu setzende Abkürzungen zugelassen:

(D) für „dringend“,
(RP) für „Antwort bezahlt“,
(RPx) für „Antwort bezahlt x Wörter“,
(RPD) für „dringende Antwort bezahlt“,
(RPDx) für „dringende Antwort bezahlt x Wörter“,
(TC) für „Vergleichung“,
(PC) für „Telegramm mit telegraphischer Empfangsanzeige“,
(PCP) für „Telegramm mit Empfangsanzeige durch die Post“,
(FS) für „nachzusenden“,
(PR) für „Post eingeschrieben“,
(XP) für „Eilbote bezahlt“,
(RXP) für „Antwort und Bote bezahlt“,
(RO) für „offen zu bestellen“,
(MP) für „eigenhändig zu bestellen“,
(Tages) für „von 10 Uhr Abends bis 6 Uhr Morgens nicht zu bestellen“,
(TR) für „telegraphenlagernd“,
(PG) für „postlagernd“,
(PGR) für „postlagernd eingeschrieben“,
(TMx) für „x Aufschriften“.

Wegen Taxirung dieser Abkürzungen vgl. § 7 e Nr. 6.

V Die Aufschrift muß alle Angaben enthalten, welche nöthig sind, um die Uebermittelung des Telegramms an dessen Bestimmung zu sichern, und ferner so beschaffen sein, daß die Bestellung an den Empfänger ohne Nachforschungen und Rückfragen erfolgen kann. Sie muß für die großen Städte die Straße und die Hausnummer nachweisen oder in Ermangelung dieser Angaben Näheres über die Berufsart des Empfängers oder andere zweckentsprechende Mittheilungen enthalten. Selbst für kleinere Orte ist es wünschenswerth, daß dem Namen des Empfängers eine ergänzende Bezeichnung beigefügt wird, welche geeignet ist, im Falle einer Entstellung des Eigennamens der Bestimmungsanstalt für die Ermittelung des Empfängers einen Anhalt zu gewähren. Die genaue Bezeichnung der geographischen Lage des Bestimmungsorts ist erforderlich, sofern ein Zweifel über die dem Telegramm zu gebende Richtung bestehen kann, namentlich bei gleichlautenden Ortsbezeichnungen.

a. In der Aufschrift von Telegrammen nach dem Auslande muß das Land des Bestimmungsorts, wenn dieser nicht eine Hauptstadt oder ein wichtiger Handelsplatz ist, angegeben werden. Bei Telegrammen nach Amerika ist die Angabe des Staates, in welcher der Bestimmungsort liegt, erforderlich.

b. Der Beförderungsweg der Telegramme wird von der Telegraphenbehörde bestimmt. Der Aufgeber eines nach dem Auslande gerichteten Telegrammes kann jedoch den Beförderungsweg vorschreiben, falls nicht bei Beförderung auf demselben eine erhebliche Verzögerung wahrscheinlich ist.

VI Die Aufgabe von Telegrammen mit der Bezeichnung „bahnhoflagernd" ist zulässig.

VII Die Anwendung einer abgekürzten Aufschrift ist zulässig, wenn dieselbe vorher seitens des Empfängers mit der Telegraphenanstalt seines Wohnortes vereinbart worden ist. Demjenigen Korrespondenten, welcher eine mit der Telegraphenanstalt vereinbarte abgekürzte Aufschrift hinterlegt hat, ist gestattet, diese Aufschrift in den für ihn bestimmten Telegrammen an Stelle des vollen Namens und der Wohnungsangabe anwenden zu lassen. Der Name der Bestimmungs-Telegraphenanstalt muß außerdem angegeben werden.

Ist das Telegramm an eine dritte Person gerichtet, welche sich bei dem Inhaber einer abgekürzten Aufschrift aufhält, so muß vor der letzteren „bei", „durch Vermittelung von" oder eine andere gleichbedeutende Angabe stehen.

VIII Für die Hinterlegung und Anwendung einer abgekürzten Aufschrift bei einer Telegraphenanstalt ist eine Gebühr von 30 Mark für das Kalenderjahr im voraus zu entrichten. Erfolgt die Hinterlegung der abgekürzten Aufschrift im 2., 3. oder 4. Kalenderjahr und wird die Vereinbarung gleichzeitig für das ganze folgende Kalenderjahr getroffen, so kommt für das laufende Jahr nur derjenige Theilbetrag der Gebühr zur Erhebung, welcher auf die Zeit vom Beginne des Beitrittsvierteljahrs bis zum Jahresschluß entfällt. Die weitere Verlängerung der Verabredung erfolgt stets für ein volles Kalenderjahr.

Wird die Verabredung nicht verlängert, so erlischt sie mit dem 31. Dezember des Jahres, für welches die Gebühr entrichtet worden ist.

IX Als eine Abkürzung der Aufschrift wird auch angesehen, wenn der Empfänger verlangt, daß an ihn gerichtete Telegramme, ohne nähere Angaben in der Aufschrift, zu gewissen Zeiten in bestimmten Lokalen, z. B. an Wochentagen in dem Geschäftslokal, an Sonntagen in der Wohnung, oder zu gewissen Stunden in dem Komtoir, zu anderen in der Wohnung oder der Börse regelmäßig bestellt werden sollen. Die hierfür im voraus zu entrichtende Gebühr beträgt ebenfalls 30 Mark für das Kalenderjahr; sie kommt auch dann zur Erhebung, wenn der betreffende Korrespondent für die an ihn gerichteten Telegramme mit der Telegraphenanstalt eine abgekürzte Aufschrift vereinbart hat. Im Uebrigen erfolgt die Festsetzung dieser Gebühr nach den Bestimmungen unter VIII.

X Telegramme, deren Aufschrift den in vorstehenden Punkten vorgesehenen Anforderungen nicht entspricht, sollen zwar dennoch zur Beförderung angenommen werden, jedoch nur auf Gefahr des Absenders. Der Absender kann eine nachträgliche Vervollständigung des Fehlenden nur gegen Aufgabe und Bezahlung eines neuen Telegramms beanspruchen.

XI Die Aufgabe von Telegrammen ohne Text ist zulässig. Die Unterschrift kann in abgekürzter Form geschrieben oder weggelassen werden. Die etwaige Beglaubigung der Unterschrift (vergl. unter II) ist hinter dieselbe zu setzen.

§ 4. Aufgabe von Telegrammen.

I Die Aufgabe von Telegrammen kann bei jeder für den Telegraphenverkehr eröffneten Telegraphenanstalt (auch brieflich) erfolgen.

II Telegramme können auch bei den Bahnposten, und zwar in der Regel mittels der an den Bahnpostwagen befindlichen Briefeinwürfe, zur Beförderung an die nächste Telegraphenanstalt eingeliefert, sowie den Telegraphenboten und den Landbriefträgern bei der Bestellung von Telegrammen oder Postsendungen zur Besorgung der Aufgabe übergeben werden.

III An größeren Verkehrsorten können sämmtliche Postanstalten, auch wenn mit diesen eine Telegraphenbetriebsstelle nicht verbunden ist, zur Annahme von Telegrammen ermächtigt, auch kann die Benutzung der Briefkasten zur Auflieferung von Telegrammen gestattet werden.

IV Die Aufgabe von Telegrammen kann auch mittels Fernsprechers nach den darüber erlassenen besonderen Bestimmungen erfolgen.

Vgl. Ausf.-Bestimmungen zur F.G.O. (Nr. XVIII) 14.

V Bei der Mitnahme der Telegramme durch die Telegraphenboten und die Landbriefträger kommt eine Zuschlagsgebühr von 10 Pfennig für jedes Telegramm zur Erhebung.

§ 5. Orte, nach welchen Telegramme gerichtet werden können.

I Telegramme können nach allen Orten aufgegeben werden.

II Ist am Bestimmungsort eine Telegraphenanstalt nicht vorhanden, so erfolgt die Weiterbeförderung von der äußersten oder von der vom Aufgeber bezeichneten Telegraphenanstalt entweder durch die Post, oder durch Eilboten, oder durch Post und Eilboten. Der Aufgeber kann verlangen, daß das Telegramm bis zu einer von ihm bezeichneten Telegraphenanstalt telegraphisch und von dort bis zum Bestimmungsorte durch die Post befördert werde.

III Auf Verlangen des Absenders oder des Empfängers werden Telegramme auch von einem Orte mit Telegraphenanstalt nach einem anderen Orte mit Telegraphenanstalt durch Eilboten befördert. Es geschieht dies jedoch nur dann, wenn die Telegraphenanstalt am Bestimmungsorte den Dienst geschlossen hat und die Entfernung zwischen den beiden Anstalten nicht über 15 Kilometer beträgt. Geht in solchen Fällen das Verlangen auf Verwendung von Eilboten vom Absender aus, so ist auch von diesem der Botenlohn und zwar im voraus zu entrichten. Ist die Höhe des Botenlohns nicht bekannt, so muß der Absender einen entsprechenden Betrag bei der Aufgabeanstalt hinterlegen. Verlangt der Empfänger die Zustellung von Telegrammen durch eine benachbarte Telegraphenanstalt, so hat er sich ein- für allemal zur Tragung des Botenlohns zu verpflichten; vom Absender vorausbezahlter Botenlohn wird in solchen Fällen angerechnet.

IV Die auf Verlangen des Absenders von einem Orte mit Telegraphenanstalt nach einem anderen Orte mit Telegraphenanstalt durch Boten zu befördernden Telegramme müssen, wenn die Bestellung nicht von einer bestimmten Anstalt aus gewünscht, sondern die Wahl des Ortes, von welchem aus die Bestellung erfolgen soll, den Unterwegsanstalten überlassen wird, mit dem taxpflichtigen, als 1 Wort zu berechnenden Vermerke „XP (Betrag des hinterlegten Botenlohns)", z. B. „(XP 120)", versehen werden; dagegen ist, wenn der Absender eine bestimmte Anstalt für die Ausführung der Bestellung in Aussicht genommen hat, der als 3 Wörter zählende Vermerk „XP (Betrag des vorausbezahlten oder hinterlegten Botenlohns) von (Name der Bestellanstalt)", z. B. „(XP 120 von Glauchau)" anzuwenden.

Zu III u. IV vgl. P.O. § 22 IX.

V Wenn ein Telegramm, für welches nach den Bestimmungen unter III Botenlohn hinterlegt ist, auf telegraphischem Wege bis zum Bestimmungsorte hat befördert werden können, so wird von hier aus der Aufgabeanstalt durch Meldezettel oder Postkarte mitgetheilt, daß Botenkosten nicht erwachsen sind. Auf Grund dieser Meldung wird dem Absender der hinterlegte Betrag nach Abzug einer Gebühr von 20 Pfennig zurückgezahlt.

VI Ist keine Bestimmung über die Art der Weiterbeförderung getroffen, dann wählt die Ankunfts-Telegraphenanstalt die zweckmäßigste Art nach ihrem besten Ermessen. Das Gleiche findet statt, wenn die vom Absender angegebene Art der Weiterbeförderung sich als unausführbar erweist.

§ 6. Dienststunden der Telegraphenanstalten

Die Telegraphenanstalten zerfallen rücksichtlich der Zeit, während welcher sie für den Verkehr mit dem Publikum offen zu halten sind, in vier Klassen, nämlich:

a) Anstalten mit ununterbrochenem Dienst (Tag und Nacht),
b) Anstalten mit verlängertem Tagesdienst (bis Mitternacht),
c) Anstalten mit vollem Tagesdienst (bis 9 Uhr Abends),
d) Anstalten mit beschränktem Tagesdienst.

An Sonn- und Festtagen wird jedoch von der Mehrzahl aller Anstalten beschränkter Dienst abgehalten. Die Dienststunden der Anstalten unter b und c beginnen in der Zeit vom 1. April bis Ende September um 7 Uhr Morgens, in der Zeit vom

1. Oktober bis Ende März um 8 Uhr Morgens. Die Dienststunden der Anstalten unter d werden, ebenso wie der Dienst an Sonn- und Festtagen, den örtlichen Bedürfnissen entsprechend, für jeden Ort besonders festgestellt.

a. Ein amtliches Verzeichniß der Reichspost- und Telegraphen-Anstalten, die „Portotaxe", mit Angabe der Klassen ist 1896 in der Reichsdruckerei erschienen.

b. Wegen der Dienststunden der Postanstalten vgl. P.O. § 30.

§ 7. Wortzählung.

Bei Ermittelung der Wortzahl eines Telegramms gelten die folgenden Regeln:

a) Alles, was der Aufgeber in die Urschrift seines Telegramms zum Zwecke der Beförderung an den Adressaten niederschreibt, wird bei der Berechnung der Gebühren mitgezählt, mit Ausnahme der Unterscheidungszeichen, Bindestriche und Apostrophe.

b) Der Name der Abgangsanstalt, der Tag, die Stunde und Minute der Aufgabe werden von Amtswegen in die dem Empfänger zuzustellende Ausfertigung eingeschrieben. Nimmt der Aufgeber diese Angaben ganz oder theilweise in den Text seines Telegramms auf, dann werden sie bei der Wortzählung mitgerechnet.

c) Die größte Länge eines Taxwortes in offener Sprache ist auf 15 Buchstaben nach dem (durch die Ausführungs-Uebereinkunft zu dem internationalen Telegraphenvertrage eingeführten) Morse-Alphabet festgesetzt. Der Ueberschuß, je bis zu weiteren 15 Buchstaben, wird für ein Wort gezählt.

d) Die größte Länge eines Taxwortes in verabredeter Sprache ist auf 10 Buchstaben festgesetzt. Die Wörter in offener Sprache, welche im Text eines gemischten, d. h. aus Wörtern der offenen und der verabredeten Sprache zusammengesetzten Telegramms enthalten sind, werden bis zur Höhe von 10 Buchstaben für ein Wort gezählt. Vom etwaigen Ueberschuß wird jede Reihe bis zu 10 Buchstaben für ein weiteres Wort gezählt. Wenn dieses gemischte Telegramm außerdem einen chiffrirten Text enthält, so werden die chiffrirten Stellen nach den Bestimmungen unter b gezählt.

Wenn das gemischte Telegramm nur einen Text in offener und einen solchen in chiffrirter Sprache enthält, so werden die in offener Sprache abgefaßten Stellen den Bestimmungen unter c, und der in chiffrirter Sprache abgefaßte Text den Vorschriften unter b entsprechend gezählt.

e) Als je ein Wort werden gezählt:

1. in der Aufschrift:

a) der Name der Bestimmungsanstalt.

b) der Name des Bestimmungslandes oder der Unterabtheilung des Gebiets, ohne Rücksicht auf die Zahl der zu ihrem Ausdruck gebrauchten Wörter und Buchstaben, unter der Bedingung, daß diese Wörter so geschrieben sind, wie sie in den amtlichen Verzeichnissen erscheinen,

2. jedes einzeln stehende Schriftzeichen (Buchstabe oder Ziffer),
3. das Unterstreichungszeichen,
4. die Klammer (die beiden Zeichen, welche zu ihrer Bildung dienen),
5. die Anführungszeichen (die beiden Zeichen am Anfang und am Ende einer einzelnen Stelle),
6. die nach §. 3 IV zugelassenen Abkürzungen für die besonderen Angaben vor der Telegrammaufschrift (einschließlich der zugehörigen Klammern).

f) Die durch einen Apostroph getrennten oder durch einen Bindestrich verbundenen Wörter werden als einzelne Wörter gezählt. Es können jedoch die in der englischen und französischen Sprache vorkommenden zusammengesetzten Wörter, deren Gebräuchlichkeit nöthigen Falls durch Vorzeigung eines Wörterbuches nachgewiesen werden muß, als ein Wort geschrieben und den Bestimmungen unter c entsprechend taxirt werden.

g) Dem Sprachgebrauche zuwiderlaufende Zusammenziehungen oder Veränderungen von Wörtern werden nicht zugelassen. Es können jedoch die Eigennamen von Städten und Ländern, die Geschlechtsnamen einer und derselben Person, die Namen von Ortschaften, Plätzen, Boulevards, Straßen u. s. w., die Namen von Schiffen, ebenso wie die in Buchstaben ausgeschriebenen Zahlen und Brüche als ein Wort ohne Apostroph oder Bindestrich geschrieben werden. Die Taxirung geschieht in diesem Falle nach den Bestimmungen unter c.

h) Die in Ziffern geschriebenen Zahlen werden für so viele Wörter gezählt, als sie je 5 Ziffern enthalten, nebst einem Worte mehr für den etwaigen Ueberschuß. Dieselbe Regel findet Anwendung auf die Zählung von Buchstaben-Gruppen in Staatstelegrammen, ebenso auch auf Gruppen von Buchstaben und Ziffern, welche entweder als Handelsmarken oder in den Seetelegrammen angewendet werden (vergl. §§. 2 V und 16 I).

i) Für je eine Ziffer werden gezählt: die zur Bildung der Zahlen benutzten Punkte, Kommata, Bindestriche und Bruchstriche; ebenso jeder Buchstabe, welcher den Ziffern angehängt wird, um sie als Ordnungszahlen zu bezeichnen.

k) Wenn die Abgangsanstalt nach Abgabe eines Telegramms in demselben unzulässige Gruppen von Buchstaben, oder Wörter, welche keiner der zulässigen Sprachen angehören, bemerkt, oder wenn die Ankunftsanstalt das Vorhandensein solcher Gruppen oder Wörter der Abgangsanstalt mittheilt, so zählt die Abgangsanstalt zwecks Berechnung der vom Aufgeber einzuziehenden Nachschußgebühr diese Gruppen oder Wörter gemäß den Bestimmungen unter h des gegenwärtigen Paragraphen.

l) Die Wortzählung der Aufgabeanstalt ist für die Gebührenberechnung dem Aufgeber gegenüber entscheidend.

§ 8. Gebühren für gewöhnliche Telegramme.

I Für das gewöhnliche Telegramm wird auf alle Entfernungen eine Gebühr von 5 Pfennig für jedes Wort, mindestens jedoch der Betrag von 50 Pfennig erhoben.

II Für gewöhnliche Stadttelegramme (Telegramme an Empfänger im Orts- oder Landbestellbezirke des Aufgabe-Postorts) wird eine Gebühr von 3 Pfennig für jedes Wort, mindestens jedoch der Betrag von 30 Pfennig erhoben. Für Stadttelegramme nach dem Landbestellbezirke tritt hierzu noch der wirklich erwachsende Botenlohn.

III Für jedes bei einer Eisenbahn-Telegraphenstation aufgegebene Telegramm kann von den Eisenbahnverwaltungen ein Zuschlag von 20 Pfennig vom Aufgeber erhoben werden. Außerdem sind die Eisenbahn-Telegraphenstationen berechtigt, für jedes von ihnen bestellte Telegramm vom Empfänger ein Bestellgeld von 20 Pfennig zu erheben. Beides zusammen darf aber für die ausschließlich mit dem Bahntelegraphen beförderten Telegramme nicht erhoben werden. Für diese Telegramme ist vielmehr nur die Erhebung der Bestellgebühr von 20 Pfennig gestattet.

IV Die für den telegraphischen Verkehr mit dem Auslande maßgebenden Tarife können bei den Telegraphenanstalten eingesehen werden.

Die Tarife sind enthalten in dem Gebührentarif für die Deutschen Telegraphen-Anstalten (Berlin, Reichsdruckerei), in dem amtlichen Plakattarif und in dem Postblatt (vgl. Vorbem. c zum J.T.B., Nr. XX, und Posttax-G. § 11 Anm. b).

V Ein bei Berechnung der Gebühren sich ergebender, durch 5 nicht theilbarer Pfennigbetrag ist bis zu einem solchen aufwärts abzurunden.

Wegen Einziehung der Gebühren vgl. § 18 u. F.G.O. (Nr. XVI) § 8, wegen der gebührenfreien Beförderung Nr. XXI.

§ 9. Dringende Telegramme.

Der Aufgeber eines Privattelegramms kann für dasselbe den Vorrang bei der Beförderung und der Bestellung vor den gewöhnlichen Privattelegrammen erlangen, wenn er das Wort „dringend“ oder abgekürzt die Bezeichnung „(D)“ vor die Aufschrift setzt und die dreifache Gebühr eines gewöhnlichen Telegramms von gleicher Länge erlegt. Für dringende Telegramme wird demnach eine Gebühr von 15 Pfennig, bei Stadttelegrammen eine Gebühr von 9 Pfennig für das Wort, mindestens jedoch der Betrag von 1 ℳ. 50 Pf. bezw. von 90 Pfennig erhoben (vergl. §. 8). Der im §. 8 unter III angegebene Zuschlag für die bei einer Eisenbahn-Telegraphenstation aufgegebenen Telegramme kommt dagegen nur einfach — wie für gewöhnliche Telegramme — zur Erhebung.

§ 10. Bezahlte Antwort.

I Der Aufgeber eines Telegramms kann die Antwort, welche er von dem Empfänger verlangt, vorausbezahlen; die Vorausbezahlung darf indessen die Gebühr eines Telegramms irgend einer Art von 30 Wörtern nicht überschreiten.

II Will der Aufgeber die Antwort vorausbezahlen, so hat er in der Urschrift, und zwar vor die Aufschrift, den Vermerk „Antwort bezahlt“ oder „(RP)“, eintretenden Falls unter Angabe der vorausbezahlten Wortzahl, niederzuschreiben und den entsprechenden Betrag innerhalb der durch die Bestimmung zu I gezogenen Grenze zu entrichten. Hat der Aufgeber die Wortzahl nicht angegeben, so wird die Gebühr eines gewöhnlichen Telegramms von 10 Wörtern erhoben. Der Aufgeber, welcher eine dringende Antwort vorausbezahlen will, hat den unter Umständen durch die Angabe der Wortzahl zu ergänzenden Vermerk „dringende Antwort bezahlt" oder „(RPD)" vor die Aufschrift niederzuschreiben; es kommt alsdann die Gebühr eines dringenden Telegramms von entsprechender Wortzahl zur Erhebung.

III Am Bestimmungsorte übersendet die Ankunftsanstalt dem Empfänger mit der Telegrammausfertigung ein Antwortsformular, welches demselben die Befugniß ertheilt, in den Grenzen der vorausbezahlten Gebühr ein Telegramm an eine beliebige Bestimmung innerhalb 6 Wochen, vom Tage der Ausstellung des Formulars ab gerechnet, unentgeltlich aufzugeben.

IV Wenn die für ein Antwortstelegramm zu entrichtende Gebühr den für dasselbe vorausbezahlten Betrag übersteigt, so ist der Mehrbetrag baar zu entrichten. Im entgegengesetzten Falle verbleibt das Mehr des vorausbezahlten Betrages gegen die tarifmäßige Gebühr der Telegraphenverwaltung.

V Eine Rückzahlung der Antwortgebühr findet, abgesehen von dem im §. 19 I erwähnten Falle, nicht statt.

VI Kann das Ursprungstelegramm bei der Ankunft nicht bestellt werden, dann wird die im §. 21 vorgesehene telegraphische Meldung über die Unbestellbarkeit an die Aufgabeanstalt sogleich erstattet. Wenn keine Berichtigung erfolgt, und die zur Auffindung des Empfängers unternommenen Nachforschungen fruchtlos geblieben sind, so bleibt das Antwortsformular während einer Frist von 6 Wochen dem Telegramm angeheftet. Nach Ablauf dieser Frist wird dasselbe, wenn es bis dahin nicht abgefordert ist, vernichtet.

VII Verweigert der Empfänger ausdrücklich die Annahme des Telegramms oder des für die Antwort bestimmten Formulars, so giebt die Ankunftsanstalt dem Aufgeber durch eine dienstliche Meldung, welche die Stelle der Antwort vertritt, hiervon Kenntniß.

§ 11. Telegramme mit Vergleichung.

I Der Aufgeber eines Telegramms hat die Befugniß, die Vergleichung desselben zu verlangen. In diesem Falle hat er vor die Aufschrift den Vermerk „Vergleichung" oder „(TC)" niederzuschreiben. Das Telegramm ist dann von den verschiedenen Anstalten, welche bei seiner Beförderung mitwirken, vollständig zu vergleichen.

II Die Gebühr für die Vergleichung eines Telegramms ist gleich einem Viertel der Gebühr für ein gewöhnliches Telegramm von gleicher Länge.

§ 12. Empfangsanzeigen.

I Der Aufgeber eines Telegramms kann verlangen, daß ihm Tag und Stunde der Bestellung des Telegramms sofort nach deren Ausführung telegraphisch oder brieflich angezeigt werde. Wenn das Telegramm seiner endgültigen Bestimmung mittels der Post zugeführt wird, so giebt die Empfangsanzeige Tag und Stunde der Uebergabe an die Post an.

II Soll die Anzeige telegraphisch erfolgen, so hat der Aufgeber vor die Aufschrift den Vermerk „Empfangsanzeige" oder „(PC)" zu setzen. Wird Empfangsanzeige durch die Post verlangt, so ist vor die Aufschrift der Vermerk „Empfangsanzeige mittels Post" oder „(PCP)" niederzuschreiben.

III Für telegraphische Empfangsanzeige ist dieselbe Gebühr, wie für ein gewöhnliches Telegramm von 10 Wörtern, für Empfangsanzeige mittels Post sind 20 Pfennig zu entrichten.

IV Kann das Telegramm bei der Ankunft nicht bestellt werden, dann wird die im §. 21 vorgesehene Unbestellbarkeitsmeldung sogleich erlassen. Die Empfangsanzeige wird später abgesandt, entweder nach erfolgter Bestellung des Telegramms, wenn sie möglich geworden ist, oder nach 24 Stunden, wenn sie nicht hat stattfinden können; in diesem Falle zeigt sie den Grund der Unbestellbarkeit an.

V Der Aufgeber kann verlangen, daß ihm die Empfangsanzeige nach einem anderen Orte, als nach dem Aufgabeorte des Ursprungstelegramms übermittelt werde, insofern er die dazu erforderlichen Angaben in das Ursprungstelegramm aufnimmt.

§ 13. Telegraphische Postanweisungen.

I Die Telegraphenanstalten an solchen Orten, an denen eine Postanstalt besteht, sind ermächtigt, in Vertretung der Orts-Postanstalt Beträge auf Postanweisungen, welche auf telegraphischem Wege überwiesen werden sollen, von den Absendern entgegenzunehmen. Auf Eisenbahn-Telegraphenstationen findet diese Bestimmung keine Anwendung.

Vgl. P.O. § 21 VIII.

II Auch sind die Telegraphenanstalten, mit Ausnahme der Eisenbahn-Telegraphenstation, ermächtigt, wenn bei ihnen Postanweisungen auf telegraphischem Wege eingehen, die Auszahlung an den Empfänger in Vertretung der Orts-Postanstalt vor geschehener Bestellung der telegraphischen Postanweisung an die Orts-Postanstalt zu bewirken:

a) im Falle nach Inhalt des Telegramms der Absender den Wunsch ausgesprochen hat, daß die Auszahlung durch die Telegraphenanstalt geschehe, was durch den Zusatz auf der Postanweisung: „telegraphenlagernd" oder „(TR)" auszudrücken ist;

b) im Falle der Geldempfänger, indem er die telegraphische Postanweisung erwartet, der Telegraphenanstalt den Wunsch ausgedrückt hat, die Zahlung gleich nach der Ankunft der Anweisung bei der Telegraphenanstalt in Empfang zu nehmen.

In beiden Fällen muß der Auszahlung des Betrages der vollständige Ausweis des Empfängers, falls derselbe nicht persönlich und als verfügungsfähig bekannt ist, vorhergehen. Die telegraphische Postanweisung ist alsdann von der Telegraphenanstalt mit dem (vorzuschreibenden) Quittungsvermerk zu versehen, dieser vom Empfänger zu unterschreiben und die Unterschrift durch die Telegraphenanstalt mit dem Zusatze zu beglaubigen, daß der Empfänger bekannt sei, oder daß und in welcher Weise er den Ausweis geführt habe.

§ 14. Nachsendung von Telegrammen.

I Der Aufgeber eines Telegramms kann, indem er vor die Aufschrift den Vermerk „nachzusenden" oder „(FS)" niederschreibt, verlangen, daß dasselbe sofort nach der vergeblich versuchten Zustellung von der Bestimmungsanstalt nachgesandt wird.

II Der Vermerk „nachzusenden" oder „(FS)" kann auch von mehreren hintereinander stehenden Bestimmungsangaben begleitet sein; das Telegramm wird dann nacheinander an jeden der angegebenen Bestimmungsorte, nöthigenfalls bis zum letzten, befördert.

III Bei der Aufgabe eines nachzusendenden Telegramms ist nur die auf die erste Beförderungsstrecke entfallende Gebühr zu entrichten, wobei die vollständige Aufschrift in die Wortzahl einbegriffen wird. Für jede Nachtelegraphirung an einen neuen Bestimmungsort wird die volle tarifmäßige Gebühr berechnet und vom Empfänger erhoben.

IV Jedermann kann nach gehörigem Ausweis verlangen, daß die bei einer Telegraphenanstalt ankommenden und in deren Bestellbezirk ihm zuzustellenden Telegramme an eine von ihm angegebene Adresse bestellt oder weiter befördert werden. Die bezüglichen Anträge sind schriftlich oder mittels gebührenpflichtiger Dienstnotiz zu stellen, und zwar entweder durch den Empfänger selbst, oder in seinem Namen durch eine der im §. 20 unter VI aufgeführten Personen, welche die Telegramme an Stelle des Empfängers in Empfang nehmen können. Wer einen solchen Antrag stellt, verpflichtet sich damit, die Gebühren zu zahlen, welche von der Bestellungsanstalt etwa nicht eingezogen werden können.

V Privattelegramme des deutschen Verkehrs, sowie solche Privattelegramme des außerdeutschen Verkehrs, deren Aufgabeort in Europa liegt, werden nur dann nachgesendet, wenn dies entweder vom Aufgeber vorgeschrieben oder vom Empfänger beantragt worden ist. Dagegen sind Telegramme, deren Aufgabeort außerhalb Europas liegt, auch ohne besonderen Antrag nachzusenden, wenn der neue Aufenthaltsort des Empfängers in Deutschland liegt und der Empfänger die Nachsendung von Telegrammen nicht ausgeschlossen hat.

Staats- und Diensttelegramme sind ohne besonderen Antrag nachzusenden, wenn der neue Aufenthaltsort des Empfängers unzweifelhaft bekannt ist.

VI Derjenigen Person, welche ein Telegramm nachsenden läßt, steht es frei, die Nachsendungsgebühr selbst zu entrichten, vorausgesetzt, daß das Telegramm nur nach einem einzigen Orte nachzusenden ist, und die Weiterbeförderung nach anderen Orten nicht verlangt wird. Dieselbe Person kann in diesem Falle sogar verlangen, daß die Nachsendung als „dringend" erfolge; sie ist jedoch dann gehalten, die dreifache Gebühr selbst zu entrichten.

§ 15. Vervielfältigung von Telegrammen.

I Die Telegramme können gerichtet werden entweder an mehrere Empfänger in einer Ortschaft oder in verschiedenen, aber in den Bestellbezirk einer und derselben Telegraphenanstalt fallenden Oertlichkeiten oder an einen und denselben Empfänger nach verschiedenen Wohnungen in derselben Ortschaft mit oder ohne Weiterbeförderung durch Post- oder Eilboten.

Vor die Aufschrift ist der gebührenpflichtige Vermerk „x Aufschriften" oder „(TMx)" zu setzen.

II Der Aufgeber eines zu vervielfältigenden Telegramms muß je nach den Umständen vor die Aufschrift eines jeden Empfängers die besonderen Angaben (vergl. §. 3 IV) niederschreiben; handelt es sich jedoch um ein dringendes oder zu vergleichendes Telegramm, welches zu vervielfältigen ist, so genügt es, wenn die Angabe der ersten Aufschrift voransteht.

III Wenn ein zu vervielfältigendes Telegramm an mehrere Empfänger gerichtet ist, so darf jede

Ausfertigung des Telegramms nur die ihr zukommende Aufschrift tragen, es sei denn, daß der Aufgeber das Gegentheil verlangt hätte; dieses Verlangen muß durch den vor die Aufschrift niederzuschreibenden gebührenpflichtigen Zusatz „sämmtliche Aufschriften mitzutheilen" ausgedrückt werden.

IV Das zu vervielfältigende Telegramm wird als ein einziges Telegramm taxirt, wobei alle Aufschriften in die Wortzahl eingerechnet werden. Als Vervielfältigungsgebühr werden daneben bei Telegrammen bis zu 100 Wörtern für die zweite und jede weitere Ausfertigung 40 Pfennig erhoben. Bei längeren Telegrammen erhöht sich diese Gebühr für jede weitere Reihe oder den Bruchtheil einer Reihe von 100 Wörtern um je 40 Pfennig. Für dringende Telegramme beträgt die Vervielfältigungsgebühr 80 Pfennig für jede Reihe von 100 Wörtern. In der Berechnung der Vervielfältigungsgebühr erscheint die Gesammtzahl der Wörter des Textes, der Unterschrift und der Aufschrift, und zwar wird die Gebühr für jede Abschrift besonders festgestellt.

V Wenn für einzelne Ausfertigungen eines zu vervielfältigenden Telegramms nach §. 22 eine Gebührenerstattung einzutreten hat, so ergiebt sich der zu erstattende Betrag für jede Vervielfältigung aus der Theilung der erhobenen Gesammtgebühr durch die Zahl der Vervielfältigungen, wobei das Telegramm selbst gleichfalls als eine solche zählt.

§ 16. Seetelegramme.

I Telegramme, welche mit den Schiffen in See mittels der an der Küste gelegenen Seetelegraphen gewechselt werden, müssen entweder in deutscher Sprache, oder in Zeichen des allgemeinen Handelskodex abgefaßt sein. In dem letzteren Falle werden sie als chiffrirte Telegramme behandelt.

II Wenn sie für in See befindliche Schiffe bestimmt sind, muß die Aufschrift außer den gewöhnlichen Angaben den Namen oder die amtliche Nummer und die Nationalität des Bestimmungsschiffes enthalten.

III Ist das Schiff, für welches ein Seetelegramm bestimmt ist, innerhalb 28 Tagen nicht angekommen, so giebt die See-Telegraphenanstalt dem Aufgeber hiervon am Morgen des 29. Tages durch eine dienstliche Meldung Kenntniß. Der Aufgeber kann gegen Bezahlung eines gewöhnlichen Telegramms von 10 Wörtern verlangen, daß die See-Telegraphenanstalt sein Telegramm während eines weiteren Zeitraums von 30 Tagen für die Zustellung bereit halte. Geht ein solches Verlangen nicht ein, so wird das Telegramm von der See-Telegraphenanstalt am 30. Tage (den Tag der Aufgabe nicht mitgerechnet) als unbestellbar zurückgelegt.

IV Die Gebühr für Telegramme, welche durch Vermittelung einer See-Telegraphenanstalt mit Schiffen in See ausgewechselt werden, beträgt 80 Pfennig für das Telegramm. Dieselbe wird den nach den sonstigen Bestimmungen zu erhebenden Gebühren hinzugerechnet. Die Gesammtgebühr für die an die Schiffe in See gerichteten Telegramme wird vom Aufgeber und für die von den Schiffen kommenden Telegramme vom Empfänger erhoben.

§ 17. Weiterbeförderung.

I Die Weiterbeförderung von Telegrammen über die Telegraphenlinien hinaus erfolgt nach Wunsch des Absenders entweder durch die Post oder durch Eilboten, oder durch Post und Eilboten.

II Der Aufgeber hat die Art der von ihm verlangten Weiterbeförderung in einem gebührenpflichtigen Zusatz vor der Aufschrift anzugeben (vergl. §. 3 IV).

III Die Ankunfts-Telegraphenanstalt ist berechtigt, sich der Post zu bedienen:

a) wenn in dem Telegramm die Art der Weiterbeförderung nicht angegeben ist,

b) wenn es sich um eine von dem Empfänger zu bezahlende Weiterbeförderung durch Eilboten handelt, und jener sich früher geweigert hat, Kosten derselben Art zu bezahlen.

IV Die Ankunftsanstalt ist verpflichtet, sich der Post zu bedienen:

a) wenn solches ausdrücklich vom Aufgeber (vergl. unter I) oder vom Empfänger (vergl. §. 14 IV) verlangt worden ist,

b) wenn dieser Anstalt kein schnelleres Beförderungsmittel zu Gebote steht.

V Telegramme jeder Art, welche durch die Post an ihre Bestimmung gelangen, also auch solche, welche postlagernd niedergelegt werden sollen, werden von der Ankunftsanstalt ohne Kosten für den Aufgeber und für den Empfänger als gewöhnliche Briefe zur Post gegeben. Ausgenommen sind jedoch folgende Fälle:

1. Telegramme, welche als eingeschriebene Briefe zur Post gegeben werden sollen, sind mit der vor die Aufschrift niederzuschreibenden Angabe „Post eingeschrieben" oder „(PR)" zu versehen und unterliegen einer vom Aufgeber zu entrichtenden Einschreibgebühr von 20 Pfennig. Diese Einschreibgebühr von 20 Pfennig kommt auch bei der Auflieferung aller Telegramme mit Empfangsanzeige, welche mit der Post weiterbefördert, oder postlagernd niedergelegt werden sollen, zur Erhebung, da diese Telegramme stets als eingeschriebene Briefe zur Post gegeben werden.
2. Für Telegramme, welche einer an der Grenze gelegenen deutschen Telegraphenanstalt zur Weiterbeförderung mit der Post nach dem Nachbargebiete und darüber hinaus übermittelt werden sollen, ohne daß der Fall einer Unterbrechung der über die

Grenze führenden Telegraphenverbindungen vorliegt, wird eine besondere Gebühr von 40 Pfennig für die Weiterbeförderung erhoben.

VI Die Kosten für die Zustellung von Telegrammen mittels Eilboten an Empfänger außerhalb des Ortsbestellbezirks der Bestimmungs-Telegraphenanstalt können vom Aufgeber durch Entrichtung einer festen Gebühr von 40 Pfennig für jedes Telegramm vorausbezahlt werden. Der Aufgeber hat in diesem Falle den Vermerk „Eilbote bezahlt" oder „(XP)" vor die Telegrammaufschrift zu setzen. Im Weiteren steht es dem Aufgeber eines Telegramms mit bezahlter Antwort frei, die etwa entstehende Eilbestellgebühr für das Antwortstelegramm nach dem Satze von 40 Pfennig im Voraus bei der Aufgabe des Ursprungstelegramms zu entrichten. Das Ursprungstelegramm ist in diesem Falle vor der Aufschrift mit dem taxpflichtigen Vermerk „Antwort und Bote bezahlt" oder „(RXP)" zu versehen.

Findet die Vorausbezahlung des Eilbotenlohnes nicht statt, so werden die wirklich erwachsenden Auslagen vom Empfänger oder, falls dieser nicht zu ermitteln ist oder die Zahlung verweigert, vom Aufgeber eingezogen.

VII In Fällen der gleichzeitigen Abtragung mehrerer Telegramme durch denselben Boten an denselben Empfänger findet die vorstehende Bestimmung unter VI gleichmäßig Anwendung. Werden im Uebrigen durch denselben Boten an denselben Empfänger gleichzeitig solche Telegramme abgetragen, für welche das Botenlohn im Voraus bezahlt ist, und solche, bei welchen dies nicht der Fall ist, so ist vom Empfänger das erwachsene Botenlohn, abzüglich der im Voraus bezahlten Beträge, zu entrichten. Die auf etwa gleichzeitig zur Abtragung gelangende Eilpostsendungen im Voraus bezahlte Bestellgebühr bleibt hierbei außer Betracht.

Vgl. P.O. § 22 VII.

VIII In geeigneten Fällen werden auf besonderes schriftliches Verlangen des Empfängers die für ihn eingehenden Telegramme seitens der Telegraphenanstalt nicht durch Eilboten bestellt, sondern den Boten des Empfängers gelegentlich der jedesmaligen Abholung von Postsendungen mitgegeben. Unzuträglichkeiten, welche etwa aus dieser Einrichtung entstehen, hat die Telegraphenverwaltung nicht zu vertreten.

§ 18. Erhebung der Gebühren.

I Sämmtliche bekannte Gebühren sind bei Aufgabe des Telegramms im Voraus zu entrichten.

Wegen der gebührenfreien Beförderung von Telegrammen vgl. Nr. XXI.

II Eine Gebührenerhebung vom Empfänger am Bestimmungsorte tritt jedoch in den Ausnahmefällen ein, welche

a) für die nachzusendenden Telegramme im §. 14,

b) für die Seetelegramme im §. 16,
c) für die Eilbestellung von Telegrammen im §. 17

vorgesehen sind.

In allen Fällen, wo eine Gebührenerhebung bei der Bestellung stattzufinden hat, wird das Telegramm dem Empfänger nur gegen Erstattung des schuldigen Betrages ausgehändigt.

III Die Entrichtung der Gebühren kann bei den Telegraphenanstalten mittels Werthzeichen oder baar — bei den Eisenbahn=Telegraphenstationen nur baar — erfolgen. Eine Bescheinigung über die erhobenen Gebühren wird nur auf Verlangen und gegen Entrichtung eines Zuschlags von 20 Pfennig ertheilt. Bei gebührenfreien Staatstelegrammen ist auf Verlangen eine Bescheinigung über die Auflieferung unentgeltlich zu ertheilen.

Besondere Telegraphen-Freimarken, wie sie durch B.G. v. 16. Mai 1869 (B.G.Bl. 377) eingeführt waren, sind jetzt im Reichstelegraphen-Gebiete nicht mehr im Gebrauch; zur Entrichtung der Telegraphengebühren werden die Postfreimarken verwendet.

IV Personen, welche sich des Telegraphen häufiger bedienen, kann auf ihren Antrag gestattet werden, die Gebühren für die von ihnen bei Telegraphenanstalten aufgegebenen Telegramme monatlich zu entrichten. Sie haben alsdann an die betreffende Verkehrsanstalt, bei welcher sie ihre Telegramme aufgeben wollen, einen entsprechenden Vorschuß einzuzahlen, und als besondere Vergütung für die entstehende Mühewaltung eine Gebühr von 50 Pfennig für den Kalendermonat und außerdem für jedes Telegramm, dessen Gebühren gestundet werden, 2 Pfennig zu entrichten. Auf Eisenbahn-Telegraphenstationen findet diese Bestimmung keine Anwendung.

Vgl. P.O. § 50 VII, und wegen exekutivischer Eintreibung F.G.O. (Nr. XVI) § 8.

§ 19. Zurückziehung und Unterdrückung von Telegrammen.

I Jedes Telegramm kann von dem Absender, welcher sich als solcher ausweist, zurückgezogen oder in der Beförderung aufgehalten werden, sofern es noch Zeit ist. Wenn in einem solchen Falle die Beförderung des Telegramms noch nicht begonnen hat, so werden dem Absender die Gebühren nach Abzug von 20 Pfennig erstattet. Hat die Abtelegraphirung bereits begonnen, so verbleiben die Gebühren der Telegraphenverwaltung; vorausbezahlte Beträge für Weiterbeförderung, bezahlte Antwort, Empfangsanzeigen ꝛc. werden jedoch dem Aufgeber zurückgezahlt, wenn die vorausbezahlte Leistung nicht ausgeführt worden ist.

Vgl. P.O. § 33.

II Ein Telegramm, welches durch die Ursprungsanstalt bereits befördert worden ist, kann nur auf Grund eines besonderen, von der Aufgabeanstalt nach den Bestimmungen im §. 23 zu erlassenden Telegramms angehalten und vernichtet werden; für dieses Telegramm sind die tarifmäßigen Gebühren zu zahlen. Von dem Erfolge wird dem Aufgeber mittels unfrankirten Briefes Kenntniß gegeben. Verlangt der Aufgeber telegraphische Auskunft, so hat er die Gebühr für eine telegraphische Antwort vorauszubezahlen. Die erlegten Gebühren für das Telegramm, dessen Bestellung auf Verlangen unterdrückt wird, werden nicht zurückgezahlt. Bei jedem derartigen Verlangen hat der Antragsteller das Ansuchen schriftlich zu stellen und sich als Absender oder dessen Beauftragter auszuweisen.

§ 20. Zustellung der Telegramme am Bestimmungsorte.

I Die Telegramme werden bei der Aufnahme bezw. gleich nach der Ankunft bei der Bestimmungsanstalt, wenn die offene Bestellung nicht ausdrücklich verlangt ist, verschlossen (vergl. unter VI).

II Dieselben werden, ihrer Aufschrift entsprechend, entweder nach der Wohnung, dem Geschäftslokal 2c. des Empfängers bestellt oder weiterbefördert oder postlagernd, telegraphenlagernd oder bahnhoflagernd niedergelegt. Sie können den Empfängern auch mittels Fernsprechers nach den hierüber erlassenen besonderen Bestimmungen übermittelt werden.

Die Gebühr für die Uebermittelung durch den Fernsprecher beträgt 10 Pf. für das Telegramm (Ausf.-Best. zur F.G.O., Nr. XVIII, 14 Abs. II).

III Die Bestellung oder Weiterbeförderung der

Telegramme geschieht mit thunlichster Beschleunigung nach der Reihenfolge ihrer Aufnahme und ihres Vorranges. (Wegen Uebergabe der Telegramme an die Boten des Empfängers vergl. §. 17 VIII.)

IV Staats-, sowie Dienst- und dringende Privattelegramme werden mit Vorrang vor anderen Telegrammen bestellt. Die Aushändigung der Staatstelegramme und der Telegramme mit bezahlter Empfangsanzeige erfolgt gegen Vollziehung eines denselben beizugebenden Empfangscheines.

V Zur Vollziehung des Empfangscheines über ein an eine Behörde oder deren Vorstand gerichtetes Staatstelegramm kann, wenn nicht eine besondere schriftliche Verfügung darüber getroffen ist, nur der Vorstand der betreffenden Behörde, oder, in dessen Abwesenheit, sein Stellvertreter als berechtigt angesehen werden.

VI Privattelegramme, sowie die nicht an eine Behörde oder deren Vorstand gerichteten dienstlichen Telegramme sind dagegen im Falle der Abwesenheit des Empfängers an ein erwachsenes Familienmitglied oder, wenn auch ein solches nicht zur Stelle ist, an die Geschäftsgehülfen, die Dienerschaft, die Haus- oder Wirthsleute oder den Thürhüter des Gasthofes bezw. des Hauses zu bestellen, insofern der Empfänger für derartige Fälle nicht einen besonderen Bevollmächtigten der Anstalt schriftlich namhaft gemacht, oder der Aufgeber durch den vor die Aufschrift gesetzten Vermerk „eigenhändig zu bestellen“

oder „(MP)“ verlangt hat, daß die Zustellung nur zu Händen des Empfängers selbst stattfinden soll.

Der Aufgeber kann auch verlangen, daß das Telegramm offen bestellt werde, indem er vor die Aufschrift den Vermerk „Offen zu bestellen“ oder „(RO)“ setzt.

VII Sofern Privatbriefkasten oder Einwürfe sich an der Thür ꝛc. der Wohnung des Empfängers befinden, können die Telegramme, für welche Empfangsscheine nicht abzugeben sind, in jene Briefkasten ꝛc. gesteckt werden. Telegramme, welche den Vermerk „eigenhändig zu bestellen“ oder „(MP)“ tragen, sind jedoch stets an den Emfänger selbst zu bestellen; ebenso werden Telegramme mit dem Vermerk „postlagernd“ oder „(PG)“ bezw. „telegraphenlagernd“ oder „(TR)“ nur dem Empfänger oder seinem Bevollmächtigten nach gehörigem Ausweis ausgehändigt. Telegramme, welche die Bezeichnung „bahnhoflagernd“ tragen, werden an den Bahnhofsvorsteher oder dessen Stellvertreter abgegeben.

VIII Die an Reisende nach einem Gasthof gerichteten Telegramme werden, wenn der Empfänger noch nicht eingetroffen ist, an den Wirth ꝛc. des Gasthofes mit dem Ersuchen abgegeben, das Telegramm vorläufig in Verwahrung zu nehmen und dem Empfänger bei seinem Eintreffen auszuhändigen. Am Tage nach der erfolgten Uebergabe eines solchen Telegramms wird dasselbe, wenn die Uebergabe an den Empfänger inzwischen nicht hat bewirkt werden können, durch einen Boten gegen Hinterlassung eines Benachrichtigungszettels wieder abgeholt und zur Verkehrsanstalt zurückgebracht. Diese erläßt nunmehr die Unbestellbarkeitsmeldung an die Aufgabeanstalt; im Uebrigen wird das Telegramm wie alle sonstigen unbestellbaren Telegramme behandelt.

IX Ist weder der Empfänger noch sonst Jemand aufzufinden, der das Telegramm annimmt, so hat der Bote, wenn es sich um ein Telegramm handelt, für welches ein Empfangsschein ausgefertigt ist, oder wenn sich für die Bestellung eines Telegramms ohne Empfangsschein ein Privatbriefkasten oder ein anderer Weg der Bestellung nicht darbietet, einen Benachrichtigungszettel in der Wohnung 2c. des Empfängers zurückzulassen oder an die Eingangsthür anzuheften, das Telegramm selbst aber zur Anstalt zurückzubringen. Mit den Telegrammen, welche mit dem Vermerk „eigenhändig zu bestellen" oder „(MP)" versehen sind, ist in gleicher Weise zu verfahren, wenn der bezeichnete Empfänger selbst nicht angetroffen wird.

X Wenn der Bote bei der Bestellung von Telegrammen mit Empfangsscheinen den Empfänger nicht selbst antrifft und das Telegramm einem Anderen aushändigt, hat der Letztere in dem Empfangsschein seiner eigenen Unterschrift das Wort „für" und den Namen des Empfängers beizufügen.

XI Dem Boten ist die Annahme von Geschenken untersagt.

§ 21. Unbestellbare Telegramme.

I Von der Unbestellbarkeit eines Telegramms und den Gründen der Unbestellbarkeit wird der Aufgabeanstalt telegraphisch Meldung gemacht. Liegt für die Unbestellbarkeit eines Telegramms ein Grund vor, welcher nicht ohne Weiteres aus dienstlicher Veranlassung beseitigt werden kann und muß, und ist der Absender des unbestellbaren Telegramms aus der Unterschrift oder auf andere Weise mit genügender Sicherheit bekannt, dann wird die Unbestellbarkeitsmeldung diesem sobald als möglich übermittelt. Der Aufgeber kann die Aufschrift des unbestellbar gemeldeten Telegramms nur durch ein bezahltes Telegramm in Form einer gebührenpflichtigen Dienstnotiz vervollständigen, berichtigen oder bestätigen.

II Ein Telegramm, welches von dem abtragenden Boten als unbestellbar zur Anstalt zurückgebracht wird, ist bei der letzteren aufzubewahren. Hat sich innerhalb sechs Wochen der Empfänger zur Empfangnahme des Telegramms nicht gemeldet, so wird solches vernichtet. In gleicher Weise wird mit Telegrammen verfahren, welche die Bezeichnung: „telegraphen-“, „post-“ oder „bahnhoflagernd“ tragen.

§ 22. Erstattung und Nachzahlung von Gebühren.

I Die Telegraphenverwaltung leistet für die richtige Ueberkunft der Telegramme oder deren Ueberkunft und Zustellung innerhalb bestimmter Frist keinerlei Gewähr und hat Nachtheile, welche durch Verlust, Entstellung oder Verspätung der Telegramme entstehen, nicht zu vertreten.

Vgl. J.T.V. (Nr. XX) Art. 3.

II Auf Antrag wird jedoch erstattet:

a) die volle Gebühr für jedes Telegramm, welches durch Schuld des Telegraphenbetriebes nicht an seine Bestimmung gelangt ist;

b) die volle Gebühr für jedes Telegramm, welches durch Schuld des Telegraphenbetriebes nicht innerhalb 24 Stunden oder später angekommen ist, als es mit der Post (als Eilbrief) angekommen wäre;

c) die volle Gebühr für jedes Telegramm mit Vergleichung, welches in Folge von Irrthümern bei der Uebermittelung nachweislich seinen Zweck nicht hat erfüllen können, sofern die Fehler nicht durch gebührenpflichtige Dienstnotiz berichtigt worden sind (vergl. §. 23 II);

d) die Nebengebühr für eine besondere Dienstleistung, welche nicht ausgeführt worden ist (z. B. für Vergleichung);

e) die volle Gebühr für jede gebührenpflichtige Dienstnotiz, deren Absendung durch einen Fehler des Betriebes veranlaßt worden ist.

Die Beschwerden oder Rückforderungen sind bei

der Aufgabeanstalt einzureichen. Als Beweisstück ist beizufügen:

eine schriftliche Erklärung der Bestimmungsanstalt oder des Empfängers, wenn das Telegramm verzögert oder nicht angekommen ist,

die dem Empfänger zugestellte Ausfertigung, wenn es sich um Entstellung handelt.

III Bei Rückforderungen wegen Entstellungen muß nachgewiesen werden, daß und durch welche Fehler das Telegramm derart entstellt ist, daß es seinen Zweck nicht hat erfüllen können.

IV Jeder Anspruch auf Erstattung der Gebühr muß bei Verlust des Anrechtes innerhalb dreier Monate, vom Tage der Erhebung an gerechnet, anhängig gemacht werden.

Für außereuropäische Telegramme beträgt diese Frist sechs Monate.

Bei der Einreichung eines Erstattungsantrages wird von dem Beschwerdeführer eine Beschwerdegebühr von 20 Pfennig erhoben. Diese Gebühr wird zurückgezahlt, wenn der Erstattungsantrag sich als begründet erweist.

Im außerdeutschen Verkehr beträgt die Beschwerdegebühr 40 Pf., im außereuropäischen 150 Pf.

V Die Erstattung bezieht sich lediglich auf die Gebühr einschließlich der Nebengebühren der Telegramme selbst, welche verzögert, entstellt, oder nicht angekommen sind, und auf die Gebühren der im

§. 23 vorgesehenen Telegramme, nicht aber auf die Gebühren solcher Telegramme, welche etwa durch die Verzögerung, Entstellung oder Nichtankunft jener Telegramme veranlaßt oder nutzlos gemacht worden sind.

VI Gebühren, welche irrthümlich zu wenig erhoben sind, oder deren Einziehung vom Empfänger nicht erfolgen konnte — sei es, daß derselbe die Bezahlung verweigert hatte, sei es, daß er nicht aufgefunden worden war — hat der Absender auf Verlangen nachzuzahlen. Irrthümlich zu viel erhobene Gebühren werden dem Aufgeber zurückgezahlt.

Vgl. P.G. § 25, P.O. § 50. Die Befugniß zur exekutivischen Einziehung unbezahlt gebliebener Gebühren im Verwaltungswege erstreckt sich auch auf die Telegraphengebühren einschl. der Fernsprechgebühren. F.G.O.(Nr. XVI) § 8.

VII Der Betrag der vom Aufgeber zu viel verwendeten Werthzeichen wird jedoch nur auf seinen Antrag erstattet.

§ 23. Berichtigungstelegramme.

I Der Aufgeber und der Empfänger eines jeden beförderten oder in der Beförderung begriffenen Telegramms können innerhalb einer Frist von 72 Stunden (Sonntage nicht einbegriffen), welche entweder der Auflieferung oder der Ankunft dieses Telegramms folgt, auf telegraphischem Wege Auskunft über das Telegramm verlangen oder Erläuterungen zu demselben geben. Sie können auch zum Zweck einer Berichtigung ein Telegramm, welches sie aufgegeben oder erhalten haben, entweder durch die Bestimmungs- oder Ursprungsanstalt oder durch eine Durchgangsanstalt vollständig oder theilweise wiederholen lassen. Sie haben folgende Beträge zu hinterlegen:

1. die Gebühr für das Telegramm, welches das Verlangen enthält,
2. die Gebühr für ein Antwortstelegramm, wenn eine telegraphische Antwort gewünscht wird.

II Die Telegramme, welche die Berichtigung, Ergänzung oder Unterdrückung von bereits beförderten oder in der Beförderung begriffenen Telegrammen bezwecken, ebenso alle übrigen, solche Telegramme betreffenden Mittheilungen dürfen, wenn sie für eine Telegraphenanstalt bestimmt sind, nur von Amt an Amt als gebührenpflichtige, vom Aufgeber oder Empfänger zu bezahlende Dienstnotizen gerichtet werden.

III Die für die Berichtigungstelegramme erhobenen Gebühren werden auf desfallsigen Antrag zurückgezahlt, wenn die Wiederholung erweist, daß das oder die wiederholten Wörter im Ursprungstelegramm unrichtig wiedergegeben worden sind. Wenn im Ursprungstelegramm einige Wörter richtig und einige andere Wörter unrichtig wiedergegeben worden sind, so wird die Gebühr für diejenigen Wörter nicht erstattet, welche in dem Verlangen der Wiederholung und in der Antwort sich ausschließlich auf die im Ursprungstelegramm richtig übermittelten Wörter beziehen.

IV Die Gebühr für das Ursprungstelegramm, welches zu dem Antrage auf Berichtigung Anlaß gegeben hat, wird nicht zurückgezahlt.

V Dem Antrage auf Berichtigung eines beförderten oder in der Beförderung begriffenen Telegramms darf von den Telegraphenanstalten nur dann Folge gegeben werden, wenn der Antragsteller sich als Aufgeber oder Empfänger des betreffenden Ursprungstelegramms oder als Bevollmächtigter eines derselben ausgewiesen hat.

§ 24. Telegrammabschriften.

I Der Aufgeber und der Empfänger oder auch deren Bevollmächtigte, falls sie sich als solche gehörig ausweisen, sind berechtigt, sich beglaubigte Abschriften der von ihnen aufgegebenen, und der an sie gerichteten Telegramme ausfertigen zu lassen, wenn sie Ort und Tag der Aufgabe genau angeben können, und die Urschriften noch vorhanden sind. Diese Urschriften werden in der Regel 6 Monate lang aufbewahrt.

II Für jede Abschrift eines unter Angabe der Aufgabezeit und des Aufgabeortes genau bezeichneten Telegramms sind bei Telegrammen bis zu 100 Wörtern 40 Pfennig, bei längeren Telegrammen 40 Pfennig mehr für jede Reihe von 100 Wörtern oder einen Theil derselben zu entrichten. Bei ungenau bezeichneten Telegrammen sind außer der Schreibgebühr die durch die Aufsuchung des Telegramms entstehenden Kosten zu zahlen.

§ 25. Nebentelegraphen und besondere Telegraphenanlagen. Fernsprecheinrichtungen.

Die Bedingungen für Nebentelegraphen und besondere Telegraphenanlagen, sowie für die Fernsprecheinrichtungen werden vom Reichs-Postamte festgesetzt.

Die Bedingungen sind nunmehr festgesetzt durch die F.G.O. (Nr. XVI) und die zugehörigen Ausf.-Bestimm. (Nr. XVIII), sowie durch die Bestimmungen über Fernsprech-Nebenanschlüsse (Nr. XVII).

§ 26. Geltungsbereich.

I Die vorstehenden Bestimmungen gelten, soweit nicht Abweichungen ausdrücklich vorgeschrieben sind, auch für die Telegramme, welche unter Benutzung von Eisenbahntelegraphen befördert werden.

Vgl. T.G. § 3 Anm. b.

II In Bezug auf den telegraphischen Verkehr mit dem Auslande kommen die Bestimmungen des internationalen Telegraphenvertrages und der etwaigen besonderen Telegraphenverträge zur Anwendung.

§ 27. Zeitpunkt der Einführung.

Gegenwärtige Telegraphenordnung tritt am 1. Juli 1897 in Kraft.

Berlin, den 9. Juni 1897.

Der Reichskanzler.

Fürst zu Hohenlohe.

XX.

Internationaler Telegraphen-Vertrag

vom 10./22. Juli 1875.

A.Bl. der Reichs-Telegraphen-Verwaltung von 1875 S. 243.

Geltung vom 1. Januar 1876 ab.

a. Am 25. Juli 1850 wurde zwischen Preußen, Oesterreich, Bayern und Sachsen der Deutsch-Oesterreichische Telegraphenverein errichtet, der durch einen im Jahre 1852 von Preußen mit Frankreich und Belgien abgeschlossenen Vertrag engere Beziehungen zu verschiedenen west- und südeuropäischen Staaten erhielt. Eine umfassende Regelung der internationalen Telegraphenbeziehungen erfolgte dann durch die Bildung des Allgemeinen Telegraphenvereins auf der Pariser Konferenz im Jahre 1865, an der die meisten europäischen Telegraphenverwaltungen Theil nahmen. Seinen weiteren Ausbau erhielt der Verein auf den Tel.-Konferenzen in Wien 1868, Rom 1871/72, St. Petersburg 1875, London 1879, Berlin 1885, Paris 1890 und Budapest 1896. Der gegenwärtig gültige Vertrag ist am 10./22. Juli 1875 in St. Petersburg abgeschlossen worden. Er findet seine Ergänzung in einer Ausführungs-Uebereinkunft, die in der von der Budapester Konferenz beschlossenen Fassung seit 1. Juli 1897 Gültigkeit hat.

Dem Vertrage sind bis jetzt außer Deutschland folgende Staaten beigetreten:

Argentinische Republik, Australien (Neu-Caledonien, Neu-Seeland, Neu-Süd-Wales, Queensland, Süd-Australien, West-Australien, Tasmanien, Viktoria), Belgien, Bosnien-Herzegowina, Brasilien, Britisch-Indien, Bulgarien, Kap-Kolonie, Ceylon, Cochinchina, Dänemark, Egypten, Frankreich und Algerien (mit Einschluß der Republik Andorra und des Fürstenthums Monaco), Griechenland, Großbritannien (mit Einschluß von Gibraltar, Malta, Britisch-Ostafrika u. Uganda), Italien (mit Einschluß der Republik San Marino), Japan, Luxemburg, Montenegro, Natal, Niederland, Niederländisch-Indien, Norwegen, Oesterreich-Ungarn, Persien, Portugal (mit Einschluß von Madeira und den Azoren), Portugiesische Kolonien (in Afrika, Asien und Oceanien), Rumänien, Rußland, Schweden, Schweiz, Senegal, Serbien, Siam, Spanien (mit Einschluß der Balearen und der Kanarischen Inseln), Türkei und Tunis.

Außerdem ist die Mehrzahl der Privat-Telegraphengesellschaften, in deren Besitz sich die unterseeischen Telegraphenkabel zum größten Theile befinden, dem Vertrage beigetreten. Die nicht beigetretenen Gesellschaften bringen die Bestimmungen des Vertrags theils vollständig, theils im Wesentlichen zur Anwendung.

b. Der nachstehend mitgetheilte deutsche Text des Intern.-Tel.-Vertrags ist amtliche Uebersetzung; der Urtext ist Französisch.

c. Der Intern. Tel.-Vertrag ist nebst der Ausführungs-Uebereinkunft und den Tarif-Tabellen für den internationalen Telegraphen-Verkehr französisch und deutsch in der durch die Budapester Tel.-Konferenz festgestellten Revision in besonderer Ausgabe (Druck der Reichsdruckerei) erschienen. Die Tarifsätze für das Ausland und die Einzelbestimmungen enthält der Gebühren-Tarif für die Deutschen Telegraphen-Anstalten (Berlin, Reichsdruckerei), sowie der in kürzeren Zeiträumen erscheinende, durch alle Postanstalten zum Preise von 10 Pf. zu beziehende Telegramm-Tarif in Plakatform und das Postblatt (vgl. Posttax-G. § 11 Anm. b).

Art. 1. Die Hohen vertragschließenden Theile gestehen Jedermann das Recht zu, mittels der internationalen Telegraphen zu korrespondiren.

Vgl. Art. 7 u. 8, T.G. § 5, T.O. § 1.

Art. 2. Sie verpflichten sich, alle Maßregeln zu ergreifen, welche nothwendig sind, um das Geheimniß der Telegramme und deren gute Beförderung zu sichern.

T.G. § 8 und Anmerkungen.

Art. 3. Dieselben erklären jedoch, daß sie in Bezug auf den internationalen Telegraphendienst keinerlei Verantwortlichkeit übernehmen.

T.O. § 22.

Art. 4. Jede Regierung verpflichtet sich, für den internationalen Telegraphendienst besondere Leitungen zu verwenden, und zwar in genügender Anzahl, um eine rasche Uebermittelung der Telegramme zu sichern.

Diese Leitungen sollen in der nach den Erfahrungen des Dienstes am meisten bewährten Weise hergestellt und verwendet werden.

Art. 5. Die Telegramme werden in drei Gattungen eingetheilt:

1. Staats-Telegramme: d. h. solche, welche vom Staatsoberhaupte, von den Ministern, den Oberbefehlshabern der Land- oder Seemacht und den diplomatischen oder Konsular-Agenten der vertragschließenden Regierungen ausgehen, sowie die Antworten auf eben diese Telegramme.

2. Dienst-Telegramme: d. h. solche, welche von den Telegraphenverwaltungen der vertragschließenden Staaten ausgehen und sich entweder auf den internationalen Telegraphendienst oder auf solche Gegenstände von öffentlichem Interesse beziehen, über welche die genannten Verwaltungen sich verständigt haben.

3. Privat-Telegramme.

Bei der Beförderung genießen die Staats-Telegramme den Vorzug vor den übrigen Telegrammen.

T.O. § 2 I.

Art. 6. Die Staats- und Dienst-Telegramme können im gesammten Verkehr in geheimer Sprache abgefaßt werden.

Privat-Telegramme können in geheimer Sprache zwischen zwei Staaten gewechselt werden, welche diese Art der Korrespondenz zulassen.

Diejenigen Staaten, welche Privat-Telegramme in geheimer Sprache bei der Aufgabe und bei der Ankunft nicht zulassen, müssen dieselben im Transit gestatten, sofern nicht der im Artikel 8 bezeichnete Fall der Verkehrseinstellung vorliegt.

T.O. § 2 IV.

Art. 7. Die Hohen vertragschließenden Theile behalten sich die Befugniß vor, die Beförderung eines jeden Privat-Telegramms zu verhindern, welches für die Sicherheit des Staates gefährlich erscheint oder gegen die Landesgesetze, die öffentliche Ordnung oder die guten Sitten verstößt.

T.O. § 1 II.

Art. 8. Jede Regierung behält sich ferner die Befugniß vor, den internationalen Telegraphendienst, wenn sie es für nothwendig erachtet, entweder überhaupt oder nur auf gewissen Linien und für gewisse Arten von Korrespondenzen, auf unbestimmte Zeit einzustellen, wobei ihr jedoch die Verpflichtung obliegt, hiervon sofort jeder der übrigen vertragschließenden Regierungen Kenntniß zu geben.

T.O. § 1.

Art. 9. Die Hohen vertragschließenden Theile verpflichten sich, jedem Aufgeber zu gestatten, die verschiedenen Einrichtungen, welche zum Zwecke der größeren Sicherung und Erleichterung der Beförderung und Zustellung der Korrespondenzen zwischen den Telegraphenverwaltungen der vertragschließenden Staaten übereinstimmend verabredet worden sind, zu benutzen.

Auch verpflichten sie sich, ihn in den Stand zu setzen, von den Vorkehrungen Gebrauch zu machen, welche durch irgend einen anderen Staat hinsichtlich der Benutzung von besonderen Einrichtungen für die Beförderung und Zustellung getroffen und kundgemacht sind.

Art. 10. Die Hohen vertragschließenden Theile erklären, für die Aufstellung der internationalen Tarife nachstehende Grundlagen anzunehmen:

Die Gebühr soll für alle Telegramme, welche zwischen den Telegraphenanstalten von je zwei der vertragschließenden Staaten auf dem nämlichen Wege gewechselt werden, eine einheitliche sein. In Europa kann jedoch ein und derselbe Staat, hinsichtlich der Anwendung der einheitlichen Gebühr, in höchstens zwei große Gebiete eingetheilt werden.

Der Gebührensatz wird von Staat zu Staat im Einvernehmen zwischen den Regierungen der äußersten und der dazwischen gelegenen Staaten festgestellt.

Die auf den telegraphischen Verkehr zwischen den vertragschließenden Staaten anwendbaren Tarifsätze können zu jeder Zeit im gemeinsamen Einverständniß abgeändert werden.

Der Frank bildet die Münzeinheit für die Aufstellung der internationalen Tarife.

Art. **11.** Die auf den internationalen Telegraphendienst der vertragschließenden Staaten bezüglichen Telegramme werden auf dem ganzen Netze der genannten Staaten gebührenfrei befördert.

Art. **12.** Die Hohen vertragschließenden Theile sind sich gegenseitig über die von jedem derselben erhobenen Gebühren Rechnung schuldig.

Art. **13.** Die Bestimmungen des gegenwärtigen Vertrages werden durch eine Ausführungs-Uebereinkunft ergänzt, deren Vorschriften von den Verwaltungen der vertragschließenden Staaten im gemeinsamen Einverständniß jederzeit abgeändert werden können.

Vgl. Vorbemerkung a.

Art. **14.** Ein Centralorgan, welches unter die Ober-Aufsicht der obersten Verwaltung einer der vertragschließenden Regierungen, und zwar der durch Ausführungs-Uebereinkunft hierzu bestimmten Regierung, gestellt ist, hat auf die internationale Telegraphie bezüglichen Nachrichten jeder Art zu sammeln, zusammenzustellen und zu veröffentlichen, die Anträge, betreffend Abänderungen der Tarife oder der Ausführungs-Uebereinkunft in die Wege zu leiten, die angenommenen Aenderungen bekannt zu geben und im Allgemeinen alle Fragen zu studiren und alle Arbeiten auszuführen, mit welchen es im Interesse der internationalen Telegraphie betraut werden sollte.

Die Kosten, welche aus dieser Einrichtung entstehen, werden von sämmtlichen Verwaltungen der vertragschließenden Staaten getragen.

Der Sitz des Internationalen Tel.-Büreaus ist in Bern; die von demselben herausgegebene Monatsschrift Journal Télégraphique erscheint in französischer Sprache. Vgl. W.P.V. Art. 22.

Art. 15. Der Tarif und die Ausführungs-Uebereinkunft, welche in Artikel 10 und 13 vorgesehen worden, sind dem gegenwärtigen Vertrage angeschlossen. Dieselben haben die gleiche Gültigkeit und treten zu gleicher Zeit in Kraft wie dieser letztere.

Sie werden Revisionen unterworfen, wobei alle Staaten, welche daran Theil genommen haben, sich vertreten lassen können.

Zu diesem Behufe werden von Zeit zu Zeit Verwaltungs-Konferenzen stattfinden; jede Konferenz wird den Ort und die Zeit der nächstfolgenden Zusammenkunft selbst festsetzen.

Die letzte Revision der Ausführungs-Uebereinkunft ist unterm 22. Juli 1896 zu Budapest erfolgt, mit Geltung vom 1. Juli 1897 ab.

Art. 16. Diese Konferenzen werden aus Abgesandten gebildet, welche die Verwaltungen der vertragschließenden Staaten vertreten.

Bei den Berathungen hat jede Verwaltung Anrecht auf eine Stimme, unter dem Vorbehalt jedoch, daß, sofern es sich um verschiedene Verwaltungen einer und derselben Regierung handelt, der bezügliche Antrag auf diplomatischem Wege bei der Regierung desjenigen Landes, wo die Konferenz sich versammeln soll, vor deren Eröffnungstermin eingebracht wird, und daß jede dieser Verwaltungen eine besondere und für sich bestehende Vertretung hat.

Die aus den Berathungen der Konferenzen sich ergebenden Abänderungen sind erst dann ausführbar, wenn sie die Bestätigung aller Regierungen der vertragschließenden Staaten erlangt haben.

Art. 17. Die Hohen vertragschließenden Theile behalten sich gegenseitig das Recht vor, abgesondert unter sich besondere Uebereinkunft jeder Art über solche Theile des Dienstes abzuschließen, an welchen nicht die Gesammtheit der Staaten betheiligt ist.

Art. 18. Den Staaten, welche an dem gegenwärtigen Vertrage nicht Theil genommen haben, wird auf ihr Verlangen der Beitritt zu demselben gestattet.

Von diesem Beitritt wird demjenigen der vertragschließenden Staaten, in dessen Bereich die letzte Konferenz stattgefunden hat, und durch diesen Staat allen übrigen Staaten auf diplomatischem Wege Kenntniß gegeben.

Der Beitritt schließt von Rechts wegen die Zustimmung zu allen Klauseln und die Theilnahme an allen Vortheilen in sich, welche im gegenwärtigen Vertrage festgesetzt worden sind.

Art. 19. Die telegraphischen Beziehungen zu denjenigen Staaten, welche dem gegenwärtigen Vertrage nicht beigetreten sind, oder zu den Privatgesellschaften werden im allgemeinen Interesse der fortschreitenden Verkehrsentwickelung durch die im Artikel 13 des gegenwärtigen Vertrages vorgesehene Ausführungs-Uebereinkunft geregelt.

Art. 20. Der gegenwärtige Vertrag tritt mit dem 1. Januar 1876 neuen Styls in Kraft und bleibt auf unbestimmte Zeit und bis zum Ablauf eines Jahres von dem Tage ab, an welchem er gekündigt worden ist, in Gültigkeit.

Die Kündigung kommt nur für den Staat zur Geltung, welcher sie ausgesprochen hat. Für die übrigen vertragschließenden Theile bleibt der Vertrag in Kraft.

21. und letzter Artikel.

Der gegenwärtige Vertrag soll ratifizirt werden, und sollen die Ratifikationen in möglichst kurzer Frist zu St. Petersburg ausgewechselt werden.

Urkundlich dessen haben die betreffenden Bevollmächtigten denselben unterzeichnet und mit beigedrucktem Insiegel versehen.

So geschehen zu St. Petersburg, den 10./22. Juli achtzehn hundert fünf und siebzig.

(Folgen die Unterschriften.)

XXI.

Verordnung,

betreffend die gebührenfreie Beförderung von Telegrammen.

Vom 2. Juni 1877.

R.G.Bl. S. 524.

Geltung vom 1. Juli 1877 ab.

Wir Wilhelm, von Gottes Gnaden Deutscher Kaiser, König von Preußen 2c.

verordnen im Namen des Deutschen Reichs, auf Grund der Artikel 48 und 50 der Reichsverfassung, über die gebührenfreie Beförderung von Telegrammen, was folgt:

§ 1. Auf sämmtlichen Telegraphenlinien des Deutschen Reichs genießen die Gebührenfreiheit:

1. Telegramme, welche von den regierenden Fürsten in den Staaten des Deutschen Reichs, sowie von den Gemahlinnen und Wittwen dieser Fürsten aufgegeben werden. Diese Gebührenfreiheit erstreckt sich auch auf diejenigen Telegramme, welche im Auftrage der genannten Allerhöchsten und Höchsten Herrschaften von

den Beamten, der Umgebung, dem Gefolge oder den Hofstaaten zur Auflieferung gelangen;

2. Telegramme, welche von den Bevollmächtigten zum Bundesrathe während ihrer Anwesenheit in Berlin in Bundesrathsangelegenheiten aufgegeben werden, oder welche an diese Bevollmächtigten aus anderen Orten des Deutschen Reichs in Bundesrathsangelegenheiten eingehen;
3. Telegramme von dem Reichstag und an denselben in reinen Reichsdienstangelegenheiten;
4. Telegramme von oder an Reichsbehörden in reinen Reichsdienstangelegenheiten;
5. Telegramme von oder an Militär- und Marinebehörden des Deutschen Reichs, mit Einschluß der solche Behörden vertretenden einzelnen Offiziere und Beamten, in reinen Militär- und Marine-Dienstangelegenheiten; im Falle einer Mobilmachung auch diejenigen Telegramme, welche von einzelnen mit dienstlichen Aufträgen kommandirten Militärpersonen oder Beamten der Militär- und Marineverwaltung des Deutschen Reichs in reinen Militär- und Marine-Dienstangelegenheiten ausgehen oder an solche Militärpersonen oder Beamte gerichtet sind;
6. Telegramme der Eisenbahnverwaltungen, Eisenbahnstationen und Eisenbahnbeamten an vor-

gesetzte Behörden über vorgekommene Unglücksfälle und Betriebsstörungen.

Welche Telegramme der Eisenbahnverwaltungen 2c. außerdem gebührenfrei zu befördern sind, ist durch besondere Vereinbarungen festgesetzt.

a. Die Ausdehnung der Befreiungen von Telegraphengebühren ist nur durch Gesetz zulässig (T.G. § 7).

b. Die Bestimmungen über die gebührenfreie Beförderung von Telegrammen finden auch auf diejenigen Telegramme Anwendung, welche streckenweise oder ausschließlich durch den Bahntelegraphen befördert werden (vgl. Reglement v. 7. März 1876, C.Bl. S. 155, § 10).

c. Zu 6 Abs. II: vgl. Bundesrathsbeschl. v. 21. Okt. 1868 (Handbuch für Post und Telegraphie (Berlin 1900, Deckers Verl. S. 293) Nr. 6.

§ 2. Die Gebührenfreiheit der Telegramme erstreckt sich nur auf die Telegraphirungsgebühren, nicht aber auf die baaren Auslagen für Weiterbeförderung über die Telegraphenlinien hinaus.

Die baaren Auslagen sind vielmehr nach den betreffenden verordnungsmäßigen Bestimmungen entweder von den aufgebenden Personen und Behörden oder von den Empfängern zu entrichten.

Stadttelegramme genießen die Gebührenfreiheit nicht.

Unter Stadttelegrammen sind Telegramme an Empfänger im Orts- und Landbestellbezirke des Aufgabe-Postorts zu verstehen. Vgl. T.O. § 8 II.

Gebührenfreiheiten, welche auf den mit dem Auslande abgeschlossenen Staatsverträgen oder Konventionen beruhen, bleiben aufrecht erhalten. Im Uebrigen findet bei den nach dem Auslande gerichteten Telegrammen eine Gebührenfreiheit für die Beförderungsstrecke innerhalb des Deutschen Reichs bezw. des Deutschen Reichs-Telegraphengebiets nicht statt.

Vgl. J.T.V. Art. 11.

§ 3. Die zur Aufgabe gebührenfrei zu befördernder Telegramme befugten Behörden und Beamten haben sich zu ihrer amtlichen Korrespondenz nur in den wichtigsten und dringendsten Fällen der Telegraphen zu bedienen und die Telegramme in gedrängtester Kürze mit Vermeidung aller entbehrlichen Titulaturen 2c. abzufassen.

§ 4. Zur Anerkennung der Gebührenfreiheit durch die Telegraphenanstalten ist erforderlich, daß die Telegramme:

a) mit amtlichem Siegel oder Stempel,

Auch Siegelmarken dürfen verwendet werden.

b) mit einer die Berechtigung zur Gebührenfreiheit ausdrückenden Bezeichnung als „Königliche Angelegenheit“, „Großherzogliche Angelegenheit“, „Reichsdienstsache“, „Militaria“ u. s. w.

versehen sind.

Die von den Allerhöchsten oder Höchsten Herrschaften herrührenden Telegramme sind, auch wenn sie von Personen aufgegeben werden, welche zu dem Gefolge oder den Hofstaaten gehören, sofern über die Person des Aufgebers oder die Echtheit seiner Namensunterschrift bei den Telegraphenanstalten kein Zweifel obwaltet, ohne Beglaubigung durch Siegel oder Stempel, sowie ohne weitere Bezeichnung zur Beförderung anzunehmen.

Die gebührenfrei zu befördernden Telegramme von Civilbehörden sind in der Regel mit dem Namen des Vorstehers oder eines der leitenden Beamten der Behörde zu unterzeichnen, können aber eintretendenfalls von dem mit der Anfertigung beauftragten Beamten dahin beglaubigt sein, daß sie von dem Vorsteher der Behörde ausgehen und in seinem Auftrage mit seiner Namensunterschrift versehen worden sind.

Bei den von den Militär- und Marinebehörden ausgehenden, gebührenfrei zu befördernden Telegrammen genügt neben der Bezeichnung „Militaria" und der Beidrückung des amtlichen Siegels oder Stempels als Unterschrift die Firma der absendenden Behörde, z. B. Garde-Füsilier-Regiment. Wenn der Aufgeber sich nicht im Besitz eines amtlichen Siegels oder Stempels befindet, so hat derselbe die „Ermangelung eines Dienststempels" mit Unterschrift des Namens und Beisetzung der Amtseigenschaft zu bescheinigen.

§ 5. In allen Fällen, in denen aus dem Telegramme hervorgeht, daß in materieller oder formeller Hinsicht eine mißbräuchliche Benutzung des Telegraphen vorliegt, müssen solche Telegramme von den Telegraphenanstalten an die vorgesetzte Ober-Postdirektion abschriftlich eingereicht werden. In dem Begleitberichte zu den Abschriften sind die Gründe der Einsendung näher zu erörtern.

§ 6. Auf die unter eigener militärischer Verwaltung stehenden Telegraphenlinien finden die Bestimmungen dieser Verordnung keine Anwendung.

§ 7. Gegenwärtige Verordnung tritt mit dem 1. Juli dieses Jahres in Kraft. Mit diesem Tage verliert die Verordnung des Reichskanzlers vom 8. November 1872 über die gebührenfreie Beförderung telegraphischer Depeschen ihre Gültigkeit. Die Bestimmungen dieser Verordnung finden auf den inneren Verkehr in Bayern und Württemberg keine Anwendung.

Urkundlich unter Unserer Höchsteigenhändigen Unterschrift und beigedrucktem Kaiserlichen Insiegel.

Gegeben Berlin, den 2. Juni 1877.

(L. S.) Wilhelm.

Fürst v. Bismarck.

Sachregister.

(Die Zahlen bedeuten die Seiten.)

A.

C.

D.

G.

Q.

R.

W.

Herrosé & Ziemsen, Wittenberg.

Verzeichniß

der

Guttentag'schen Sammlung

Deutscher Reichsgesetze

und

Preußischer Gesetze.

Text-Ausgaben mit Anmerkungen
und Sachregister.

Taschenformat.

Berlin.
J. Guttentag, Verlagsbuchhandlung,
G. m. b. H.

Guttentag'sche Sammlung

Deutscher Reichsgesetze.

Text-Ausgaben mit Anmerkungen. Taschenformat.

---

1. **Verfassung** des Deutschen Reichs. Gegeben Berlin, den 16. April 1871. Von Dr. **L. von Rönne** Achte neubearbeitete Auflage von **Paul von Rönne**, Landrath. 1 M. 60 Pf.

2. **Strafgesetzbuch** für das Deutsche Reich. Nebst den gebräuchlichsten Reichs-Strafgesetzen: Presse, Personenstand, Nahrungsmittel, Entziehung elektrischer Arbeit, Kranken-, Unfall-, Invalidenversicherung, Gewerbeordnung, unlauterer Wettbewerb, Depot- und Börsengesetz u. s. w. Von Dr. **H. Rüdorff**. Zwanzigste Auflage von Dr. **H. Appelius**, Kammergerichtsrath. Gebunden in ganz Leinen 1 M. 20 Pf.

3. **Militärstrafgerichtsordnung** nebst Einführungsgesetz und Gesetz, betr. die Dienstvergehen der richterlichen Militärjustizbeamten und die unfreiwillige Versetzung derselben in eine andere Stelle oder in den Ruhestand. Von Dr. **P. Herz**, Geh. Admiralitätsrath. Zweite Auflage. Geb. in ganz Leinen 3 M

Militär-Strafgesetzbuch nebst Abdruck der entsprechenden Bestimmungen des Reichs-Strafgesetzbuchs. Text-Ausgabe mit Sachregister. Geb. in ganz Leinen 1 M.

4. **Handelsgesetzbuch vom 10. Mai 1897 unter Ausschluß des Seerechts.** Mit den ergänzenden Vorschriften des Bürgerlichen Gesetzbuchs und Erläuterungen herausgegeben von **F. Litthauer,** Justizrath. Zwölfte Auflage. Geb. in ganz Leinen 2 M. 80 Pf.

5. **Allgemeine Deutsche Wechselordnung.** Achte Auflage von Justizrath Dr. **J. Stranz** und Rechtsanwalt Dr. **M. Stranz,** und das Reichsgesetz über die **Wechselstempelsteuer.** Siebente Auflage von Regierungsrath **P. Loeck.** Geb. in ganz Leinen 3 Mk.

6. **Gewerbeordnung** für das Deutsche Reich in der Fassung der Bekanntmachung vom 26. Juli 1900 nebst Ausführungsbestimmungen. Ursprünglich herausgegeben von Regierungsrath **T. Ph. Berger** und Geh. Ober-Regierungsrath Dr. **L. Wilhelmi.** Sechszehnte vermehrte Auflage bearbeitet von Oberverwaltungsgerichtsrath **H. Spangenberg.** Im Druck.

7. **Die deutsche Post- und Telegraphen-Gesetzgebung.** Nebst dem Weltpostvertrag und dem internationalen Telegraphenvertrag. Von Wirklichen Geheimen Rath Dr. **P. D. Fischer.** Fünfte Auflage bearbeitet von Geh. Postrath Dr. **M. König.** In Leinen gebunden 3 M.

8. **Die Reichsgesetze über den Unterstützungswohnsitz** in der Fassung der Novelle vom 12. März 1894, die **Freizügigkeit,** den **Erwerb** und **Verlust** der

Bundes- und Staatsangehörigkeit, nebst allen landesgesetzlichen Bestimmungen. Von Geheimrath Dr. J. Krech, Mitglied des Bundesamtes für das Heimathwesen. Fünfte Auflage. 2 M. 70 Pf.

9a. Sammlung kleinerer privatrechtlicher Reichsgesetze. Von F. Vierhaus, Geh. Ober-Justizrath. Zweite Auflage in Vorbereitung.

9b. Sammlung kleinerer strafrechtlicher Reichsgesetze. Von M. Werner, Geh. Ober-Regierungsrath. Zweite Auflage in Vorbereitung.

10. Das Reichsbeamtengesetz vom 31. März 1873 und seine Ergänzungen. Erläutert von J. Pieper, Geh. Ober-Regierungsrath. Zweite Auflage. Geb. in ganz Leinen. 4 M. 50 Pf.

11. Civilprozeßordnung mit Gerichtsverfassungsgesetz, Einführungsgesetzen und Ergänzungen. In der Fassung des Gesetzes vom 17. Mai 1898. Unter besonderer Berücksichtigung der Entscheidungen des Reichsgerichts herausgegeben mit Anmerkungen von R. Sydow, Unterstaatssekretair und L. Busch, Kammergerichtsrath Neunte Auflage. 8°. Geb. in ganz Leinen 5 M.

Dieser Band ist in größerem Format erschienen!

12. **Strafprozeßordnung und Gerichtsverfassungsgesetz** in der vom 1. Januar 1900 ab geltenden Fassung, nebst dem Gesetz, betreffend die Entschädigung der im Wiederaufnahmeverfahren freigesprochenen Personen. Von **A. Hellweg**, Reichsgerichtsrath. Elfte Auflage. Geb. in ganz Leinen 2 M.

13. **Konkursordnung und Anfechtungsgesetz.** Unter besonderer Berücksichtigung der Entscheidungen des Reichsgerichts herausgegeben mit Anmerkungen von **R. Sydow**, Unterstaatssekretär u. **L. Busch**, Kammergerichtsrath. Neunte Auflage. Geb. in ganz Leinen. 2 M. 25 Pf.

14. **Gerichtsverfassungsgesetz** mit Einführungsgesetz, Nebengesetzen und Ergänzungen. In der Fassung des Gesetzes vom 17. Mai 1898. Unter Berücksichtigung der Entscheidungen des Reichsgerichts herausgegeben von **R. Sydow**, Unterstaatssekretair und **L. Busch**, Kammergerichtsrath. Achte Auflage. 1 M. 20 Pf.

15. **Das deutsche Gerichtskostengesetz nebst den Gebührenordnungen für Gerichtsvollzieher, Zeugen und Sachverständige.** In der Fassung vom 20. Mai 1898. Unter besonderer Berücksichtigung der Entscheidungen des Reichsgerichtes herausgegeben mit Anmerkungen

und Kostentabellen von R. Sydow, Unterstaatssekretair und L. Busch, Kammergerichtsrath. Sechste vermehrte Auflage. Geb. in ganz Leinen 1 M. 50 Pf.

16. Rechtsanwaltsordnung. Von R. Sydow, Unterstaatssekretair. Vierte Auflage von Dr. E. Mosler, Gerichtsassessor. Geb. in ganz Leinen 1 M. 20 Pf.

17. Die Deutsche Gebührenordnung für Rechtsanwälte und das Preußische Gebührengesetz vom 27. September/6. Oktober 1899. Von R. Sydow, Unterstaatssekretair und L. Busch, Kammergerichtsrath. Sechste Auflage. Geb. in ganz Leinen 1 M. 50 Pf.

18. Reichsstempelgesetz (Börsensteuergesetz) v. 14. Juni 1900, mit den Ausführungsbestimmungen, einem Auszug aus den Gesetzes-Materialien und den Entscheidungen der Verwaltungsbehörden und des Reichsgerichts. Achte Auflage von P. Loeck, Regierungsrath. Geb. in ganz Leinen 3 M. 30 Pf.

19. Die Seegesetzgebung des Deutschen Reiches. Nebst den Entscheidungen des Reichsoberhandelsgerichts, des Reichsgerichts und der Seeämter. Von Dr W. E. Knitschky, Landgerichtsrath. Zweite Auflage. 3 M. 80 Pf.

20. **Krankenversicherungsgesetz** in der Fassung der Novelle vom 10. April 1892. Von Dr. **E. von Woedtke,** Präsident des Kaiserl. Aufsichtsamts für Privatversicherung. Neunte Auflage. Geb. in ganz Leinen. 2 M. 25 Pf.

21. **Die Konsulargesetzgebung** des Deutschen Reiches. Von Geh. Justizrath Professor Dr. **Ph. Zorn.** Zweite Auflage. Geb. in ganz Leinen 3 M.

22a. **Patentgesetz. Gesetz, betreffend den Schutz von Gebrauchsmustern. Gesetz, betreffend das Urheberrecht an Mustern und Modellen.** Nebst Ausführungsbestimmungen unter eingehender Berücksichtigung der Rechtsprechung des Reichsgerichts und der Praxis des Patentamts. Erläutert von Dr. **R. Stephan,** Geheimer Regierungsrath, Mitglied des Kaiserlichen Patentamts. Fünfte vermehrte Auflage. Geb. in ganz Leinen 2 M.

22b. **Gesetz zum Schutz der Waarenbezeichnungen.** Nebst Ausführungsbestimmungen. Von Dr. **R. Stephan,** Geheimer Regierungsrath, Mitglied des Kaiserlichen Patentamts. Vierte vermehrte Auflage. 1 M.

23. **Gewerbe-Unfallversicherungsgesetz** und Gesetz, betr. die Abänderung der Unfallversicherungsgesetze vom 30. Juni 1900 in der Fassung der Bekanntmachung vom 5. Juli 1900 nebst Ausführungsverordnungen. Von Dr. **E. v. Woedtke,** Direktor im Reichsamt des Innern. Siebente umgearbeitete Auflage. Geb. in ganz Leinen 2 M. 50 Pf.

24. **Aktiengesellschaft und Kommanditgesellschaften auf Aktien.** (Handelsgesetzbuch, II. Buch, Abschnitt 3 und 4.) Mit erläuternden Anmerkungen von **H. Keyssner**, Kammergerichtsrath und Dr. **H. Veit Simon**, Rechtsanwalt. Fünfte Auflage. Bearbeitet von Dr. **Hugo Keyssner** u. **L. Keyssner**. Geb. in ganz Leinen 2 M. 25 Pf.

25. **Reichsgesetz wegen Erhebung der Brausteuer** vom 31. Mai 1872 mit Ausführungsvorschriften. Von **E. Bertho**, Regierungsrath. 1885. 1 M. 60 Pf

26. **Die Reichsgesetzgebung über Münz- und Notenbankwesen**, Papiergeld, Prämienpapiere und Reichsschulden. Von Dr. jur. **R. Koch**, Präsident des Reichsbankdirektoriums. Vierte Auflage. Geb. in ganz Leinen 3 M.

27. **Die Gesetzgebung, betr. das Gesundheitswesen** im Deutschen Reich für Behörden, Aerzte 2c. Von Dr. jur. **C. Goesch** und Dr. med. **J. Karsten**. 1888. 1 M. 60 Pf.

28. **Bau-Unfallversicherungsgesetz.** Vom 30. Juni 1900, in der Fassung der Bekanntmachung vom 5. Juli 1900. Von **R. Chrzescinski**, Kaiserl. Regierungsrath a. D., ehemaligem ständigen Mitglied des Reichs-Versicherungsamts. Dritte Auflage. Geb in ganz Leinen 2 M.

29. Reichsgesetz, betr. die Erwerbs- und Wirthschaftsgenossenschaften. Von **L. Parisius** und Dr. **H. Crüger.** Neunte Auflage bearbeitet von Dr. **H. Crüger.** Geb. in ganz Leinen 1 M. 50 Pf.

30. Invalidenversicherungsgesetz vom 13. Juli 1899, in der Fassung der Bekanntmachung vom 19. Juli 1899. Von Dr **E. v. Woedtke,** Direktor im Reichsamt des Innern. Achte erweiterte Auflage. Geb. in ganz Leinen 2 M. 50 Pf.

31 Gewerbegerichtsgesetz in der Fassung der Bekanntmachung vom 29. September 1901. Von Stadtrath **L. Mugdan.** Fünfte Auflage bearbeitet von **W. Cuno,** Erstem Bürgermeister zu Hagen i. W. Geb. in ganz Leinen 2 M.

32. Reichsgesetz, betr. die Gesellschaften mit beschränkter Haftung. In der vom 1. Januar 1900 ab geltenden Fassung. Von **L. Parisius** und Dr. **H. Crüger.** Sechste Auflage. Geb in ganz Leinen 1 M. 25 Pf.

33. Das Vereins- und Versammlungsrecht in Deutschland. Von Dr. **E. Ball,** Rechtsanwalt 2 M. 25 Pf

34. Reichsgesetz, betreffend die Abzahlungsgeschäfte. Vom 16. Mai 1894. Von **J. Hoffmann,** Oberverwaltungsgerichtsrath. Zweite vermehrte und verbesserte Auflage besorgt von Dr. **E. Wilke,** Landgerichtsrath. Geb. in Leinen 1 M. 20 Pf.

35. **Die Reichs-Eisenbahngesetzgebung.** Von **W. Coermann**, Kaiserl. Amtsrichter. 1895. 2 M. 25 Pf.

36. **Gesetze, betr. die privatrechtlichen Verhältnisse der Binnenschiffahrt und der Flößerei.** Nach den Materialien erläutert von **H. Makower.** Unter Berücksichtigung der am 1. Januar 1900 in Kraft tretenden Reichsgesetze bearbeitet von **E. Löwe**, Landgerichtsrath. Zweite veränderte Auflage. 2 M.

37. **Gesetz zur Bekämpfung des unlauteren Wettbewerbes.** Vom 27. Mai 1896. Von Dr. **R. Stephan**, Geh. Regierungsrath Zweite Auflage. 80 Pf.

38/39. **Bürgerliches Gesetzbuch nebst Einführungsgesetz** In Verbindung mit Professor Dr. **André**, Geh. Justizrath **Greiff**, Amtsrichter **Ritgen**, Regierungsrath Dr. **Unzner** herausgegeben von Reichsgerichtsrath Dr. **A. Achilles** †. Dritte vermehrte und verbesserte Auflage. 8°. Geb in ganz Leinen 6 M

Dieser Band ist in größerem Format erschienen!

40. **Gesetz, betr. die Pflichten der Kaufleute bei Aufbewahrung fremder Werthpapiere (Depotgesetz)** Vom 5. Juli 1896. Mit Erläuterungen, Einleitung und Sachregister. Von **F. Lusensky**, Geh. Regierungsrath 90 Pf

41. **Börsengesetz.** Vom 22. Juni 1896. Nebst den dazu erlassenen Ausführungsbestimmungen Unter Mitwirkung des Direktors im Reichsamt des Innern **A. Wermuth** bearbeitet von Regierungsrath **H. Brendel.** Zweite Auflage in Vorbereitung.

42. **Grundbuchordnung** für das Deutsche Reich nebst den preußischen Ausführungsbestimmungen. Mit Einleitung von Professor Dr. **O. Fischer.** Zweite Auflage. Geb. in ganz Leinen 1 M. 80 Pf.

43. **Die Gesetzgebung, betr. die Zwangsvollstreckung in das unbewegliche Vermögen im Reiche und in Preußen.** Text-Ausgabe mit Einleitung, Anmerkungen, Kosten- und Gebührentabellen und Sachregister. Von Dr. **J. Krech,** Kaiserl. Geh. Regierungsrath und Professor Dr. **O. Fischer.** Dritte Auflage. Geb. in ganz Leinen 2 M.

44. **Das Reichsgesetz über das Auswanderungswesen** vom 9. Juni 1897 nebst Ausführungsverordnungen und Anlagen. Nach den Materialien und unter Benutzung amtlicher Quellen erläutert von Professor Dr. **Felix Stoerk.** 2 M. 25 Pf.

45. **Das Entmündigungsrecht** unter Berücksichtigung der für Preußen geltenden Vorschriften nebst der preußischen Justiz-Ministerial-Verfügung vom 28. November 1899. Text der civil- und prozeßrechtlichen Bestimmungen mit Erläuterungen von Landgerichtsrath Dr. **P. Koll** in Cöln. Geb. in ganz Leinen 1 M. 50 Pf.

46. Die Gesetze des Reiches und Preußens über die freiwillige Gerichtsbarkeit. Mit Einleitung von **Herm. Jastrow,** Amtsgerichtsrath. Dritte verbesserte Auflage. Geb. in ganz Leinen 3 M.

47. Das deutsche Vormundschaftsrecht und das preuß. Gesetz über die Fürsorgeerziehung Minderjähriger vom 2. Juli 1900 nebst den dazu gehörigen preußischen Nebengesetzen und allgemeinen Verfügungen. Mit Einleitung und Erläuterungen von **Max Schultzenstein,** Oberverwaltungsgerichtsrath und Amtsgerichtsrath Dr. **Paul Köhne.** Zweite Auflage. Geb. in ganz Leinen 3 M.

48. Gesetze und Verordnungen, betreffend den Drogen-, Gift- und Farbenhandel außerhalb der Apotheken, unter besonderer Berücksichtigung des Königreichs Preußen. Von Dr. **Broh,** Rechtsanwalt. 1 M. 25 Pf.

49. Deutsche Kolonialgesetzgebung. Von Prof. Dr. **Philipp Zorn.** Geb. in ganz Leinen 4 M. 50 Pf.

50. Der Viehkauf (Viehgewährschaft) nach dem Bürgerlichen Gesetzbuche. Mit Erläuterungen von Dr. **Hans Stölzle,** Rechtsanwalt in Kempten. Nebst Verordnung, betr. die Hauptmängel und Gewährsfristen beim Viehhandel. Erläutert von **Heinrich Weiskopf,** Königl. Kreisthierarzt in Augsburg Zweite Auflage. Geb. in ganz Leinen 2 M.

51. **Hypothekenbankgesetz** vom 13. Juli 1899. Von Dr. **H. Göppert**, Gerichts-Assessor. Geb. in ganz Leinen 1 M. 80 Pf.

52. **Gesetz, betreffend die gemeinsamen Rechte der Besitzer von Schuldverschreibungen.** Vom 4. Dezember 1899. Von Dr. **Heinrich Göppert**, Gerichts-Assessor. Geb. in ganz Leinen 2 M.

53. **Reichspreßgesetz** vom 7. Mai 1874 nebst den einschlägigen Bestimmungen des Strafgesetzbuchs, der Gewerbeordnung ꝛc. Kommentar von **A. Born**, Polizeiassessor. Geb. in ganz Leinen 1 M. 50 Pf.

54. **Die Reichsgesetzgebung über den Verkehr mit Nahrungsmitteln, Genußmitteln und Gebrauchsgegenständen.** Von Dr. **Georg Lebbin**, Nahrungsmittelchemiker. Geb. in ganz Leinen 2 M. 25 Pf.

55. **Das Recht der Beschlagnahme von Lohn- und Gehaltsforderungen.** Auf Grundlage der Reichsgesetze vom 21. Juni 1869 u. 29. März 1897 und der Civilprozeßordnung. Von Rechtsanwalt **Georg Meyer.** Geb. in ganz Leinen 1 M. 50 Pf.

56. **Gesetz, betr. die Bekämpfung gemeingefährlicher Krankheiten.** Vom 30. Juni 1900. Nebst Ausführungsbestimmungen. Von Dr. **Bruno Burkhardt**, Regierungsrath, Mitglied des Kais. Gesundheitsamts. Geb. in ganz Leinen 1 M. 40 Pf.

57. **See-Unfallversicherungsgesetz** vom 30. Juni 1900. Von **Dr. Max Mittelstein**, Oberlandesgerichtsrath in Hamburg. Geb. in ganz Leinen 2 M.
58. **Das Recht der unehelichen Kinder.** Text-Ausgabe aller einschlägigen Bestimmungen des Bürgerlichen Gesetzbuches von **Hermann Jastrow**, Amtsgerichtsrath zu Berlin. Geb. in ganz Leinen 1 M. 80 Pf.
59. **Reichsgesetz ü. d. Beurkundung des Personenstandes und die Eheschließung.** Von Dr. **F. Fidler**, Amtsgerichtsrath. Geb. in ganz Leinen 1 M. 80 Pf.
60. Gesetz, betreffend das **Urheberrecht an Werken der Literatur und der Tonkunst.** Vom 19. Juni 1901. Von **Otto Lindemann**, Gerichtsassessor. Geb. in ganz Leinen 1 M. 50 Pf.
61. Gesetz über das **Verlagsrecht.** Vom 19. Juni 1901. Von Justizrath **Ernst Heinitz**, Rechtsanwalt. Geb. in ganz Leinen 1 M. 50 Pf.
62. Gesetz über die **privaten Versicherungsunternehmungen.** Vom 12. Mai 1901. Von **H. Könige**, Oberlandesgerichtsrath. Geb. in ganz Leinen 3 M.
63. **Gesetzestafel des Deutschen Reichsrechts.** Systematisch geordnete Nachweisung des zur z. Zt. geltenden Reichsrechts. Ergänzungsband zu der Guttentag'schen Sammlung Deutscher Reichsgesetze. Von **Hugo Bruhns**, Syndikus. Geb. in ganz Leinen 2 M. 50 Pf.
64. Gesetzsammlung betreffend den **Handel mit Drogen und Giften.** Reichsgesetzliche Bestimmungen und Anhang mit den landesgesetzlichen Verordnungen sämmtlicher Bundesstaaten. Von **Hugo Sonnenfeld**, Rechtsanwalt, Syndikus der Berliner Drogisten-Innung. Geb. in ganz Leinen 3 M.

Guttentag'sche Sammlung

Preußischer Gesetze.

Text-Ausgaben mit Anmerkungen. Taschenformat.

---

1. **Die Verfassungs-Urkunde für den Preußischen Staat.** Mit Einleitung, vollständigem Kommentar und Anlagen von Prof. Dr. **Adolf Arndt.** Vierte verbesserte Auflage. Geb. in ganz Leinen 2 M. 50 Pf.

2. **Preußische Beamten-Gesetzgebung.** Enthaltend die wichtigsten Beamtengesetze in Preußen. Von **C. Pfafferoth.** Dritte Auflage. 1 M. 50 Pf.

3. **Die Zwangsvollstreckung in das unbewegliche Vermögen.** Von Dr. **J. Krech** und Prof. Dr. **O. Fischer.** Dritte Auflage. Vergriffen.
   Siehe: Reichsgesetze Nr. 43.

4. **Gebührenordnung für Notare vom 25. Juni 1895** in der Fassung der Bekanntmachung vom 6. Oktober 1899 nebst den einschlägigen Vorschriften des Preußischen Gerichtskostengesetzes. Von **R. Sydow.** Zweite Auflage bearbeitet von Dr. **E. Mosler,** Gerichtsassessor. Geb. in ganz Leinen. 1 M. 50 Pf.

5. **Gesetz vom 24. April 1854 (betr. die außereheliche Schwängerung).** Von Dr. **Schulze.** 75 Pf.
   Seit dem 1. Januar 1900 gültiges Recht siehe: Reichsgesetze Nr. 58.

6. Die Preuß. Ausführungsgesetze und Verordnungen zu den Reichs-Justizgesetzen. Von **R. Sydow.** Dritte vermehrte Auflage. 1895. 2 M. 40 Pf.

Siehe Seite 21/22, Busch, Ausführungsgesetze.

7. Allg. Gerichtsordnung vom 6. Juli 1793 und Preuß. Konkursordnung vom 8. Mai 1885. Von **F. Vierhaus,** Geh. Ober-Justizrath. Vergriffen.

8. Vormundschaftsordnung. Von **F. Schultzenstein.** Dritte Auflage.

Seit dem 1. Januar 1900 gültiges Recht siehe: Reichsgesetze Nr. 47.

9. Die Preußische Grundbuchgesetzgebung. Von Prof. Dr. **Fischer.** Dritte Auflage. Vergriffen.

Siehe: Reichsgesetze Nr. 42.

10. Einkommensteuergesetz. Vom 24. Juni 1891. Von **A. Fernow,** Geh. Finanzrath. Fünfte vermehrte Auflage. Geb. in ganz Leinen 2 M. 50 Pf.

11. Gewerbesteuergesetz. Vom 24. Juni 1891. Von **A. Fernow,** Geheimer Finanzrath. Dritte vermehrte Auflage. 1 M. 25 Pf.

12. Allgemeines Berggesetz für die preußischen Staaten. Vom 24. Juni 1865, und die auf dasselbe bezüglichen Gesetze und Verordnungen. Von **E. Engels,** Ober-Bergrath. Dritte Auflage. In Vorbereitung.

13. **Ergänzungssteuergesetz** (**Vermögenssteuergesetz**). Vom 14. Juli 1893. Von **A. Fornow**, Geh. Finanzrath. Dritte vermehrte Auflage Geb. in Leinen 1 M. 50 Pf.

14. **Kommunalabgabengesetz.** Vom 14. Juli 1893 und Gesetz wegen Aufhebung direkter Staatssteuern. Vom 14. Juli 1893. Von Dr. **F. Adickes**, Oberbürgermeister. Dritte Auflage. Geb. in ganz Leinen 1 M. 50 Pf

15. **Die Kreisordnungen** für den Preußischen Staat. Von **O. Kolisch**, Landgerichtsrath. 1894. 4 M.

16. **Concessionirung gewerblicher Anlagen.** Preuß. Ausführungs-Anweisung zu §§. 16 u. ff. der Reichs-Gewerbe-Ordnung. Von Dr. **W. von Rüdiger**, Geh. Regierungs- u. Gewerberath. Zweite Auflage. Geb. in ganz Leinen 2 M.

17. **Preußisches Gerichtskostengesetz.** In der Fassung der Bekanntmachung vom 6. Oktober 1899. Mit Kostentabellen. Von Dr **P. Siméon**, Landrichter. Dritte Auflage. Geb in ganz Leinen 1 M. 80 Pf.

18. **Preußisches Stempelsteuergesetz** vom 31. Juli 1895. Mit den gesammten Ausführungsbestimmungen und vollständigen Tabellen. Von **P. Loeck**, Regierungsrath. Fünfte Auflage. Geb. in ganz Leinen 5 M.
Dieser Band ist in größerem Format erschienen.

19. **Das Jagdscheingesetz** vom 31. Juli 1895. Mit ausführlichen Erläuterungen nebst der Ausführungsverfügung. Von **F. Kunze**, Wirklichem Geh. Ober-Regierungsrath. Zweite Auflage. Geb. in ganz Leinen 2 M.

20. **Gesetz, betr. die Erbschaftssteuer.** Vom 19./24. Mai 1891 unter Berücksichtigung der Novelle vom 31. Juli 1895. Mit ausführlichen Erläuterungen von **P. Loeck**, Regierungsassessor. 1 M. 80 Pf.

21. **Gesetz über die Handelskammern.** Vom 19. August 1897. Mit Erläuterungen, geschichtlicher Einleitung sowie einer Uebersicht des Bestandes der kaufmännischen Vertretungen. Von **F. Lusensky**, Geh. Regierungsrath. 3 M.

22. **Gesetz, betr. Anstellung und Versorgung der Kommunalbeamten.** Vom 30. Juli 1899. Mit einem Anhang, enthaltend die preußische Ausführungsanweisung. Von Dr. **W. Ledermann**, Magistratsassessor zu Berlin. 1 M. 25 Pf.

23. **Ausführungsgesetz zum Bürgerlichen Gesetzbuche** vom 20. September 1899. Von Landrichter Dr. **P. Siméon.** Geb. in ganz Leinen 1 M. 60 Pf.

24. **Die Hinterlegungsordnung** vom 14. März 1879 in der Fassung des Ausführungsgesetzes z. B.G.B. v. 20. Sept. 1899 nebst Ausführungsbestimmungen. Von Regierungsassessor Dr. **Georg Bartels.** Geb. in ganz Leinen 1 M. 50 Pf.

25. **Preußische Kommunalbeamtengesetzgebung.** Von Dr. **Franz Kremski,** Magistratsassessor in Berlin. Geb. in ganz Leinen 3 M.

26. Die **Preußischen Gesetze über das Diensteinkommen der Lehrer und Lehrerinnen, ihren Ruhegehalt und die Fürsorge für ihre Hinterbliebenen,** sowie einer Tabelle zur Berechnung der Ruhegehalts-, Wittwen- und Waisenbezüge. Von Dr. **Ed. Cremer,** Beigeordneter. Geb. in ganz Leinen 2 M. 40 Pf.

27. Gesetz, betreffend die **Waarenhaussteuer.** Vom 18. Juli 1900. Von Geh. Ober-Finanzrath Dr. **G. Strutz.** Geb. in ganz Leinen 1 M. 20 Pf.

28. Gesetz über die **Fürsorgeerziehung Minderjähriger.** Vom 2. Juli 1900. Nebst Ausführungsanweisungen. Von Landgerichtsrath Dr. **P. F. Aschrott.** Geb. in ganz Leinen 2 M. 80 Pf.

29. Gesetz, betr. **die ärztlichen Ehrengerichte, das Umlagerecht und die Kassen der Aerztekammern.** Vom 25. November 1899. Von Amtsgerichtsrath **Dr. Fidler.** Geb. in ganz Leinen 1 M. 50 Pf.

30. Die das **Preußische Staatsschuldbuch** und das **Reichsschuldbuch** betreffenden Gesetze nebst den dazu gehörigen Ausführungsbestimmungen. Von Wirklichen Geheimen Ober-Finanzrath **J. Mücke,** Mitglied der Hauptverwaltung der Staatsschulden. Geb. in ganz Leinen 2 M.

Guttentag'sche Sammlung von Text-Ausgaben mit Sachregister ohne Anmerkungen.

Gewerbeordnung für das Deutsche Reich. In der Fassung der Bekanntmachung vom 26. Juli 1900. (Reichs-Gesetzblatt Nr. 47, ausgegeben am 15. Oktober 1900.) Zweite Auflage. 1 M. 20 Pf.

Militär-Strafgesetzbuch für das Deutsche Reich mit Verweisungen und Abdruck der entsprechenden Bestimmungen des Reichs-Strafgesetzbuchs. 1 M.

Militärstrafgerichtsordnung für das Deutsche Reich, nebst Einführungsgesetz und Gesetz, betr. die Dienstvergehen der richterlichen Militärjustizbeamten und die unfreiwillige Versetzung derselben in eine andere Stelle oder in den Ruhestand. Vom 1. Dezember 1898. Militär-Strafgesetzbuch mit Verweisungen und Abdruck der entsprechenden Bestimmungen des Reichs-Strafgesetzbuchs. Zweite Auflage. 1 M. 50 Pf.

Die Preußischen Ausführungsgesetze zum Bürgerlichen Gesetzbuche, zum Gesetz, betr. Aenderung der Civilprozeßordnung vom 17. Mai 1898, zum Gesetz über die Zwangsversteigerung und die Zwangsverwaltung, zur Grundbuchordnung und zum Handelsgesetzbuch. Preuß. Gesetz über die freiwillige Gerichtsbarkeit und Gesetz, enthaltend die landesgesetzlichen Vorschriften über die Gebühren der Rechtsanwälte und der Gerichtsvollzieher. Fünfte Auflage. 1 M. 80 Pf.

Reichsstempelgesetz (Börsensteuergesetz) in der Fassung der Bekanntmachung vom 14. Juni 1900. Mit Ausführungsbestimmungen, einem Anhang, enthaltend Tabellen zur Berechnung der Reichsstempelabgaben und Sachregister. 1 M. 50 Pf.

Adickes, F., Oberbürgermeister in Frankfurt a. M. Das Kommunalabgabengesetz vom 14. Juli 1893. Kommentar 8°. Kartonnirt 6 M.

Arndt, Dr. Adolf, Geheimer und Oberbergrath, Professor. Verfassung des Deutschen Reichs. Mit Einleitung und Kommentar. Zweite völlig neu bearbeitete Auflage 8°. Preis ca. 3 M.

Beyendorff, Dr. R., Dozent der Staatswissenschaften am Höheren Technischen Institut zu Cöthen Das System der Reichs-Gewerbeordnung. Für den akademischen und praktischen Gebrauch dargestellt. 8°. Preis 4 M., geb. 4 M. 60 Pf.

Born, A., Polizei-Assessor in Königsberg i. Pr. Das preußische Baupolizeirecht nebst den einschlägigen Bestimmungen des Ansiedelungs-, Feld- und Forstpolizei-, Waldschutz- und Deichgesetzes, sowie dem Fluchtlinien-, Rayongesetz und dem Gesetz über die Zulässigkeit des Rechtsweges gegen polizeiliche Verfügungen. Mit Kommentar. Unter eingehender Berücksichtigung der Entscheidungen des Reichsgerichts, Oberverwaltungs- und Kammergerichts. gr. 8°. Preis 10 M., geb. 11 M.

Das Gesetz betreffend die Anlegung und Veränderung von Straßen und Plätzen in Städten und ländlichen Ortschaften vom 2. Juli 1875. Des Kommentars von weil. Oberverwaltungsgerichtsrath **R. Friedrichs** fünfte völlig neubearbeitete Auflage bearbeitet von Dr. jur. **Hugo v. Strauß und Torney**, Senatspräsident am Oberverwaltungsgericht. 8°. Geb. Im Druck.

Hauß, C., Geh. Ober-Reg.-Rath. Das Gesetz zur Bekämpfung des unlauteren Wettbewerbes Vom 27. Mai 1896. Für die gerichtliche und gewerbliche Praxis erläutert. 8°. Geb. in Leinen 3 M.

Holtgreven, Dr. A., Präsident des Oberlandesgerichts in Hamm und Dr. **Th. Wolff,** Oberlandesgerichtsrath. Das Wildschadengesetz vom 11. Juli 1891. Kommentar Vierte Auflage. 8°. Im Druck.

Jerusalem, Herm., Landgerichtsrath, Mitglied des Hauses der Abgeordneten. Das Gesetz über Kleinbahnen und Privatanschlußbahnen vom 28. Juli 1892 nebst der Ausführungsanweisung zu diesem Gesetze vom 22. August 1892. gr. 8°. 2 M.

Kamptz, B. v., Verwaltungsgerichtsdirektor. Das Gesetz, betreffend die Vertheilung der öffentlichen Lasten bei Grundstückstheilungen und die Gründung neuer Ansiedelungen in den Provinzen Preußen, Brandenburg, Pommern, Posen, Schlesien, Sachsen und Westfalen vom 25. August 1876. 8°. Kartonnirt 2 M. 50 Pf.

Könige, H., Oberlandesgerichtsrath. Handelsgesetzbuch vom 10. Mai 1897 nebst Abdruck des Gesetzes über die Angelegenheiten der freiwilligen Gerichtsbarkeit und Gerichtsverfassungsgesetz (Titel 7, Kammern für Handelssachen). 8°. Geb. in ganz Leinen 4 M. 50 Pf.

Laß, Dr. L., Kaiserl. Regierungsrath, Strafrecht der Berufsgenossenschaften nach den Unfallversicherungsgesetzen vom 30. Juni 1900. Unter Benutzung amtlichen Materials zum praktischen Gebrauche dargestellt. Geb. in Leinen 3 M.

Laurisch, G., Königl. Gewerbeinspektor, Gewerberecht und Arbeiterschutz. Führer für Arbeitgeber und Arbeiter durch die Gewerbe- und Arbeiterschutz-Gesetze. Kartonnirt 1 M. 80 Pf.

Ledermann, Dr. iur. Walter, Die Städte-Ordnung für die sechs östlichen Provinzen der preußischen Monarchie vom 30 Mai 1853 nebst ihren Ergänzungen. Lieferung 1 u. 2. 8°. Preis 4 M.

Nußbaum, Dr. A., Die freiwillige Gerichtsbarkeit im Reiche und in Preußen. Ein Leitfaden. 8°. Geb. in ganz Leinen 4 M.

Ottermann, Carl, Stadtrath in Dortmund. Das Fluchtliniengesetz vom 2. Juli 1875. Erläuternde Abhandlung. 8°. 1 M. 25 Pf.

Stephan, Dr. R., Geh. Regierungsrath u. Mitglied des Kais. Patentamts. Gesetz, betreffend die Patentanwälte. Vom 21 Mai 1900. Nebst Ausführungsverordnungen. 8°. Geb. in ganz Leinen 1 M. 50 Pf.

Telegraphenwege-Gesetz vom 18. Dezember 1899 nebst den vom Reichskanzler erlassenen Ausführungsbestimmungen vom 26. Januar 1900 und den Erläuterungen und Ausführungsanweisungen des Reichs-Postamts. Amtliche Ausgabe. 8°. Geb. in ganz Leinen 1 M.

Wilhelmi, Dr. L., Das Handwerkergesetz vom 26. Juli 1897. Mit Einleitung und Bemerkungen unter besonderer Berücksichtigung der Ausführungs-Anweisungen der größeren Bundesstaaten. Geb. in ganz Leinen 6 M.

Wittenberg, Dr. M., Dozent an der Humboldt-Akademie. Wegweiser durch das Aktienrecht, nach dem Wortlaut der seit dem 1. Januar 1900 gültigen Reichsgesetze. Taschenformat. Geb. in ganz Leinen 1 M.

Schlagwort-Register.

R. = Nummer der Sammlung Deutscher Reichsgesetze.
P. = Nummer der Sammlung Preußischer Gesetze.
S. = Seite.

MIX
Papier | Fördert gute Waldnutzung
FSC® C083411

Kolibri 360 GmbH
Ferdinand-Jühlke-Straße 7
99095 Erfurt, Deutschland
produktsicherheit@kolibri360.de